여성학강의

일곱 번째 이야기

(사)부산여성사회교육원 엮음

SJ 신정

preface

머리말

1996년 사단법인 설립과 함께 〈지역여성학강의〉(1996)를 처음 발간한 지 20여 년이 지났다. 그 이후 〈새지역여성학강의〉(1999), 〈여성지역문화〉(2003), 〈함께하는 여성지역문화〉(2007), 〈여성학: 여성지역문화〉(2011), 〈여성학: 행복한 시작〉(2014)로 어느덧 일곱 번째 교재를 발간하게 되었다.

한국처럼 역동적인 사회에서, 그것도 지역의 소규모 비영리민간단체가 이렇게 꾸준하게 여성학 교재를 발간하는 것이 얼마나 어려운지 아는 이들은 잘 알 것이라 생각한다. (사)부산여성사회교육원의 끈기와 노력에 놀라움을 표하는 바이다.

(사)부산여성사회교육원이 여성학교재를 처음 발간했던 1990년대부터 지금까지의 한국 사회는 격변의 시대였고, 한국 페미니즘의 역사에서도 중요한 방점을 찍을만한 시기이다. 첫 교재가 발간되었던 1990년대는 1980년대 민주화의 물결을 제대로 탔던 전성기였고, 일곱 번째 교재가 발간되는 지금 또한 또 다시 페미니즘의 전성기, 즉 리부트 시기라고 불린다. 2015년 이후 하루가 멀다고 페미니즘 이슈가 뉴스를 장식하고 있고, '미투', '불편한 용기' 등을 통해 그동안 페미니즘이 일각에서 소리 높여 왔던 아젠다들이 이제는 공공연하게 다루어지고 있다.

한편, 인터넷에서는 보이지 않지만 격한 싸움이 한창이다. 페미니즘을 워마드와 동일시하여 페미니즘이 '나쁜 페미니즘' 자체가 되거나, '나쁜 페미니즘'과는 구분되는 '좋은 페미니즘'을 찾아내려는 사회 분위기, 즉 소위 '백래시'도 존재한다. 이러한 시대적 상황과 현시대 페미니즘이 처해 있는 위치에서 페미니즘이 획일적인 잣대로 구분되지 않고, 다양한 시각으로 분석할 수 있는 도구로서의 여성학을 지향하면서 이 책은 기획되었다.

페미니즘의 전성기라는 요즘, 현장에서 강의하는 분들은 예전에 비해 페미니즘 이슈를 꺼내기 더 어려워졌다는 말들을 많이 한다. 공정함과 공평함에 민감한 동시대인들과 대화하기가 더 어려워졌다는 것은 그만큼 여성학이 공정함이나 공평함과 거리가 먼 것으로 인식되는 것이 아닌가 하는 의문이 든다. 그러나 '신인류'라고 불릴 만큼 새로운 특성을 가졌다는 지금 대학생들은 언제나 그랬듯 우리들에게는 많은 가르침을 주기도 한다. 공정함에 대한 그들의 예민한 촉수가 여성학과 만나는 지점이 분명히 있기 때문이다. 그래서 이 책은 여성학과 우리 시대의 대학생들과의 접점을 찾고자 하는 움직임이기도 하다.

그래서 지금까지 (사)부산여성사회교육원에서 발간했던 여성학교재가 '대학에 들어와서 여성학을 처음 접한' 학생들을 위한 내용으로 기획된 측면이 있다면, 20대 여성의 절반에 가까운 사람들이 자신이 페미니스트라고 정체화하는 2019년 현재는 우리 사회의 대학생들이 이미 알고 있는 여성학을 다시 보는 의미를 담지하게 되었다. 언제부터인가 대학의 '여성학' 강의는 '성과 사회', '현대사회와 젠더', '일상 속의 성인지' 등의 제목으로 포장이 바뀌고 있다. '여성학'이라는 이름이 가지는 선명함, 그로 인한 불편함이 공존하고 있는 현실을 반영한 것인지도 모르겠다. 그래서 이 책의 제목은 그 선명함과 불편하지 않음 사이에서의 고민에서부터, '부산'이라는 지역의 특수성을 드러낼지, '여성'이라는 공통점을 드러낼지에 대한 고민까지 묻어있다. 그 결과, 선명함과 공통점이 취사선택되어 〈여성학 강의: 일곱 번째 이야기〉라는 제목으로 나오게 되었다.

이 책은 총 12장으로 구성되었다. 책 전체의 서문 격인 1장은 우리나라 역사 속에서 페미니즘의 발아를 다루었고, 2장에서는 우리 사회의 남녀라는 허구적 이분법을,

3장은 생식, 아름다움 등 바디프로젝트를 둘러싼 성별 정치학이, 4장에서는 다양한 미디어 속 젠더 이슈들이 정리되어 있다. 5장에서는 현재 우리사회를 관통하는 섹슈얼리티에 대한 말하기, 그로 인한 질문들이, 6장에서는 신자유주의 시대 대학생들의 사랑법들이, 7장에서는 가족의 변화들이, 8장에서는 필수적인 노동인 돌봄노동의 성별화 현상을, 9장에서는 나의 정체성의 하나인 일을 둘러싼 성차별적 현상들이, 10장에서는 한국 사회의 젠더갈등에 대한 역사적 분석을, 11장에서는 일상에서 찾을 수 있는 여성정책의 사례들을, 12장에서는 글로벌한 공간과 여성의 만남을 다루었다. 대학생들이 읽기에 쉽고 재미있는 글이 되도록, 그리고 '여성'에 대한 감수성이 인권에 대한 감수성으로 이어질 수 있도록 노력하였다.

이 교재 발간 작업 중 필진 내부에서도 다양한 관점이 존재하는 것을 '발견'하고 새삼스레 놀라기도 했지만, 이렇듯 관점의 다양함 자체가 여성학의 가치를 공유하는 우리의 존재가치를 확인하게끔 했다. 어느 학문 영역에서 이렇게나 다양한 목소리가 나올 수 있단 말인가?!

우리의 일곱 번째 발걸음의 궤적이 여덟 번째 교재에서 어떤 흔적으로 새겨질지 모르겠지만, 2019년의 현재에서 바라보는 우리 사회는 그래도 희망을 품게 한다. 페미니즘 이슈가 긍정적이든 부정적이든 끊임없이 회자되고 있으니 말이다.

2019년 2월

저자 일동

contents

차례

Chapter 3 여성의 몸과 사회

Chapter 4 미디어로 젠더 읽기

Chapter 5 성을 말하다: 섹슈얼리티 말하기와 질문하기

Chapter 6 신자유주의시대의 사랑과 연애

Chapter 7 변화하는 사회, 변화하는 가족

Chapter 8 돌봄에도 민주주의가 필요하다

Chapter 9 평등하게 일하기

Chapter 10 젠더, 아레나가 아니라 아고라

Chapter 11 성평등과 여성정책

Chapter 12 글로벌 시대, 여성의 이주와 삶

01

CHAPTER

Women's study

"나는 페미니스트다": 한국 페미니즘의 역사

김정화

부산대학교 사학과 비정규교수. 불러주는 곳이라면 어디든 달려가 여성사를 이야기한다. 지난 10년 간 부산여성영화제를 지키려 나름 '고군분투'했다. 현재는 1910년대 뉴욕 그리니치빌리지에서 스스로 페미니스트라고 말했던 '새로운' 여성들의 역사를 공부 중이다. 열두 살 딸, 여섯 살 아들과 함께 삶의 버거움과 행복을 배워 가는 중

Introduction

페미니즘은 서양에서 18세기를 전후로 많은 여성들이 혁명과 정치 운동에 뛰어들면서 시작되었다. 프랑스 혁명과 같은 거대한 사회 변혁을 위해 헌신했던 여성들은 혁명으로 군주제에서 공화정으로 정치 체제가 바뀌어도 여성에게는 투표권을 주지 않는 뿌리 깊은 가부장제의 편견과 모순을 통감하였다. 페미니즘은 '여성'이라는 성별을 구실로 배제와 억압, 차별이 작동하는 사회 체제를 비판하였고 여성이 한 사람의 당당한 시민으로서 권리를 행사할 수 있기를 바랐다. 이후 자유주의, 사회주의, 정신분석학 등에 영향 받은 다양한 조류의 페미니즘이 발달하였다. 페미니즘 안에 여러 차이가 있음에도 불구하고 페미니스트는 그 어떤 인간도 성별 때문에 차별을 받아서는 안 된다는 점에 공감한다. 또한 여성이 정치 권리와 경제의 독립, 피임과 낙태를 둘러싼 섹슈얼리티의 자유를 가질 것 등 온전한 인간으로서의 권리를 누리기를 희망한다.

이 장에서는 한국 페미니즘의 역사를 개괄하여 소개하고자 한다. 우리나라의 페미니즘은 서양의 영향을 받아 역시 근대 이후 시작되었다. 그러나 일본 제국주의의 침략과 남북 분단의 경험, 그리고 오랫동안 이어진 독재정권의 그늘 아래에서, 우리의 페미니즘을 만들어 나갔다. 1898년 우리 역사 최초의 여성인권선언문 '여권통문'이 발표되었는데, 여성에게 평등한 교육 기회를 보장할 것을 요구하였다. 일제의 탄압에 맞선 해방 운동의 와중에 민족주의와 사회주의의 통합 전선으로 만들어진 근우회는 결혼과 이혼의 자유, 임금 차별 철폐 등 자유주의와 사회주의를 아우르는 여성해방의 전망을 내놓았다. 해방 후 군사주의와 반공주의로 무장한 독재정권하에서도 페미니즘의 불씨는 타올라 1974년에는 성별 지배 체제를 분쇄하고 여성이 한 사람의 시민이 되어야 한다는 주장을 담은 '여성인간선언'이 나왔다. 이러한 인식이 힘입어 1980년대부터 전성기를 맞은 한국 여성운동은 아내구타 추방 운동, 성폭력 저항 운동, 호주제 폐지 운동 등을 이끌며 개인 간의 사소한 문제로 보이는 것들이 실은 매우 중요한 정치 문제라는 인식을 제기하고, 모순된 법제도를 개선하였다. 이후 여성 권리와 페미니즘이라는 주제에 익숙한 환경에서 자라난 새로운 세대는 제도를 넘어 자신의 일상 안에서 반성과 고백을 통해 페미니즘을 실천하고 정치화하고 있다.

'페미니즘'이 뭐라고?

가끔 이렇게 묻는 사람들이 있다. "설마 페미니스트입니까?" 이런 질문을 받으면 당황하여 "내가 페미니스트 정도까지는 아니지만…"이라고 뒷말을 얼버무릴지도 모른다. 20세기 초 영국과 미국의 의회가 여성의 참정권 요구를 계속해서 기각하는 가운데 유리창 깨기와 폭탄 투척까지 서슴지 않는 전투파가 등장하자, 언론은 이른바 '서프러제트'를 "남자에게 사랑받지 못해, 키스도 한 번 못해 본, 못생긴 여자"라고 조롱했다. 19세기 말까지도 페미니스트라는 용어는 널리 쓰이지 않았으나, 여성의 권리를 옹호하는 여성들은 사회에서 가장 과격하면서도 자연을 거스르는 쓸데없는 주장을 하는 골칫거리로 여겨졌다. 이렇듯 못생기고 과격하며 귀찮은 존재라는 이미지가 지금까지도 이어져 페미니스트냐는 질문을 받으면 곧잘 자기방어를 하게 된다.

서프러제트

1860년대 이래 서프러지스트(suffragist)라 불린 영국의 여성참정권 운동가들은 평화로운 집회, 서명, 의회 청원 등의 온건한 방법으로 활동했다. 그러나 이런 방식으로는 여성참정권을 얻지 못하자 에멀린 팽크허스트(Emmeline Pankhurst)가 설립한 여성사회정치연합 회원들은 유리창 깨기, 방화, 투옥, 단식 투쟁을 불사하며 '전투파' 운동을 시작했다. 당시 언론이 이들을 온건한 참정권주의자와 구별해 '작은 것'을 뜻하는 어미 -ette를 붙여 서프러제트(suffragette)라고 불렀다.

출처: Pankhurst, E.(2016). 싸우는 여자가 이긴다. p. 25.

그렇다면 도대체 페미니스트는 누구인가? 어떤 이들은 페미니스트를 여성우월주의자 혹은 이기주의자라 말하기도 한다. 권리만 챙기고 의무는 소홀히 한다거나, 군대는 안 가면서 출산을 기피한다거나, 남자를 혐오하면서도 잘생긴 남자 연예인은 좋아하는 위선 덩어리라고 비판한다. 어떤 이들은 이 가짜 페미니스트와 진짜 페미니스트를 구분해, 남성을 혐오하지 않고 남성과 여성이 동등한 권리를 가져야 한다고 믿는 이른바 '진짜들'을 옹호하기도 한다. 그렇다면 다분히 도식화된 이런 구분은 정당한가?

다양한 시대와 공간에서 피어난 페미니즘은 여러 색깔을 지니고 있어 그 의미를 한마디로 정의하기는 어렵다. 그럼에도 몇 가지 공통점을 찾아볼 수 있다. 우선 페미니스트는 '여성'이라는 성별을 지닌 인간이 오랫동안 권력에서 배제되고 정신과 신체, 감정 등을 억압당했다는 인식을 공유한다. 둘째, 페미니스트는 이런 배제와 억압을 신이 만들었다거나 당연한 자연의 산물이라 여기지 않고, 그것이 역사와 구조 안에서 끊임없이 '만들어진 것'일 뿐이라고 생각한다. 따라서 페미니스트는 여성이 이런 배제와 억압으로부터 자유롭게 해방되기를 바란다. 페미니스트가 혐오하는 것은 남성 개인이 아니라 일부 남성에게만 권력을 부여하고, 남성이라는 성별을 여성이라는 성별을 배제하고 억압하는 데 활용하는 남성 중심의 문화와 체제다.

그래서 페미니스트는 연대한다. 문화와 체제와 홀로 싸우기는 어렵기 때문이다. 여성들은 오랜 역사에 걸쳐 남성 중심의 사회에 의문을 제기하고 나름의 저항을 해왔다. 그러나 페미니즘이라고 이름 붙일만한 사상과 행동주의는 많은 여성의 연대로 만들어질 수 있었다. 이런 연대의 움직임은 서양에서는 18세기 말 프랑스 혁명을 전후로 여성들이 혁명과 정치에 뛰어들면서 생겨났다. 여성들이 혁명에 참여하고 새로운 정치 체제를 탄생시키는 데 중요한 역할을 했음에도 참정권을 가지지 못했을 때, 참정권을 비롯한 교육권, 재산권, 노동권 같은 당연한 시민으로서의 권리를 요구했다. 그리고 20세기 초중반 대부분의 서구 국가에서 여성들이 참정권을 얻게 된 때를 전후로, 이제 페미니스트들은 정치 권리와 같은 눈에 보이는 문제를 해결한 이후라면 어떤 문제가 남아 있을지를 고민했다.

20세기 초 미국의 페미니스트들은 참정권은 중요하지만 하나의 정치 수단일 뿐 그것으로 여성 배제와 억압의 모든 문제를 해결할 수는 없다고 생각했다. 그리고 그동안은 이야기하는 것조차 금기시되었던, 마치 사소한 개인 간의 문제로 치부되는 것들에 대해 이야기했다. 예컨대 당시 미국에서는 페미니즘이라는 단어가 대중화되면서 참정권 운동과 구분되는 더 큰 페미니즘을 옹호했다. 이 새로운 페미니스트들은 참정권 운동가와 스스로를 구분하였는데, 20세기 초 페미니즘의 가장 중요한 두 가지 주제는 여성의 경제의 독립과 연애와 피임을 둘러싼 섹슈얼리티의 자유였다. 자본주의가 위기에 처하자 이를 돌파하려 세계대전이라는 무모하고 어리석은 방법을 선택했을 때, 한동안 페미니즘을 오히려 체제 안의 순한 담론으로 흡수하려는 반동의 물결이 거세었다. 그럼에도 불구하고 20세기 초 페미니즘의 급진성은 다시 1970년대 두 번째 물결 페미니즘으로 이어졌다. 흔히 '제2물결'이라는 은유로 불리는 이 시기의 페미니즘은 "개인적인 것이 정치적인 것이다"라는 명징한 구호로 표현되었다. 또한 여성의 섹슈얼리티를 둘러싼 자유, 여성의 낙태권이 페미니즘의 중요한 쟁점이 되었고, 나아가 모든 영역에서 성별이 차별을 정당화하는 하나의 지배도구라는 점을 파헤쳤다.

두 번째 물결 페미니즘

페미니즘을 파도에 비유하는 '물결'이라는 은유는 1960년대 말 미국의 급진 페미니스트들이 앞 시대 페미니스트들과 자신들을 구분하기 위해 처음 사용했다. 케이트 밀렛(Kate Millet)은 1970년에 쓴 『성 정치학』에서 제1물결 페미니즘이 "가부장제 이데올로기와 사회화의 하부구조를 깊이 관통하지는 못했지만, 가부장제의 정치, 경제, 법의 상부구조가 자행하는 악습을 공격하여 입법과 투표, 교육, 고용 등의 권리에서 주목할 만한 개혁을 이루어 냈다"고 평가했다. 그러나 밀렛은 페미니즘과 성 혁명이 40년간의 휴지기를 거쳐 다시 부활했다고 인식했다. 케이트 밀렛은 『성 정치학』에서 개인 간의 문제로 착각하는 남녀의 성관계에 조차 권력관계가 숨어 있다는 점을 신랄하게 파헤쳤다. 그러나 앞서 본문에서 설명하였듯, 미국에서 여성 참정권 획득이라는 성공이 코앞에 다가온 1910년대 중반에 이미 여성의 출산 조절권리를 주장한 피임운동이 여론의 주목을 받으며 활발하게 일어났고, 성교와 성욕 등 다양한 의제가 계속 제기되었다. 최근 페미니즘의 역사를 '물결론'으로 설명하는 것은 지나치게 도식화되었다고 비판하고 있다.

출처: Millett, K.(2009). 성 정치학. pp. 141-143.

마지막으로 페미니스트는 대안의 세계를 상상한다. 페미니스트는 과격한 파괴자가 아니다. 페미니스트는 어떤 인간도 자신의 성별 때문에, 나아가 인종이나 민족, 나이와 빈곤 때문에 차별받거나 배제되지 않는 세상을 꿈꾼다. 그래서 각각의 목표와 전략이 다른, 다양한 페미니즘이 존재한다. 흑인 여성은 자신의 성별뿐만 아니라 피부색 또한 억압의 도구나 근거가 되어서는 안 된다고 주장한다. 제3세계 여성은 가난 때문에 자신의 아이를 키울 권리는 빼앗기고 제1세계 가정의 보모나 하녀가 되어야 하는, 국가 간 위계 체제를 비판한다. 바야흐로 여성들은 오랫동안 빼앗겼던 해석의 수단과 권력을 되찾고 있는 중이다. 이제 여성들은 다양한 매체를 활용해 나는 누구인가를 묻고, 가부장제 사회 안에서 인간이 아니라 '여성'이기만을 강요당했던 고통스러운 경험을 고백한다. 그리고 고통을 공유하는 데 그치는 것이 아니라 과연 모두가 행복할 대안의 세계는 무엇인가 질문한다.

다양한 페미니즘

페미니즘은 오랜 역사 안에서 다양한 조류를 형성했다. 페미니즘은 근대 이후 중요한 정치 운동이자 하나의 학문 분과로 발달하였고, 최신 사상에 영향 받으면서도 그것을 뛰어넘고자 했다. 자유주의 페미니즘은 성별 간의 평등과 정의를 이루어내기 위해 공평한 경쟁의 규칙을 강조한다. 따라서 여성에게도 남성과 똑같은 교육의 기회와 시민권을 보장하는 데 역점을 두었다. 그러나 급진 페미니즘은 자유주의의 기획이 여성 억압을 완벽하게 깨부술 만큼 철저하지 못하다고 비판한다. 급진 페미니스트들은 가부장제는 하나의 지배 질서이자 권력관계이고 개혁을 통해 개선할 수 있는 것이 아니라 뿌리째 뽑아내야 하는 것이라고 본다. 그들은 법과 정치 구조뿐만 아니라 가족, 교회, 학교와 같은 사회문화와 제도를 해체해야 한다고 주장했다. 이들은 특히 새로운 생식 통제 기술을 활용하여 여성이 신화화된 모성 의무로부터 해방될 수 있으리라 낙관했고, 낙태권을 중요한 정치 쟁점으로 제기했다.

문화 페미니즘은 오히려 여성이 어머니 역할을 하는 것이 여성의 힘의 궁극의 원천이라 주장한다. 인간이라는 종족의 유지 여부를 결정짓는, 여성이 지닌 생명 부여의 힘을 찬양하고 존경해야 한다는 것이다. 문화 페미니스트들은 여성은 남성에 비해 폭력을 싫어하고, 협조하고 보살피고, 소통하기를 좋아한다고 생각하는 경향이 있는데, 이 때문에 성차를 미화하고 불변하는 것으로 여긴다고 비판 받는다. 사회주의 페미니즘은 무엇보다 다수의 약자들이 생산해낸 부를 소수의 부자들이 장악하고 있는 계급 사회의 문제를 제기했다. 사회주의 페미니스트들은 남성이 생산수단을 소유하는 사유재산 제도에서 출발한 거대한 자본주의가 여성 억압의 원천이라 보고, 바로 이 자본주의와 결합된 가부장제를 혁명하고자 한다. 한편 프로이트의 정신분석학 이론에 영향을 받고 그것을 비판하면서 성장한 정신분석학 페미니즘은 가부장제가 강요하는 열등감이 여성의 깊은 심리 안에 내면화되어 있다는 점을 비판한다. 그들은 남성의 페니스를 하나의 문화 권력으로 상정하고, 페니스가 없는 여성을 '결여된 인간'으로 오해하는 프로이트주의의 전제를 비판하면서 오히려 그동안 나쁘거나 모자란 것으로 설명된 '여성성'의 가치를 긍정한다. 이 외에도 블랙 페미니즘은 백인 중산층 여성 중심의 페미니즘의 편견과 협소함을 비판하면서, 아메리카 흑인 여성, 아프리카 흑인 여성의 경험을 정치화하고자 한다. 아프리카 여성들은 에이즈 퇴치를 위해 절실하게 남성과 협력하고자 하고, 아메리카 흑인 여성들은 인종차별이 성차별과 연결되어 있으며, 미국 사회에서 흑인이 최하층 노동자로 살아가야 하는 현실을 고발한다. 포스트모던 페미니즘은 여성이 배제되고, 버림받고, 주변화 된 '타자'로 정의되고 있는 점을 비판하고 '여성'이라는 범주와 경계는 끊임없이 만들어지고 변화할 뿐만 아니라 그 안에 수많은 차이가 존재한다는 점에 관심을 기울인다. 즉 흑인 여성, 레즈비언 여성, 제3세계 여성, 이주여성 등 여성이라는 범주 안에도 수많은 차이가 존재하고, 이 차이를 기반으로 정체성과 정치학이 만들어진다. 이들은 궁극에서는 바로 이 만들어진 여성성을 해체하고자 하는데, 이 때문에 여성이라는 범주를 사라지게 함으로써 여성 해방을 요구하는 페미니즘의 정치성을 희미하게 만든다고 비판받기도 한다.

출처: Tong, R.(2000). 페미니즘 사상.

근대 여성, 담을 넘어 집 밖으로 나서다!

우리 역사에서 여성들이 최초로 연대의 움직임을 보인 것은 근대 이후다. 18세기 말 일부 남성 지식인들이 중국을 통해 천주교를 수용한 이래, 많은 조선의 여성들은 서구 기독교의 사랑과 평등사상에 감명받았다. 조선 여성들은 천주교회에서 다니면서 집 밖으로 나갔고 남성과 평등한 신앙생활을 하면서 최초로 조직화 경험을 했다.

한편 서구에서 들어온 서학을 경계하며, 조선의 토착 종교와 기독교 사상을 융합해 탄생한 민족 종교 동학에서 여성들은 사회활동을 할 수 있는 기회를 얻었다. 1894년 동학농민전쟁이 일어났을 당시 농민군이 제시한 폐정개혁안에는 '청춘과부의 개가를 허용하라'는 요구 조항이 담겼다. 조선 초기부터 재가녀 자손들의 관직 진출을 엄격히 규제하는 법령이 있었고, 17세기 이후 열녀 담론이 사회 전반에 확산되면서 여성이 수절하는 것이 미덕이자 의무가 되었다. 또 여성의 순결을 강제하는 분위기 때문에 10대에 결혼하는 조혼이 흔했고, 부부와 자녀로 이루어진 소가족화가 서서히 진행되어 혼자가 된 청상과부는 생계 자체가 어려웠다. 동학이 과연 여성 문제를 얼마나 중요하게 인식하고 있었는가는 논란이 많지만 청상과부의 인권과 여성의 생존권을 '일부종사'라는 이데올로기보다 더 중시했다고 평가할 수 있다.

우리 역사에서 여성이 종교 조직이나 농민운동의 일부가 아니라 하나의 독자 세력을 형성하여 권리를 주장한 최초의 사례는 '여권통문'에서 확인할 수 있다. '여권통문'은 우리나라 최초의 여성권리 선언문으로 평가받는데, 특히 여성이 교육받을 권리를 강조하였다. 대한제국 시기인 1898년 9월 1일 신분 높은 양반들이 주로 살았던 서울 북촌에서 실명을 밝히지 않은 두 명의 여성이 주도하여 '여학교설시통문'(줄여서 '여권통문')을 작성했고, 이것을 곧바로 「황성신문」과 「독립신문」 등에 발표했다.

皇城新聞

[그림 1-1] 여권통문 전문을 게재한 황성신문 (1898년 9월 8일)

출처: 여성가족부.

내용을 풀어보면 이렇다. 우선 "남녀의 육체가 다르지 않은데, 왜 여성은 남자가 벌어다 주는 것을 앉아서 먹고 집안에서 통제만 받고 있는가"라고 물었다. 무엇보다 여성이 남성으로부터 경제의 독립을 이루어야 한다고 보았던 것이다. 그리고 "문명개화한 나라들을 보면 남녀동등권이 있는데 여성이 어려서부터 학교에 다녀 학문을 익히면 나중에 결혼해도 남편의 압제를 받지 않으니 우리도 여학교를 만들자"고 주장하고 있다. 더 놀라운 것은 이 선언서에 서명한 사람들이 300여 명에 이르고 곧바로 찬양회를 조직하여 매주 일요일 정기 집회를 열고 토론회를 개최하여 개화운동을 진행했다는 점이다. 찬양회는 관립여학교를 만들고자 했으나 뜻을 이루지 못하자 다음해 2월 30명 정원의 사립 순성여학교를 열었다. 순성여학교는 재정상 어려움 등으로 1903년 폐교했지만, 개신교 선교사들이 아니라 우리 여성들이 권리를 행동으로 실천하고자 만든 교육 기관이었다는 데 의미가 있다.

근대를 지나면서 우리 여성들은 외부의 여러 영향을 받기도 했지만 무엇보다 스스로의 힘으로 권리 의식을 키웠다. '여권통문'에서 볼 수 있듯, 19세기말 이미 '남녀동등권'을 인식하였고, 여성이 교육받을 권리, 노동할 권리를 가져야 한다 생각했다. 물론 이런 인식을 대다수의 여성들이 공유하였거나 모두가 교육의 기회를 얻을 수 있었던 것은 아니다. 그러나 16세기까지만 해도 남성이 여성의 집에 장가드는 방식으로 결혼을 했고, 남녀 간에 차별 없이 재산상속이 이루어지는 등 부계 혈통 중심의 가족제도가 결코 우리의 오랜 전통은 아니었다. 일제의 침략이 없었다면 우리 역사에서 여성들이 보다 자유로웠던 다른 시대를 탐구할 수 있었을지도 모른다. 그러나 이제 총칼을 앞세운 제국주의의 잔혹한 폭력에 맞서 싸우거나 살아남는 방법을 고민하지 않을 수 없었다. 19세기 말부터 여성들은 의병운동에 동참했고, 일제 시기에는 수많은 여성 투사들이 대한의 독립과 해방을 위해 싸웠다. 그리고 그 속에서 페미니즘 의식 또한 강하게 자라났다.

근우회와 신여성

1905년 일본에 외교권을 침탈당한 을사늑약 이후 국권회복운동을 전개하는 과정에서 많은 여성 단체가 탄생했다. 국가가 위기 상황에 처한 이유를 여성을 교육시키지 않은 데서 찾고, 나라와 백성을 구하기 위해서는 무엇보다 여성을 교육해 남녀가 함께 외세를 막아낼 실력을 쌓아야 한다는 민족주의 주장이 대두했다. 전국에 여학교가 170여 개로 늘어났고, 남자들만 다녔던 학교도 여학생들을 받아들였다. 덕분에 많은 여성 지도자들이 배출되었고, 1910년대 이후 민족운동과 여성운동에서 이 여성들이 중요한 역할을 해냈다. 특히 여성들은 1907년 국채보상운동, 1919년 3 · 1운동 같은 국권회복운동에 적극 참여하여 조직화와 연대활동 경험을 쌓았다.

3·1운동 이후 다양한 노선의 운동이 성장하는 가운데 여성운동도 더욱 활성화되었다. 1920년대에 들어서면 일본 유학생이 새로운 사상을 소개하기 시작했고, 특히 사회주의사상이 풍미했다. 사회주의를 받아들인 사람들은 단지 교육, 직업, 정치 참여의 자유 정도로 여성 해방이 이루어지지는 않을 것이라 비판했다. 조선여성동우회 같은 사회주의 색채를 띤 단체들은 "무산 계급 여성들이 인류의 자유와 평등을 실현해야 하고, 제국주의 경제조직을 새로운 경제조직으로 변혁해야 한다"고 주장했다.

일제 강점기 사회주의 여성단체는 노동자 중심의 계급 해방과 여성의 경제 독립을 중요한 가치로 제기했다. 그러나 당시 여성 대다수가 농촌에서 농업에 종사했고, 사회주의자들은 야학에서 계몽운동을 전개하면서 또 일본 제국주의와도 싸워야 하는 힘겨운 상황이었다. 이렇듯 안팎의 어려움, 그리고 이후에 노선의 차이로 분열이 일어났음에도 불구하고, 사회주의 여성단체들이 체제 안에서 어떤 권리를 얻고자 했던 것이 아니라 여성을 억압하고 여성에게 불평등을 초래하는 근본 원인, 특히 경제 체제 자체를 변화시켜야 한다는 인식을 공유했다는 점은 주목할 만하다.

일제 강점기 여성운동단체 중에 가장 눈길을 끄는 것은 근우회다. 근우회는 일본에게 배워서라도 실력을 양성해야 한다고 생각했던 민족주의 계열과 계급 해방과 체제 전복을 지향했던 사회주의 계열 사이의 심화되는 갈등을 해소하기 위해 1927년 5월 27일 만들어졌다. 근우회는 1928년 이후에는 사회주의 인사들이 조직을 이끌었고, 1930년 주요 지도자들이 '서울여학생시위' 사건을 주도해 일제에 체포되거나 중국으로 망명하면서 1931년 해체되었다.

근우회의 강령을 보면 지금으로서도 해결되지 않은 많은 문제를 제기했다는 것을 알 수 있다. 60여 개 지회와 6천여 명의 회원으로 구성된 근우회는 "조선 여성의 역사적 사명을 수행하기 위해 공고한 단결과 의식적 훈련을 기한다"는 강령 아래 조혼 폐지, 결혼과 이혼의 자유, 인신매매 및 공창 폐지, 여성노동자의 임금 차별 철폐 및 산전 산후 임금 지불 같은 행동강령을 제시했다. 또 여성과 어린이 노동자의 위험한 노동 조건을 개선하고 야업을 폐지할 것, 여성 보통교육을 실현할 것, 노동자와 농민을 위한 의료기관과 탁아소를 설립할 것을 주장했다. 근우회는 『근우』라는 이름의 기관지를 발간하고 지방 순회강연을 기획했고, 각지에 야학 설치, 여성 노동자 파업 지원 같은 다양한 활동을 펼쳤다. 근우회는 일체의 여성 차별을 철폐하고자 했을 뿐만 아니라 임금 차별 철폐와 육아 문제 해결 같은, 지금으로서도 미해결인 과제를 개선하고자 했다.

[그림 1-2] **1927년 5월 10일 발행된 근우회 기관지 『근우(槿友)』 창간호 표지**

사회주의 계열 독립운동가 허정숙은 창간호에 실린 '근우회운동의 역사적 지위와 당면 임무'라는 글에서 "조선 여성이 봉건제하에서 가정의 노예로 살다가 근대문명의 수입과 함께 여성교육을 제창하는 등 일정한 진보를 보였으나, 대다수의 노동자 여성과 무산계층 여성이 근대 문명의 경제 모순에 처해있다"고 지적했다.

이렇듯 반일투쟁 중에 여성교육의 기회가 확대되고, 여성운동 단체가 활발하게 활동하자 이전에는 볼 수 없었던, 매우 색다른 성격의 여성들이 등장했다. 이른바 '신여성'이라고 일컬은 이 여성들은 근대의 신식 교육을 받거나 일본에 유학하여 신문물을 접할 수 있었고, '여성 해방'을 강하게 열망하였다. 신여성들은 어느 정도 생계가 보장된 계층이라 경제상의 모순보다는 봉건성에 찌든 가족 제도를 더 절실하게 해결할 문제로 보았다. 집안이 결혼 상대를 결정하는 것이 관행이었으므로 여성이 개인으로서 자신의 연애와 결혼 상대를 선택할 수 있어야 한다는 주장은 여론의 지탄을 받을 만큼 급진적인 것이기도 했다. 그러나 자유연애가 강고한 결혼제도와 모순 없이 양립하기는 상당히 어려웠다. 또 당시로서는 여성이 남편과 경제와 심리 면에서 완전히 대등하기는 어려웠기 때문에 신여성들이 꿈꾸었던, 소박하고 평등한 사랑을 바탕으로 한 근대 가정은 쉽사리 실현되지 않았다. 신여성의 대표로 꼽히는 화가 나혜석이 잡지에 게재한 여러 글에서 여성의 성적 자기 결정권을 과감하게 주장했음에도 불구하고, 이혼 후에 사회로부터 고립되어 가난 속에 죽어갔던 사실에서 신여성이 불가항력의 자기모순에 처했음을 알 수 있다.

1930년대 후반 일본은 제국주의 침략 정책을 더욱 가혹하게 전개했다. 많은 여성 독립투사들이 일제의 탄압을 피해 타국으로 망명하여 무장투쟁을 벌이는 가운데, 일부 민족주의 계열 여성들은 일제에 협력하는 상황이 벌어졌다. 일제는 '근대의 가정'이라는 이상도 침략전쟁을 뒷받침하는 훌륭한 모성이라는 구호로 흡수해 버렸고, 우리 여성들은 긴박하게 제국주의 투쟁을 해야 하는 상황에서 여성운동과 페미니즘의 중요성을 주장하기는 어려웠다. 그러나 쉼 없는 투쟁의 결과 우리는 해방을 맞았다. 그리고 새로운 국가, 진정한 의미의 근대 국가를 건설하는 과정에서 여성운동과 페미니즘은 많은 역할을 해냈다.

정조는 도덕도 법률도 아무것도 아니요 오직 취미다. 밥 먹고 싶을 때 밥 먹고, 떡 먹고 싶을 때 먹는 거와 같이 임의용지(任意用志)로 할 것이요, 결코 마음의 구속을 받을 것이 아니다. … 그러므로 유래 정조 관념을 여자에게 한하여 요구하여 왔으나 남자도 일반일 것 같다. 왕왕 우리는 이 정조를 고수하기 위하여 나오는 웃음을 참고 끓는 피를 누르고 하고 싶은 말을 다 못한다. 이 어이한 모순이냐. 그러므로 우리의 해방은 정조의 해방으로부터 할 것이니.

출처: 나혜석(1935. 2.). 신생활에 들면서. 삼천리.

크리스챤 아카데미와 여성운동 전성시대

해방 후 국가 건설 과정에서 오랫동안 군사독재정권이 집권하는 바람에 한국 페미니즘의 독자성과 급진성을 유지하는 것은 어려웠다. 예컨대 많은 여성들이 새마을 운동에 동원되거나 국가가 주도하는 산아제한 정책에 협력하였다. 그러나 정권이 '경제성장우선 정책과 반공주의'를 밀고 나가는 과정에서도 1960년대 중반 이후 전 세계에서 일어난 저항 운동의 열기와 함께 우리 사회에서도 새로운 사회 건설을 열망하는 사람들이 목소리를 내기 시작했다.

이런 새로운 인식은 1968년부터 여러 분야의 지식인들이 함께 한 크리스챤 아카데미에서 싹트기 시작했다. 현실에 적극 참여하는 것이야말로 기독교인의 사명이라 인식하며 대화모임을 지속했던 크리스챤 아카데미는 한국 사회의 모순이 어디에 있는가를 진단했다. 특히 이들은 '세대 간, 지역 간, 남녀 간 양극화'의 문제를 제기하면서 한국 사회의 비인간화를 고발했다. 아카데미는 비인간화의 핵심에 여성 문제가 있다는 데 깊은 관심을 갖고 여성을 주제로 한 대화모임을 꾸준히 진행했다. 그리고 유엔 여성지위위원회가 1975년을 세계 여성의 해로 정하기로 하자, 아카데미는 이에 발맞추어 '75년 세계여성의 해를 맞이하는 한국 여성의 과제 연구'라는 주제로 1974년 8월 31일 5일 동안 '여성의 인간화'를 실현하기 위한 토론회를 개최했다. 이때 토론의 결과를 선언문 형식으로 정리하여 '여성인간선언'을 발표하였는데, 이것은 '여권통문'과 근우회 강령에 이어 다시 한 번 한국 여성의 인권을 선언한 주요한 성과였다.

여성인간선언에는 성의 지배가 그 어떤 지배 형태보다 오래된 근원의 것이며, 여성이 하나의 인간으로서 분명한 권리를 가지고 인류 평화를 위해 노력할 수 있어야 한다는 인식이 담겨있다. 여성인간선언에 동참한 사람들은 여성운동이 남성에게 선심을 얻거나 배려를 받아 여성의 권리 약간을 개선하는 것이 아니라 여성의 비인간화, 남녀양극화의 근본 원인인 가부장제와 싸워 차별을 철폐하고자 하는 해방운동이자 인권운동이라는 목표를 분명히 제시했다. 이후 아카데미는 여성운동의 주체가 될 사람들을 키워내기 위해 10년 넘게 여성사회교육을 실천했다. 1970년대 젊은 여성을 교육하기 위한 여성사회교육은 60여 회 이루어졌고 지식인, 주부, 학생, 농민 등 이수자는 1,500여 명이 넘었다. 이 과정에서 1979년 3월 크리스챤 아카데미의 주요 인사들과 교육생 등이 간첩 혐의로 체포되어 고문을 받고 용공세력으로 조작되는 일이 벌어지기도 했다. 당시 국가는 크리스챤 아카데미가 우리 사회의 변화를 위해 일할 젊은 세대를 길러내는 일을 눈엣가시처럼 여겼으나, 이들의 활동이 발판이 되어 1980년대 여성운동을 주도한 많은 여성 지도자들이 배출되었다.

한편 한국 페미니즘은 하나의 제도화된 학문으로서 대학에 자리 잡게 되었다. 1977년에 이화여자대학교에 처음으로 여성학 교양 강좌가 개설되었고, 1982년에는 같은 학교 대학원에 여성학과가 만들어졌으며, 1984년에는 한국 여성학회가 창립되었다. 이후 다른 학문 분과에도 페미니즘 관점의 연구가 확산되었고, 대구, 부산을 비롯한 여러 지역의 대학에도 여성학과가 개설되었다. 페미니즘이 하나의 학문 분과로서의 지위를 얻게 되면서, 성을 매개로 한 지배 양식의 다양한 모습을 조명할 수 있었다. 가족, 노동, 교육뿐만 아니라 출산, 성욕, 신체, 성매매, 일본군 성노예 문제 등 한국 페미니즘의 연구 주제를 망라해서 한 마디로 정리하기는 어렵다. 주목할 만한 점은 한국의 페미니스트들은 제국주의 침략과 독재, 분단을 겪었고, 다시 외국인 노동자와 결혼 이주여성을 마주하는 우리만의 고유한 상황 속에서 페미니즘 이론을 만들어 갔다는 것이다.

1980년대 중반을 지나면서 여성운동의 전성시대가 열렸다. 크리스챤 아카데미의 여성사회교육을 이수한 사람들과 여러 대학의 여성학과 출신들이 현장에서 여성운동을 주도하였다. 1983년 아내구타 상담 사업을 목표로 '여성의 전화'가 창립되었다. 예전까지 아내구타와 가정폭력은 각 가정에서 알아서 해결해야 할 사소한 문제로 여겨 공권력이 개입하지 않았다. 여성의 전화는 가정폭력 문제가 결코 가정 내의 사소한 문제가 아닌 중요한 인권의 문제라는 점을 한국 사회에 처음으로 제기하였다. 1991년에는 한국성폭력상담소가 문을 열어 성폭력 저항운동을 활발하게 전개했다. 이런 흐름은 1990년대에 가정폭력방지법과 성폭력특별법 제정운동으로 이어졌고, 부부관계나 연인 관계에서 일어나는 폭력 또한 권력의 문제라는 점이 부각되었다. 예컨대 한국의 법이 성폭력을 '정조에 관한 죄'로 규정하였던 모순을 시정하고, 이것이 성을 매개로한 인권 침해이자 폭력이라는 점을 명확히 했던 것이다.

아내구타

여성의 전화는 아내구타가 중요한 범죄이자 사회문제라는 점을 환기하였고, 피해여성 쉼터를 운영하는 등의 활동을 하였다. 1990년대 들어 직선제 선거로 대통령을 선출하고 군사독재에서 서서히 벗어나기 시작하면서, 여성운동진영은 아내구타 문제를 근본에서 해결하고자 가정폭력방지법 제정에 나섰다. 당시 이러한 법 개정 운동이 여론의 지지를 받을 수 있었던 것은 남편에게 오랫동안 극심한 폭력에 시달렸던 여러 여성들이 남편을 살해하는 사건이 발생하여 가정폭력의 잔인성을 폭로하였기 때문이다.

출처: 한국여성의전화연합 엮(2015). 한국여성인권운동사(개정판).

성폭력 저항운동

1986년 대학생 권인숙이 부천서로 연행되어 문귀동 경장에게 강제 추행을 당한 사건이 발생했다. 이 성고문 사건 폭로 이후 '성고문대책위원회'에 참여했던 21개 여성단체를 주축으로 '한국여성단체연합'(이하 여연)이 출범하였다. 여연은 애초에는 부천서 성고문 사건을 공권력이 민족민주운동을 탄압한 사건으로 규정, 이에 대한 저항 운동을 반독재투쟁의 일환이라 보았다. 그러나 여성운동 단체 안에서도 성폭력 저항운동이 민주화 운동의 일부가 아니라 독자성을 지닌 문제라는 인식이 싹텄고, 이 때문에 내부에서 많은 논쟁이 일어났다. 특히 이러한 인식은 1980년대 말부터 계속해서 터져나온 성폭력 사건의 충격에서 비롯되었다. 1988년 대구의 한 다방에서 일하던 여성이 귀갓길에 경찰관에게 끌려가 경찰서에서 윤간 당한 사건, 가정주부가 길에서 달려든 강간범의 혀를 잘라 오히려 '과잉방어' 혐의로 구속된 사건이 발생했다. 또 1989년 1월에 전남 고흥에서는 한 어부의 아내가 임신 상태에서 강간을 당한 후 피해사실을 고소하였으나 오히려 기각되고 가해자가 간통사건으로 모는 바람에 농약을 마시고 자살하는 사건이 발생했다. 뿐만 아니라 1992년 1월에는 한 여대생이 오랫동안 자신을 강간한 계부를 남자 친구와 함께 살해한 사건이 발생하였다. 이에 성폭력 저항운동은 민주화운동의 일환이 아니며 그 자체로 중요한 문제라는 인식과 함께 성폭력특별법 제정 운동이 일어났다.

출처: 여성사 연구모임 길밖세상(2001). 20세기 여성 사건사: 근대 여성교육의 시작에서 사이버 페미니즘까지. pp. 227-246.

폭력에 대한 저항 운동을 통해 그동안 은폐된 문제를 드러내고 피해자 보호라는 급박한 인권의 쟁점을 제기하였다면 이제 우리의 삶 속에서 평등과 관용을 바탕으로 한 대안문화를 모색해야 할 필요성 또한 절실했다. 1984년에 시작된 '또 하나의 문화'는 바로 이러한 대안 문화를 창조하고, 특히 남녀가 벗으로서 협력하고 아이들이 자유롭게 커나갈 수 있는 사회를 지향한다는 목표를 지닌 동인 모임이었다. 동인들에는 주로 대학에서 여성학을 공부하거나 가르치는 사람들이 많았으나 주부와 직장인 남성, 남자 대학생 등도 함께 활동했다. '또 하나의 문화'는 다양한 소모임 활동을 했고 특히 출판 운동에 매진하여 2000년 16호까지 꾸준히 동인지를 출판하며 페미니즘 담론을 확산시켰다. 동인들은 교육, 성과 사랑, 결혼, 일, 몸과 나이 등의 쟁점을 가부장제의 편견에서 벗어나 새롭게 조명하고자 했고, 남성 지배 문화를 비판하고 어린이와 남녀가 평등한 대안 세계를 탐색했다. 또 하나의 문화가 남긴 성과는 여성 해방을 위한 거대 담론이나 서구의 이론을 소개하는 데 그친 것이 아니라 이러한 수많은 쟁점을 동인들 각자의 살아있는 경험을 바탕으로, 삶 속의 매우 생생한 언어로 그려내었다는 점이다. 그들은 자신의 솔직한 연애 경험과 부부 생활, 육아 경험, 그리고 때로는 고통스러웠던 낙태 경험을 드러냈고, 페미니즘이 삶의 모든 문제 혹은 가장 중요한 문제일 수 있음을 보여주었다.

한편 1987년 만들어진 한국여성민우회(이하 민우회)는 여성 문제의 독자성을 인식하면서 여성 대중 조직으로서 성 평등 의제를 만들어 나갔다. 반독재투쟁이 거세지는 와중에 진보진영 내에서도 여전히 여성문제는 민주화 운동보다 덜 중요한 문제로 인식되었다. 이런 분위기에서 민우회는 보다 많은 여성 대중들이 해방되어야만 진정한 평등이 실현될 수 있다는 목표를 갖고 결성되었다. 민우회는 특히 주부운동에 열의를 쏟았고, 남녀고용평등법 개정, 동일노동 동일임금 요구, 주부의 가사노동 가치 인정 요구, 생활협동조합 결성, 미인대회 반대와 외모 지상주의 비판, 성교육 실시, 부모 성 함께 쓰기 운동 등 여러 활동을 했다.

여성단체의 힘은 일본군 '위안부' 문제를 함께 해결하기 위한 연대로도 모아졌다. 1990년 11월 그동안 '위안부' 문제를 제기했던 37개 여성단체들이 연합하여 한국정신대문제대책협의회(이하 정대협)를 결성했다. 그리고 1991년 8월에 우리나라 최초로 김학순할머니가 일본군 '위안부' 피해자임을 공개 증언한 이후, 정대협은 피해자 신고 전화를 설치했고 1992년 1월 18일부터는 매주 수요일 일본대사관 앞에서 일본의 위안부 동원 사실 인정과 공식 사과를 요구하는 시위를 시작했다. '수요시위'는 당시 일본 총리 미야자와 기이치의 방한을 계기로 시작되어 2011년 12월 14일에 1,000번째 집회가 열렸고 단일한 주제로 열린 최장기 집회로 계속해서 기록을 경신중이다. 정대협은 '위안부' 피해자 생활 지원 활동을 했을 뿐만 아니라 다른 아시아 피해 국가, 그리고 유엔과 연대하여 일본이 전쟁 중에 국가 차원에서 성폭력을 저질렀다는 점을 고발했다. 정대협은 2015년 한국과 일본 정부 간에 맺어진 일본군 '위안부' 합의 반대 투쟁 또한 계속하고 있다. 한국의 페미니즘은 정대협의 활동에서 볼 수 있듯, 제국주의 침략을 겪은 우리의 특수한 상황을 인식하고 그에 적극 대응하였고, 나아가 전 세계에서 지금도 여전히 전쟁을 빌미로 자행되는 성폭력에 대한 관심을 환기하고 있다.

호주제 폐지에 담긴 정신

1999년 5월 여성의 전화, 성폭력상담소, 한국 여성민우회 등 1980년대 만들어진 진보 여성단체들의 연합체인 '한국여성단체연합'이 '호주제폐지운동본부'를 발족했다. 다음해 9월에는 113개 여성, 시민, 노동 단체들이 함께 '호주제 폐지를 위한 시민연대'를 구성해, 호주제 폐지 청원, 위헌소송, 대국민 캠페인을 벌였다. 마침내 2005년 3월 31일 호주제가 폐지되었고, 양성평등을 바탕으로 하는 민주 가족법을 시행하는 데 이르렀다.

가족법은 1977년, 1990년, 그리고 2002년에 부분 개정되었음에도 불구하고 아버지에서 아들로 이어지는 부계 혈통주의는 우리 민족의 전통이라는 허명 아래 고수되었다. 호주제가 시민 생활에 미친 영향이 뚜렷하지 않았던 것처럼 보일 수도 있지만 아들이 아버지의 뒤를 이어 호주가 되어야 한다는 관념은 딸 차별, 여아 낙태와 같은 심각한 사회문제를 초래하는 원인이었다. 또 부모의 이혼 후 어머니와 함께 사는 자녀들, 재혼 가정의 자녀들은 오직 생부의 성씨만을 써야 하는 법과 주변의 따가운 시선 때문에 새로운 가족 공동체 안에서 행복한 생활을 하기 어려웠다.

여성단체연합이 호주제 폐지를 위해 폭넓은 연대를 이끌어 낼 수 있었던 것은 몇 가지 중요한 점에서 공감을 이끌어 낼 수 있었기 때문이다. 첫째, 호주제는 우리의 전통이 아니라 일제의 잔재였다. 조선시대에도 호적이 있기는 하였으나 같은 공간에서 생활하는 가족 구성원 전체를 기록하는 것이었고, 국가가 주로 세금을 징수하고 군역을 징발하기 위한 근거로 활용했다. 여기에는 노비도 들어갔고, 함께 살지 않는 아들은 기재되지 않았다. 호주제는 원래 일본이 1873년 일본 봉건 시대 무사계급의 상속 제도를 바탕으로 만든 것으로 호주가 단독으로 재산을 상속하고 가족 구성원에게 강력한 통제권을 행사하도록 규정했다. 호주제는 일제 강점기에 '천황'을 아버지로 받들고 가족은 국가를 위해 봉사해야 한다는 관념을 강화하는 데 쓰였다. 일제가 이러한 호주제를 식민지 조선에 이식한 것이었고, 정작 일본은 패전 후 1948년에 이 법을 폐지했지만 우리나라는 21세기까지도 유지되었다.

둘째, 호주제는 가족 구성원의 평등권을 침해했다. 호주제에 따르면 결혼한 여성은 남편이나 시아버지가 호주인 호적에 구성원으로 들어가고, 제도상으로 남편보다 아래에 위치하며, 자녀 또한 아버지의 성과 본을 따라야했다. 심지어 남편이 혼외 관계에서 둔 아들이 아내보다 호주 승계상 우선권을 갖도록 규정하기도 했다. 우리 사회에서 가족은 점점 평등하고 자유로운 방식으로 재조직되고 있었고, 일인 가족이나 재혼 가정, 한부모 가정 등 다양한 형태의 가족 공동체가 존재하고 있는 상황에서 호주제는 그 자체로 하나의 제도상의 폭력이었다.

호주제 폐지를 통해 여성운동 단체는 일제 잔재 청산과 가족 구성원의 시민으로서의 평등권이라는 중요한 쟁점을 제기했다. 그런데 이 시기까지 한국의 페미니즘은 대체로 성폭력특별법과 성매매 방지법, 또 호주제 폐지까지 주로 법 개정 운동을 통해, 또 민주정부가 들어선 이후에는 여성부를 창설하는 방식으로 제도 안의 개혁에 주력했다 할 수 있다. 가정폭력상담소와 성폭력상담소가 전국에 만들어지고, 상담인력 인건비를 국가가 지원하면서 여성단체가 관변단체가 되는 것 아니냐는 비판을 받기도 했다. 이러한 비판에 직면하여 페미니스트들은 계속해서 여성 해방과 평등권 확립을 위한 새로운 의제를 발굴하고자 했다. 또 수십 년에 이르는 여성운동의 성과를 바탕으로 21세기 젊은 세대는 여성 권리 의식을 이미 상당부분 흡수한 상태에서 성장할 수 있었고, 이들은 페미니즘을 일상의 문제로 제기하며 한국 페미니즘에 새로운 활기를 불어 넣었다.

페미니스트 선언 이후

한국 페미니즘은 2000년 대 이후 저변이 크게 확대되었다. 한때는 제도상 이룰 것은 다 이루었으니 오히려 여성상위 시대가 된 것 아니냐는 착시효과가 확산되기도 했고, 이제 여성학과 페미니즘의 시대는 끝났다는 위기론이 퍼지기도 했다. 이런 위기는 대학에서 여성학과가 없어지거나 교양 여성학이 축소되는 결과로 나타났다. 언론은 한국 남성의 권위가 하락되고 있다는 남성성 위기 담론을 만들어 내기도 했다. 그러나 구한말부터 지금까지 스스로의 힘으로 전통을 일구어낸 한국 페미니즘의 불씨는 쉽사리 꺼지지 않았다. 또한 이미 이런 전통의 수혜를 받은 새로운 세대는 싫든 좋든 페미니즘에 익숙한 상황에서 성장하였고, 언제든 페미니스트가 될 수 있는 잠재력을 지니고 있었다.

2015년 SNS를 타고 '페미니스트 선언'이 이어진 것은 우리 사회에 새로운 페미니즘이 도래했음을 보여준 사건이었다. 당시 한 남성 칼럼니스트가 우리나라의 고등학생이 이슬람 과격 무장단체에 스스로 들어간 일을 두고 페미니스트들을 '무뇌아'라 비판한 것을 계기로 SNS상에서는 오히려 페미니스트 선언이 퍼져나갔다. 여러 사람들이 스스로 페미니스트라 선언하며 해시태그를 달았다. 이들이 단지 동조나 선언에 그친 것이 아니라, 자신의 경험을 돌아보고 그간의 자신의 행동을 되짚어보는 고통스러운 자기 성찰과 고백을 내뱉었다는 점이 흥미롭다. 강요된 남성성을 비판 없이 수용하고, 여성들의 어려움은 외면했다고 고백하는 남성도 있었고, 아들 타령을 하던 엄마 밑에서 자랐으면서도 역시 임신 기간 내내 아들이기를 바랐던 어리석은 마음을 고백했던 여성도 있었다. 페미니스트 선언을 한 사람들은 고백에서 그치지 않고 여성의 날 행사에 참여하고, 소녀상 세우기 캠페인에 동참하고 여성단체에 후원금을 내는 실천을 통해 페미니스트로서의 자신의 정체성을 표현했다. 제도 개혁에 매진했던 한국 페미니즘이 여성 대중의 목소리, 많은 여성들의 자기 고백이라는 정치 행위를 통해 일상으로 파고든 순간이었다.

2016년 5월 17일 새벽, 강남역 살인사건이 일어났다. 곧바로 피해자를 추모하는 쪽지 붙이기가 이어졌고, 오랜 여성혐오 문화를 비판하는 목소리가 터져 나왔다. 살인을 저지른 범죄자가 얼마나 깊이 여성혐오를 갖고 있었는지, 혹은 그의 질병 정도가 얼마나 심했는가보다 더 중요한 것은 이 사건을 두고 피해자와 공감하고 성평등의 중요성에 화답한 사람들의 반응이었다. 왜 그들은 나도 언제든 피해자가 될 수 있다는 공감을 느끼고, 피해자를 지켜주지 못한 것에 죄책감을 느끼고, 여성을 배제하고 차별해 온 우리 문화의 폭력성을 고발했던 것일까? 새로운 세대의 페미니스트들은 이제 인터넷이나 SNS 같은 놀라운 해석의 수단을 갖게 되었고, 자신의 경험을 반성하고 고백하는 고통스러운 과정을 거쳐, 성별에 강요되는 부당함을 고발하기 시작했다. 그래서 그들은 '미투'를 외친다. 혜화역에서 경찰의 몰래카메라 범죄 편파수사를 규탄하는 시위에 참여하는 사람들을 보고 갈등과 분열을 조장한다고 탓하며, 페미니스트의 시위라면 좀 더 우아해야 하지 않을까라고 점잖게 충고하는 것은 아직 시기상조다. 오히려 우리는 좀 더 분열할 필요가 있고, 그래서 성차별과 성지배의 모순과 폭력성을 낱낱이 드러내야 한다. 서두에 말했듯이 페미니스트는 대안의 세계를 꿈꾸는 건설자인데, 일정한 파괴를 통해야만 무언가를 건설할 수 있기 때문이다.

나는 페미니스트일까? (페미니스트 자가 진단 테스트)

1. 여자라면 예뻐야 한다는 생각이 든다. ( )
2. 매일 저녁밥을 굶고 싶은 충동을 느낀다. ( )
3. 레즈비언이나 게이가 된다는 것은 개인의 선택의 문제일 뿐 타인이나 국가가 개입할 영역이 아니다. ( )
4. 연상의 남자 친구를 '오빠'라고 부르는 것은 당연하다. ( )
5. 인구 절벽의 위기가 닥친 지금 여성이라면 당연히 결혼하고 출산을 해야 한다. ( )
6. 한국 남성이라면 당연히 군대에 가야 한다. ( )
7. 결혼할 때는 남자가 먼저 그것도 멋지게 프러포즈를 해야 한다. ( )
8. 노출이 심한 옷을 입거나 길에서 담배 피우는 여성을 보면 왠지 기분이 상한다. ( )
9. 제3세계의 많은 수의 여자 아이들이 인신매매와 성폭력을 당하고 있다는 사실을 알고 있다. ( )
10. 남녀평등이라는 말에 비해 여성해방이라는 말은 너무 과격하게 느껴진다. ( )

◆◆◆ 읽을거리 볼거리

- **서프러제트**(사라 개브론 감독, 2016): 20세기 초 영국에서 전투파 여성참정권 운동이 일어나기 시작했을 때, 평범하고 가난한 세탁공장 여성 노동자가 참정권 운동가로 성장하는 이야기를 다룬 영화이다.
- **낮은 목소리 3부작**(변영주 감독, 1995): 일본군 '위안부' 문제를 조명한 다큐멘터리. '위안부' 할머니들의 증언을 청취하고 일상을 보여주며, 일본이 저지른 전쟁 성범죄의 진상을 고발한다.
- **20세기 여성 사건사**(여성사 연구모임 길밖세상, 2001): 우리나라 여성의 역사를 다양한 사건 중심으로 생생하게 설명한 책이다.
- **한국여성인권운동사**(한국여성의전화연합, 2015): 성폭력 저항운동사, 아내구타추방운동사, 레즈비언인권운동사, 반성매매운동사 등 약 30여년에 걸친 한국 여성인권운동의 역사를 망라한 책이다.
- **지워지지 않는 페미니즘**(김윤지영, 2018): 강남역 사건을 여성이라는 사회적 소수자를 겨냥한 혐오 범죄로 인식하여 봉기한 여성들을 '헬페미니스트'라 이름 붙이고 새로운 세대의 페미니즘을 흥미롭게 분석한 책이다.

◆◆◆ 생각해 볼 문제

1. 남성도 페미니스트가 될 수 있을까?

2. 2016년 일어난 강남역 살인사건을 '여성'이라는 성별을 혐오하는 오랜 문화와 구조에서 기원한 범죄로 볼 수 있을까? 아닐까?

3. 신여성 나혜석은 1930년대에 정조는 취미에 불가할 뿐 여성에게 강요해서는 안 된다고 말했다. 그러나 오늘날에도 여전히 노출이 심한 여성이나 성의 자유를 주장하는 여성을 '헤픈 여자'라는 질시어린 시선으로 바라본다. 도대체 '순결'이란 무엇이고 순결 관념은 우리에게 어떤 영향을 미칠까?

4. 내가 겪은 차별을 솔직하게 고백하고, 차별의 근원이 무엇인가 정리해 보자.

◆◆◆ 참고문헌

김상용, 이제수 (2005). 호주제의 사적 전개와 폐지 그리고 가족관의 변화. 여성학연구, 15(2), 147-156.

김정인 (2002). 동학 · 동학농민전쟁과 여성. 동학연구 11, 189-208.

나혜석 (1935. 2.). 신생활에 들면서. 삼천리.

또 하나의 문화 (1991). 새로 쓰는 사랑 이야기. 서울: 도서출판 또 하나의 문화.

또 하나의 문화 (1991). 새로 쓰는 성 이야기. 서울: 도서출판 또 하나의 문화.

문소정 (2013). 식민지적 빈곤화와 가족 · 여성의 생활 변화. 경계의 여성들: 한국 근대 여성사. 서울: 한울.

박인혜 (2009). 1980년대 한국의 '새로운' 여성운동의 주체 형성 요인 연구: 크리스찬 아카데미의 '여성의 인간화' 담론과 '여성사회교육'을 중심으로. 한국 여성학 25(4), 141-174.

여성사 연구모임 길밖세상 (2001). 20세기 여성 사건사: 근대 여성교육의 시작에서 사이버 페미니즘까지. 서울: 여성신문사.

이송희 (2011). 한국 근대사 속의 여성 리더십. 여성과 역사 15, 103-138.

한국여성의전화연합 엮음 (2015). 한국 여성인권운동사. 서울: 한울.

Millett, K. (2009). 성性 정치학. 김전유경 옮김. 서울: 이후.

Pankhurst, E. (2016). 싸우는 여자가 이긴다. 김진아, 권승혁 옮김. 서울: 현실문화.

Tong, R. (2000). 페미니즘 사상. 이소영 옮김. 서울: 한신문화사.

02

CHAPTER

Women's study

삶에서 젠더는, 때로 남루하다

오정진

부산대학교 법학전문대학원 교수이며, 여성학협동과정 주임도 맡아 여성주의 법학과 철학을 함께 공부하고 있다. 사람들의 고유성이 폭발적으로 발현되는 사회를 꿈꾸고 그럴 수 있다고 믿으며 그리 산다. 저서로 『주변의 법』, 『사이의 법』 등이 있다.

Introduction

당신은 자신을 묘사할 때 어떤 얘기를 하는가? 당신은 다른 사람에 대해 얘기할 때 어떤 사항을 언급하는가? 어느 경우든 성별, 나이나 적어도 짐작되는 연령대, 알고 있다면 직업 등을 포함시키는 편인가? 그런 정보가 얼마나 중요하다고 느끼는가? 그것은 스스로를 설명하는 데 정말로 필요불가결한가? 또는 잘 들어맞는 것이기는 한가? 그런 요소 때문에 제대로 말하지 못한 것은 혹시 없는가? 그 요소에 근거한 이해 때문에 누군가를 잘못 파악한 적은 없는가? 이 글에서는 그중에서도 성별이 기준이 된 젠더가 우리 사회에서 작동하는 방식에 문제를 제기하면서 다른 해방의 가능성을 제안하고자 한다.

남자가 좋아? 여자가 좋아?

초등학교 6학년 때로 기억한다. 무슨 특별활동수업 비슷한 시간에 선생님이 반 아이들에게 던진 질문이었다. 어느 쪽으로 태어난 것이 좋은지, 왜 그렇게 생각하는지 이유를 말해 보라고 하시며. 선생님이 요즘 얘기하는 성역할 구분에 대한 비판적인 문제의식을 갖고 계셨기에 그런 질문을 던진 것인지는 알 수 없으나 적어도 그때는 그런 효과가 난 것 같지는 않다. 이런저런 이유로 여자가 좋다는 아이도 있었고 남자가 좋다고 말한 아이도 있었던 것 같은데 답변의 내용과 말한 이의 성별은 기억나지 않는다. 다만 "이렇게 치마를 입을 수 있어서 여자가 좋아요"라고 답한 여자아이는 지금까지도 선명히 기억한다. 나 역시 치마를 입기도 했던 어린 시절이었지만 그 때문에 여자가 좋다고 생각한 적은 없었기 때문일까? 그 후 성장과정에서 여자라는 이유만으로 또는 여자이기 때문에 좀 더 차별을 받고 고통을 겪는 모습들을 봐

왔기에, 나로서는 바로 다가오지 않았던 이유이건 어쨌건 여자가 좋다던 그 말이 대조되었기 때문일까?

성인에게 같은 질문을 던진다면 어떨까? 여전히 여성에게는 좁기만 한 취업이나 승진기회, 일을 하건 그렇지 않건 아내들이 가사노동의 큰 부분을 담당하고 있는 현실, 엄마에게 양육의 일차적인 책임을 지우는 분위기 등을 생각하면 역시 한국에서는 남성이 유리하다고 할 수도 있을 것이다. 반면 여자는 꽃 같은 청춘에 군대에 끌려가지 않으니까 그게 어디냐? 또는 여자는 힘들게 일하지 않아도 남자가 벌어다주는 거 편하게 쓰면 되지 않느냐고 반문하는 사람도 있는 것 같다.

그런데, 우리는 왜 남자가 좋니 여자가 좋니 어느 쪽이 유리하니 하는 이분법적 질문에 무방비로 노출되었을까? 우리가 어떤 세상에서 살기에 그러한 질문이 그토록 자연스럽게 내뱉어진 것일까? 그렇게 던져진 질문이 우리의 그 후의 삶에 어떤 영향을 미친 건 없을까? 그리고 과연 그 질문은 온당한 것이었을까?

"질문을 질문하라"

68혁명의 주요한 구호 중의 하나이다. 공교육과정의 대부분의 시간을, 던져진 시험문제에 정해진 답을 하기 위해 보내는 우리의 경우 질문 자체를 문제 삼기는 쉽지 않았다. 비단 시험만이 아니라 적지 않은, 정형화된 질문이 우리를 에워싸고 있다. 조금이라도 의구심이 생긴다면, 바로 대답해 버리는 습관을 잠시 접어두고 질문 자체를 질문해 보자.

성별이 뭐라고: 젠더의 과대대표성, 핍진성

통째로 성별화된 사회

우리 사회는 다분히 성별화되어 있다. 언어(호칭, 말투, "여자가/남자가" 등), 외관(머리칼, 화장, 제모, 옷 등), 몸짓, 태도, 역할수행방식, 사고방식, 성고정관념 등에 걸쳐 남녀를 구분하는 데 상당히 익숙하다. 성별을 기준으로 한 분류는 실제와 관련 없이도 남자다움과 여자다움이라는 이항대립적인 두 가지로 정형화된다. 또한 그처럼 정형화된 것들은 어느 순간 규범적인 기준으로 작용하게 되고 그에 부응해야 할 것 같은 압력을 느끼며 종종 실제 행동으로 이어진다.

> "대학 때 학생운동을 했는데 선두에 서서 돌을 던졌어요. 제대로 하려면 여성인 것을 벗어던지고 뭔가 공격적인 걸 해야 한다고 생각했어요."

적극성이나 공격성은 남성적인 것으로 간주되고 사회변혁운동은 그쪽이 더 필요하다고 생각되던 시절, 한 여성 운동가가 의도적으로 '선택'할 수밖에 없었던 행위양식이다. '여성적인 것'에 대한 뻔한 목록이 어처구니없는 것처럼, 자신이 갖고 있던 그러한 소위 '여성성'을 부정해야 했던 우울한 풍경이다.

문제는 이것이 과거의 부분적인 일에 그치지 않는다는 점이다. 여자니 남자니, 여자답니 남자답니 하는 것들은 요즘도 우리 주변을 가득 채우고 있다. 여자아이들은 거의 대부분 분홍색 가방을 매고 다니고, 여자애가 다리를 벌리고 앉으면 그러면 못 쓴다며 누군가 훈수를 둔다. 일을 밀어붙이는 사람을 '남자답다'고 한다. 섬세한 남자에게는 흔히 '여자 같다'고 하는데, 항상 칭찬으로 하는 얘기는 아니다.

황폐한 성별 정체성

> 정체성이라는 황폐한 질문이 주체를 위협한다. 남자아이에게 유일하게 허용되는 자아는 남성성이라고 주장하면서, '남성성'을 잃을 위험이 있다는 비판으로 남자아이를 집요하게 괴롭힌다. 그리고 여자아이에게도 이와 동일한 심리적·사회적인 압력을 행사한다. 따라서 고통스러운 정체성 위기가 남자아이와 여자아이 모두에게 부과되는 것이다(Kate Millett, 2009: 449-450).

성은 인간의 핵심적인 요소인 만큼, 자신의 성을 인식하고 나름의 방식으로 구성해 가는 것은 누구나 반드시 거치는 과정이고 또 중요하다. 그렇지만 위 인용문에서 보듯이 성별을 정체성의 주된 축으로 두는 것은 다분히 위험하다. 남자니 여자니 하는 게 뭐라고, 사람이 자연스럽고 자유롭게, 저마다 다양하게 자라고 살아가는 걸 억압한단 말인가?

> 성별과 관계없이 자유롭게 언제나 나로 살아온 편이다. 남자니 여자니 나뉠 이유가 별로 없다고 생각했고 그에 자신감이 있었다. 성별화된 사회적 각본을 개의치 않았더니 나중에는 누가 나의 성별과 나의 행동을 연결하며 비웃거나 조롱해도 별로 타격을 받지도 않게 됐다. 그럴 때 좀 한심하고 많이 안타깝기는 하다. 성별이 뭐라고 그것 때문에 부자유스럽단 말인가. 어떻게 이런 식으로 생각하게 됐느냐는 질문을 가끔 받는데, 제대로 된 답변을 하려고 치면 복잡하겠지만 내가 지금의 나가 된 데에는 아마도 성장과정에서 어머니로부터 단 한 번도 계집애가 어떻고 하는 소리를 듣지 않은 것도 중요한 요인일 것 같다. 우리 어머니에게 나는 여자애이자 딸이긴 하지만 그보다 '나'라는 유일한 존재로 다가왔던 것일까? 그 덕분에 나는, 소위 많이 배우지 않았어도 사회비판적인 의식을 버리지 않았어도 인간 그 자체를 대하는 마땅한 양식을 터득할 수 있으며 그래야 한다는 믿음을 가지게 됐다.

성역할, 지긋지긋한 사회화

역할에 기대어 운영되는, 그것도 성별을 기준으로 책정된 삶이란 그 자체로 지극히 진부하거니와 어찌 보면 폭력적이기도 하다. 인간은 각자가 고유하고 다양하며 모델로 삼을 만한 것도 무궁무진한데, 그 숱한 요소들 중 성별이 유독 중요하게 작용한다는 것은 어리석은 일이자 엄청난 손실이다. 어떤 성별의 유전자를 지니고 있다고 해서 그 성별이 흔히 하는 외관을 갖추도록 무언의 압력을 받거나 당해 성별이 별로 하지 않는 일을 하고자 할 때 그것만으로 제약을 받는 것은 차별이기도 하다. 출산과 같은, 도저히 어쩔 수 없는 차이를 제외하고는 성별에 특정적인 제한은 철폐되고 있는 것이 바로 그런 이유에서이다.

BFOQ(Bona Fide Occupational Qualification): 진정직업자격

'직무의 성격에 비추어 특정 성이 불가피하게 요구되는 경우'는 특정 성을 한정해서 채용하더라도 차별이 아니다. 어떤 경우가 그러할까? 항공기 승무원-여성? 예전에는 그렇다고 생각했을지 모르지만 지금은 아니다. 남성 승무원도 꽤 있고, 무엇보다 일이 꼭 여성이어야 할 이유는 없다. 현재는 남성 역할의 배우-남성, 여성 스포츠경기-여성 등만 진정직업자격으로 인정된다.

핀업모델은 왜 여성일까?

아마도 찾고자 한다면 남성 핀업모델도 있기는 할 것이니, 좀 더 정확하게 질문한다면, "ⅰ) 핀업모델은 왜 거의 대부분 여성일까? 혹은 적어도 ⅱ) 핀업모델은 왜 으레 여성일 것이라고 생각되는가?" 정도가 될 것이다. 아울러, 위 ⅰ)과 ⅱ) 사이의 관계도 생각해볼 점이다. 즉, 실제 핀업모델이 대부분 여성이기 때문에 핀업모델 하면 여성일 것이라고 생각하게 된 것일지, 아니면 핀업모델을 여성으로 기대하기 때문에 여성을 뽑는 것일지 말이다. 마치 닭이 먼저냐 알이 먼저냐 같은데, ⅰ)과 ⅱ) 는 그처럼 폐쇄적으로 상호작용하는 것임은 틀림없어 보인다. 요컨대, 남성 핀업모델도 있지만 거의 못 보니 어차피 핀업모델은 여성이라고 생각하는 것이고 또 그렇게 생각하니 다음에 핀업모델을 채용할 때 여성만을 대상으로 하는 것을 당연시하는 것이다. 그러한 구도에서 핀업모델을 하고자 하는 남성은 처음부터 배제되니 차별을 받게 되고, 핀업모델을 하고 있는 남성은 의혹의 시선에 시달리게 될 위험이 있다.

그럼, 핀업모델을 여성으로 하거나 그리 해야 한다고 생각하는 이유를 찾아보자. "여성이 거의 하니까" 하는 단순한 답으로는 해명이 안 된다는 것은 이제 알 것이고, 그 밖에 어떤 타당한 이유가 있을까? 우선, "여성만 지원하니까?" 이는 채용공고 시 '여성'만을 한정하지 않았다면 즉 남녀 누구나 지원할 수 있지만 실제에 있어서는 여성만 지원했다면 결과적으로 여성이 채용될 것이므로 이유가 될 수는 있다. 다만 좀 더 정당한 사실관계를 반영하여 "여성만 지원했기 때문에"라고 답하는 것이 맞을 것이다. 다음으로, "소비자가 여성을 원하니까"는 어떤가? 여성에 한정하고 싶지 않지만 제품을 구매할 사람들의 선호가 그러하니 어쩔 수 없다는 것인데, 참고로 미국의 고용기회평등위원회(Equal Employment Opportunity Committee: EEOC)는 아무리 그럴듯하더라도 고객의 선호가 성별 분리 모집을 정당화할 수는 없다는 결정을 내린 바 있다. 우리의 경우도 성차별적 고정관념을 강화하는 노동관행은 정당하지 못하다는 관련 결정이 있긴 하지만 아직 고객의 선호를 내세운 성별 분리 모집 등에 대한 판단이 정착되지는 못한 상태이다.

그토록 엄청난 성차?

한때 큰 화제가 되었던 존 그레이의 책 『화성에서 온 남자 금성에서 온 여자』(2006) 제목에서 보듯 남녀 간에는 아예 다른 행성이라고 할 만큼 엄청난 차이가 있고 그래서 결코 서로 이해할 수 없는, 딴 세계를 사는 존재인 것처럼 묘사되기도 한다. 그런데 과연 성 간에 그렇게까지 엄청난 차이가 있는 걸까?

이에 대해서는 의견이 분분하다. 많은 사람들이 남녀의 생물학적 차이의 정도에 관심을 기울이고 "딸과 아들 다 낳아 길러봤는데 역시 딸이 곰살맞더라"라는 식의 얘기에서 보듯 그것들이 어느 정도나 강력한지 가끔 확인하고 싶어 하는 눈치이다. 그런데 성별 간의 차이가 얼마나 강고한지 여부는 실은 그다지 중요한 문제가 아니다. 성별을 포함하여 사람들은 모두 다른 요소들을 잔뜩 품고 개발시키면서 더불어 살고 있는 만큼, 여하한 차이가 어떻든 간에 동등한 존재로서 사회에서 생활할 수 있어야 하고, 그렇다면 성차는 서로를 이해하고 배려하는 인자로 작용하는 것은 바람직하지만 인간의 기회와 행동을 제한하고 판정하는 데 활용될 이유는 없다. 요컨대 성차가 얼마나 엄청나건 간에 그것은 실제의 사회적 삶에서는 그다지 중요하지 않다는 것이다.

젠더의 과잉대표성

성별을 강고한 축으로 삼아 구성되는 젠더는 정체성의 다른 요소를 압도해 버리기 쉽다. 성별이 아닌 다른 차원의 사안이거나 성별은 간접적으로만 관련 있는 사안을 두고 토론을 벌일 때 "넌 여자니까 그렇게 말하지", "남자라서 그렇게 생각하는 거 아냐?" 하는 식이다. 심한 경우는 어떤 것을 말하든 간에 발언자의 성별 때문에 발언의 내용이 결정됐다고 보기도 한다. 가히 젠더가 모든 것을 대변하여 다른 요소를 축소시키거나 아예 불필요하게 만들어 버리는 형국이다.

그런데 성별이 그렇게까지 중요하게 작용할 이유가 있을까? 이분법적 구분이 익숙한 상황에서 이는 상당히 편리하기는 하다. 그렇지만 그렇다고 해서 모든 경우에 일단 젠더를 들이대는 것은 다분히 진부하고 안이한 태도이다. 흔히 그 때문에 차이와 차별이 부당하게 연결되어 버리며, 이는 그 자체로 다양한 존재에 대한 모욕이다.

남루해진 젠더

물론 젠더관계가 어떤 경우에도 의미가 없는 것은 아니다. 그렇지만 단순한 성별 대립으로 이해되는 젠더는 다분히 남루하다. "어차피 남자들은 안 돼", "아무래도 여자들은…" 등의 표현은 착잡하고 우울할 뿐만 아니라 기껏해야 조악한 일반화에 기대는 까닭에 그 자체로 안이하고 폭력적이다. 생각해 보자. 성별을 기준으로 말해 버릴 때 과연 충분한 자료에 근거하고 있는가? 어느 정도 데이터가 있다고 하더라도 그것이 참으로 중요한 것일까?

운전할 때 인간성이 드러난다고들 하는데, 인간성만이 아닌 것 같다. 사회에 침투되어 있는 이분법적인 젠더가 개인의 몸과 언어를 통해 툭 튀어나오곤 한다. 소위 '버벅대는' 차를 보면, 필시 운전자가 '아줌마'일 거라고 흔히 다소 비아냥거린다. 아닐 수도 있다고 옆에서 그러면 아냐, 분명하다고 확언을 하기도 한다. 그래서 실제로 여성임이 확인되면 그것 보라고 하는데, 여성이 아니면 그때는 어, 아니네 했으면서도 다음에 비슷한 상황이 닥치면 예전에 맞추지 못한 적도 있음을 까맣게 잊고 똑같은 반응을 보인다. 무엇보다 모든 경우에 성별을 일일이 세어본 것도 아닌데도 그러하다. 그래도 그렇다 치자. 그럴 수도 있다. 사회활동의 양식상 아직까지 여성의 운전경력이나 숫자가 남성에 비해서는 적으니 있을 수도 있는 일이다. 이 지점에서 다른 질문을 던져 보자. 버벅거리는 것이 정말로 그렇게 비난받을 행동인가? 차량흐름을 흩뜨리기 때문에 중요하다고? 그렇더라도 포악하게 하는 운전에 비할 것인가? 또는 좀 버벅거리기도 하면서 좀 천천히 가면 좀 어떤가?

공존을 부정하는 젠더

젠더를 성차를 넘어, 남녀 간의 성대결로 치환해 버리는 경우도 있다. 때로는 이 대립이 가히 성전쟁(sex/gender war)이라고 할 만한 수준으로 격화되기도 한다. 이럴 때 젠더를 앞세운 구호와 행동은 어느 한쪽의 존재를 배격하고 부정하는 방식으로 치닫기도 한다. 부분적인 한도 내에서는 한 성만의 모임이나 집단이 가능할 수 있다. 그렇지만 이 세계 자체는 어느 한 성을 배제한 채 결코 운영될 수도 지속될 수도 없다. 세계는 성별과 관계없이 우리 모두의 것이고 여기서 우리는 공존할 수밖에 없기 때문이다.

제대군인가산점이라는 '논란': 여자도 군대 가야 한다?

아주 오래된 불만이자 질문이다. "아들을 키우는데, 제대군인가산점 없어진 것은 잘못이라고 생각한다."고 얘기하는 사람을 더러 본다. 현역 복무자가 7급이나 9급 공무원 시험에 응시할 때 점수를 더 얹어주는 제도였고, 오래 전 헌법재판소에서 헌법불합치 결정이 내려져서 제도 자체가 폐지되었는데, 여전히 툭하면 나오는 얘기인 걸 보면 많은 사람들에게 관심 있는 사안인가 보다. 자, 여기서 바로 질문! 왜, 어쩌다가 군대 문제가 그렇게 많은 사람들이 촉각을 곤두세우는 사안이 됐거나 혹은 사안인 것처럼 느껴지게 됐을까?

제대군인가산점제도는 현역으로 복무했던 사람의 공무원 취업 시만 적용된 것이지만 '군대에 끌려가는' 많은 남성들과 그런 남성들을 주변에 둔 여성들에게 대리보상 같은 효과를 지녔던 것 같다. 공짜로 부려먹는 것과 다름없는 군대에서 2년씩 청춘을 저당 잡히는 입장에서는 어딘가 풀 데가 있어야 하는 것이다. 그래서 박정희 대통령 시절에 선심 쓰듯 공무원이라는 평생직장을 군대 갔다 온 남자들에게 보장했던 것이고 그로써 상당 부분 불만을 원천적으로 차단시켰던 것인데, 이제 그러한 조치가 없어졌으니 당해 제도를 없애게 만든 이들(여자들뿐이라고 생각할지 모르지만 위헌심판을 청구한 사람들 중에는 남성도 있었다)에게 원망의 화살을 돌리는 것이다.

헌법재판소는 군 복무와 공무원 업무의 상관성이 없어 가산점이라는 특혜를 줄 수 없다는 결정을 내렸지만 많은 공무원 조직이 상명하복식으로 군대와 흡사하게 업무가 수행되는 현실을 바꿀 힘도 자신도 없는 사람들에게 "기라면 기는" 것을 몸으로 익힌 군 생활과 공무원의 연속성은 다분히 자연스러운 느낌을 받고 있기도 하다. 군대 문제는 얼핏 보기에는 남녀의 대립문제로 보이지만 실은 국가와 시민의 관계를 어떻게 설정하느냐의 문제이다. 징병제는 근대국가 탄생 시부터 주요한 동력의 하나이긴 했지만 인권옹호를 표방하는 현대의 민주국가에서는 반드시 재검토되어야 한다. 시민의 노동력을 어떻게 공정하게 대접할 것인가?

수영장 여성전용시간

수영장에 여성들만 이용할 수 있는 전용시간대를 설정하는 방안이 잠시 추진된 적이 있다. 이에 대해, 대뜸, "남편이랑 같이 수영장 다니는데 여성전용이면 곤란하다"는 불평도 있었다. 그렇지만 왜 그런 방안이 제안됐는지 이유를 생각해 보고 들어보는 게 순서가 아닐까 싶다. 신체접촉이 있을 수 있는 수영장이란 환경에서 본인의 의사와 관계없이 불유쾌한 상황에 놓일 염려 없이 안전하게 수용하고 싶다는 마음이 있고, 그런데 아마도 실제로 불쾌한 접촉이 있었던 사례가 있었기에 궁여지책으로 고안된 발상

일 것이다. 다만 어느 수영장에서 실제 그런 일이 있었다고 해서 다른 곳에서도 꼭 그런 일이 발생하는 것은 아니므로 단순히 걱정만으로 일종의 제한 조치를 하는 것은 타당하지 않다. 성별이 다른 사람들이 같이 지내는 것이 자연스럽고, 수영장 등에서 타인의 동의 없이 신체접촉을 하지 않아야 하는 것은 성별을 떠나 누구에게든지 마찬가지이기 때문이다. 또한 안전을 위해 자꾸만 성별을 기준으로 분리를 하는 쉬운(?) 방식을 택해 버리면 우리들이 서로의 차이와 다양성을 익히고 겪어나가는 역량이 제대로 함양되고 발휘되지 못하게 될 수도 있다. 그래도 만약 다시 이와 비슷한 방안을 추진한다면, 마땅히 어느 시간대에 여성들이 가장 많은지 어느 시간대에 어느 정도 남성들이 있는지 특정 시간대를 여성전용시간으로 정했을 때 문제는 없을지 현장을 아주 섬세하게 살펴야 할 것이다.

하나도 둘도 아닌, 무한한 젠더

더욱이 젠더는 두 가지 성으로 구성되는 것도 아니다. 이리가라이(Irigaray)가 남성중심적인 제도와 문화에 비판하고 대항하면서 '하나이지 않은 여성'을 얘기했지만(Irigaray, 2000) 남자든 여자든 정말로 딱 전형적인 여성이나 남성은 실제로는 없다. 누구든 흔히 분류되는 남성적인 것과 여성적인 것 모두를 다만 비율을 달리 하여 지니고 있으며, 따라서 모든 이가 저마다 다른 것처럼 한 사람의 젠더는 하나도 둘도 아니라 무한하다고 해도 좋을 정도로 엄청나게 다양하다.

중학교 교사라는 어느 분이 물었다. "학생들이 왜 동성애가 안 되는지 묻는데, 어떻게 답해야 할까요?" 질문의 차원이 접수가 안 되는 와중이라 우물거리게 됐다. "그건 되고 안 되고의 문제가 아닌데요…" 어떤 학교나 어떤 책에서 아직까지도 동성애를 소위 '비정상적'인 '문제'로 얘기하고 있는 모양이다. 눈으로 보이는 모든 사람들이 거의 예외 없이 남자나 여자 중 하나로 식별되고 그렇게 쌍으로 연결되는 모습을 흔히 보다 보니, 보기에는 남자인데 행동은 소위 남자 같지 않거나 여자인데 같은 여자를 좋아하는 것을 낯설게 느낄 수는 있다. 그런데 사람들은 누구나 서로 다르고 누구나 자기 안에 이른바 반대의 성의 모습이 부분적으로 있음을 생각해 보라. 그런 걸 어쩌겠는가. 요컨대 특이하고 무한한 사람들 중에 성 소수자도 있는 것이고 그것은 따라서 지극히 자연스럽다. 그러한 다른 존재가 눈에 잘 안 띄거나 다른 이들이 잘 알아보지 못할 뿐 비정상이라고 할 수는 없다. 굳이 성 소수자에게 비정상이라는 딱지를 붙인다면 그것은 그로써 성별화된 이성애 중심사회의 남루함을 가려보겠다는 궁색한 시도가 아닐까.

무한하고 풍요로운 존재의 차이

존재의 특이성(singularity)

그러니, 젠더를 이분법에 방치하지 말자. 젠더는 차이의 무한함과 풍요로움 속에서 어울러져야 한다. 모든 이들은 젠더로 설명되지 않는, 비교 불가능한, 저마다 특이한(singular) 존재이다. 그러니 여자니 남자니 하는, 실은 맞지도 않는 타성적인 이분법에 휘둘리지 말고 저마다 나답게, 자신답게 살자. 또한 나의 고유성과 자유를 지향하는 것만큼 타인의 고유성을 존중하자. 그처럼 모든 존재의 특이성이 제대로 이해되고 지지된다면, 그리하여 다른 존재들이 서로에 대해 찬탄하거나 존중하거나 행복을 느끼는 상황이라면 성의 무수한 차이도 더욱 긍정적인 요소로 작용할 수 있을 것이다. 요컨대 젠더는 고립적인 항목으로서가 아니라 무수한 차이들 속의 부분으로 함께 작동하며 타인을 좀 더 깊이 이해하게 되는 중요한 인자로 기능하게 될 것이다.

다른 가능성을 수행하기

나아가 주디스 버틀러(Judith Butler, 2015)의 제안대로, 젠더를 허물어뜨려보자. 조악한 이분법적인 젠더에 의해 불필요하게 대립각을 세우기보다는 우리가 서로에 의해, 서로에게 허물어짐으로써, 다른 나를, 다른 당신을, 다른 우리를 가능하게 해 보자. 자꾸만 불러 고착화된 젠더를 그 고루한 이름으로부터, 그 남루함으로부터 해방시키고 젠더에 기대지 않은 삶을 살아보자. 자연화되어 온 성별 분리에 의문을 제기해 보고, 스스로마저 의심해 보면서 삶의 다른 가능성 자체를 수행하자.

딱히 의도한 바는 아니지만 어쩌다보니 젠더경계를 허무는 행위를 내가 하고 있는 경우가 있는데 대표적인 것이 바로 공중화장실에서이다. 전철역 화장실에서 손을 씻고 있는데 누군가가 "여기, 여자화장실인데요" 한다. 나한테 하는 얘기였다. 머리칼이 짧고 면바지를 입고 있을 뿐인데 이토록 여지없이 간단하게 '남자'로 분류되다니… 공중시설을 사용하는 입장에서야 안심하고 쓸 수 있는 것이 중요하겠지만 실제로 위험이 있지도 않은 상황에서 다른 성이라고 혹은 다른 성일 것 같거나 그럴지도 모른다는 상황만으로 소스라치는 우리네 풍경이 쓸쓸하고 그토록 젠더규범이 완강하구나 싶어 일순 다소 착잡해진다. 그런데 여러 번 겪다보니 이 상황을 젠더 허물기의 또 하나의 기회로 삼게 됐다. 어떤 이는 "여자라고 하지 그랬어요"라고 하고, 나 역시 그리 답하는 경우도 있지만 또 어떨 때는 바로 여자라고 안심을 시키는 대신 그냥 "예"라고 - 물론 최대한 공손하게 - 하거나 목례를 한다. 외관만으로 그토록 쉽게 성별을 획정짓는 우리 사회의 얕은 문화에 좀 딴지를 걸고 싶은 마음에서이다. 성별을 일일이 밝혀야 한다고 압력을 받는 게 좀 지긋지긋해서이기도 하다. 그런다고 주로 겉으로 보이는 모습으로 성별을 즉각 판단해 온 것이 쉽게 달라지지는 않겠지만. 아참, 지난번에 남자인 줄 알았는데 여자인 것 같던데, 글쎄 여자이긴 했던 걸까? 하는 의문이 사람들에게서 자라나길 기대한다. 물론 나도 조금 더 자유로워지고 말이다.

총체적인 세계성을 살자

세상의 삶은 흔히 젠더를 포함하여 빈부, 인종 등 이분법에 의해 난도질당하지만 어떤 존재든 전체의 세계를 느끼고 품을 자격과 권리가 있다. 성별, 장애, 피부색, 경제적 상황 등의 차이가 두 개로만 갈리고 더욱이 어느 한 쪽을 폄하하거나 불이익을 주는 차별로 작동하는 것은 어리석고 부당한 일이다. 이분적인 대립에 의해 세계의 삶을 재단해 버리는 것도 대단히 안타까운 일이다. 세상은 척하면 갈라지는 두 개로 나뉘는 세계가 아니라 하나의 세계이되 대단히 다양하고 복잡한 곳이다. 그리고 인간들은 그렇게 총체적인 세상을 살아가며 매 순간 세계를 새롭게 구성하니 당신에게도 당연히 그러할 자격과 책임이 있다.

> 인간이 꿈꾸고 신이 생각했던 것보다 더 큰 의미와 자유를 생각할 것, 세계를 내 안에 품을 것(Gilles Deleuze, 1999: 153).

결론 및 요약

젠더라는 이름으로 성별로 구분하는 것이 익숙해져 버린 사회에 살고 있다. 그렇지만 그 자체 다분히 이분법적이라 세상의 많은 차이들을 담지 못함은 물론 개개인의 고유성을 상당 부분 억압한다. 실제로도 모든 이가 그에 대해 편안하게 느끼는 것은 아니다. 그렇다면 불합리하고 부당한 것이 아닌 다른 방식으로 삶의 양식을 재편해 나가는 것을 시도해 볼 만하지 않을까? 아무리 오래 지속되어 왔거나 강고해 보이더라도 변화가 불가능한 것은 아니다. 때때로 남루해지는 젠더라는 옷 대신 제

각각 이름 붙일 이유 없는 무언가들과 더불어 또는 그와 무관하게 더욱 자유롭게 살 수 있어야 하고 그리 살 수 있다. 무엇보다도, 지금 이미 그런 이들이 분명히, 흔히 예상되는 것보다 많이 있으며, 당신 안에도 다른 당신, 다른 세계, 다른 미래가 있다.

◆◇◆ 읽을거리 볼거리

- **그 남자는 왜 이상해졌을까?**(오찬호, 2016): 한국 남성들에게 '남자답게, 여자답게'라는 '이분법'이 어떻게 내면화되었는지 비판적으로 짚어내고 있다.
- **예민함을 가르칩니다**(초등젠더교육연구회 아웃박스, 2018): '여자답게/남자답게' 대신 '나답게'를 지향하는 교실에서의 수업방식과 사례를 담고 있다.
- **허랜드 여자들만의 나라**(샬롯 퍼킨스 길먼, 2016): 1909년에 나온, 여성만으로 구성된 평화로운 유토피아적 사회를 그리고 있는 소설이다.
- **나는 과학이 말하는 성차별이 불편합니다**(마리 루티, 2017): 젠더와 성에 대한 이분법적 구별은 그 자체로 지배적인 사회 이념임을 밝히고 있다.
- **톰보이**(리즈 프린스, 2018): '여자처럼' 보이는 것이라면 무엇이든 피하던 소녀가 톰보이로서의 삶을 한결 편안하게 선택할 수 있게 되는 과정을 그린 만화이다.

◆◇◆ 생각해 볼 문제

1. "여자/남자니까"라는 말을 한 적이 있는가? 했다면 어떨 때 그런 말을 했는가?

2. 여성/남성이라서 힘들다고 느낀 적이 있는가? 그것이 반대 성 때문이라고 생각한 적도 있는가?

3. 성별 분리주의에 입각한 제도나 조직, 활동을 떠올려 보자. 왜 그런 것이 생기게 됐을까? 당신은 그에 대해 어떻게 생각하는가?

◆◆◆ 참고문헌

Butler, J. (2015). 젠더 허물기. 조현준 옮김. 서울: 문학과지성사.

Deleuze, G. (1999). 의미의 논리. 이정우 옮김. 파주: 한길사.

Gray, J. (2006). 화성에서 온 남자 금성에서 온 여자(개정판). 김경숙 옮김. 파주: 동녘라이프.

Irigaray, L. (2000). 하나이지 않은 성. 이은미 옮김. 서울: 동문선.

Millett, K. (2009). 성 정치학. 김전유경 옮김. 서울: 이후.

03

CHAPTER

Women's study

여성의 몸과 사회

김경례

전남대 사회학과 강사이며 페미니즘 과학기술학을 주제로 박사학위를 받았다. 최근에는 지역 여성사, 여/성문화, 여성인권, 여성가족정책 등으로 연구의 영역을 확장해 나가고 있다. 저서에는 『난임여성의 체험과 출산기술의 정치』, 『과학기술과 사회』 등이 있고 역서로는 『젠더화된 몸의 기술』이 있으며 그외 다양한 사회 현안을 페미니즘 관점으로 접근한 다수의 논문들이 있다.

Introduction

몸은 사회와 무관한 생물학적인 자연의 영역으로 여겨져 왔다. 하지만 몸은 정체성이 형성되는 장이자 권력의 각축장이며 사회적 지위나 가치를 나타내는 상징적 기호이기도 하다. 특히 여성의 몸은 역사적으로 오랫동안 차별의 근거로, 관리 및 통제의 대상으로 위치 지워져 왔다.

이 장에서는 먼저 몸을 바라보는 지배적인 시각인 생물학적 결정론(또는 본질론)과 그에 대한 비판으로서 제기된 사회구성론적 시각의 비교·검토를 통해 몸에 대한 균형 잡힌 시각을 모색해 본다. 또한 몸에 대한 지배적인 시각이 지식(과학)담론을 통해 어떻게 몸을 젠더화하고, 특히 여성의 몸을 병리화·대상화·자연화 하는지, 그리고 그 결과와 효과로서 젠더권력관계와 여성 차별이 어떻게 정당화되고 재생산되는지를 탐색한다.

다음으로 현재 한국 사회에서 제기되고 있는 몸과 관련한 사회적 쟁점들을 다양한 사례를 통해 분석, 토론해 본다. 생식(인간재생산)하는 몸과 관련해서는 국가의 인구관리정책과 의료기술의 발전, 여성의 재생산권이 어떻게 경합하고 있는지를 살펴본다. 또한 외모지상주의 문화와 성형기술, 출산기술, 몸관리 산업이 발전하면서 어떻게 몸이 자본화되고 변형가능한 일종의 프로젝트가 되고 상품이 되는지를 살펴본다.

이 장에서는 몸이 문화적 텍스트이자 사회적 통제와 권력이 실천되는 장이라는 점을 염두에 두면서 다양한 몸이 존중되는 사회, 몸에 대한 자율권과 주체성을 어떻게 확보해 나갈 것인지를 모색해 본다.

'여성의 몸': 제기되는 문제들

"왜 페미니스트들은 외모 가꾸기가 여성들만의 문제인 것처럼 말하나요? 남성들도 여성들이 원하는 꽃미남이 되기 위해 화장도 하고 많은 노력을 해요.", "아름다워지고자 하는 것은 인간의 기본적 욕망인데, 외모를 가꾸는 것이 뭐가 문제인가요?", "다이어트를 하는 과정은 엄청난 의지와 노력이 필요해요. 그래서 아름다운 사람이 그렇지 않은 사람에 비해 더 대접받는 것은 당연하지 않나요?"

이러한 질문들은 '외모지상주의 문화(외모차별주의 또는 루키즘과 같은 말로, 외모가 개인의 우열뿐만 아니라 인생의 성패까지 좌우한다고 믿어 외모에 지나치게 집착하는 경향 또는 그러한 사회풍조를 말한다)'를 주제로 토론 수업을 진행할 때면 학생들로부터 자주 제기되는 질문들이다.

첫 번째 질문은 일견 타당하다. 현재 한국 사회에서 외모 가꾸기 열풍은 남녀노소를 가리지 않기 때문이다. 남성들의 외모 가꾸기 열풍을 뜻하는 신조어('아도니스 증후군', 아도니스는 그리스 신화에서 미의 여신인 아프로디테의 사랑을 받다가 사후 아네모네 꽃이 된 청년. 외모가 자신의 가치라고 생각하고 스타일 가꾸기에 전력을 다하는 남성들을 가리키는 신조어)가 생겼을 정도이니 말이다. 하지만 남성에 비해 여성에게 아름다운 몸을 가지라고 더 많이 요구되는 현실, 즉 여성에게 미(美)를 강요하는 사회구조와 문화를 설명할 수는 없다. 또한 남성에게 요구되는 아름다움과 여성에게 요구되는 아름다움은 다르다. 남성에게는 근육질의 몸, 여성에게는 가냘픈 몸이 요구되기 때문이다. 흔히 꽃미남이라고 불리우는 부드러운 이미지의 남성이라 하더라도 식스팩을 장착하고 있어야 하고 S라인과 꿀벅지를 가진 여성이라 하더라도 통통(뚱뚱)하면 아름답다고 말하지 않는다. 즉 몸은 젠더화(성별화)되어 있다.

두 번째 질문처럼 아름답고자 하는 욕망은 어쩌면 자연스러운 것이고 누구나 가지고 있을 수 있다. 하지만 문제는 외모가 스펙이자 경쟁력이 되고 나아가 그 사람의 가치나 도덕성까지 판단하는 기준이 되면서 외모 가꾸기에 지나치게 집착하게 만든다는 데에 있다. 그래서 아름다워지고자 하는 욕망을 태어나면서부터 본래부터 갖고 있는 것으로 기정사실화하기보다는 그 욕망이 구성되는 과정을 살펴볼 필요가 있다. 아름답다는 것이 무엇인지, 왜 아름다워지고자 하는지, 그 방법은 무엇인지를 물어야 한다. 욕망은 누구나 가지고 있지만 욕망의 내용과 방향, 발현시키는 방식은 사회문화적으로 만들어지는 것이기 때문이다.

세 번째 질문은 다이어트가 자아개발의 일환으로서 개인에게 일종의 성취감과 만족감을 줄 수 있다는 인식의 반영이다. 일견 타당하지만 몸관리 실천은 개인의 문제가 아니다. 우리의 선택은 사회구조와 문화 속에서 바람직하다고 장려되거나 허용될 수 있는 한도 내에서의 제한된 선택인 경우가 많기 때문이다. 다이어트를 개인의 문제로 환원하는 순간, 의도했건 의도하지 않았건 간에 우리는 사회적으로 아름답지 못하다고 여겨지는 몸들을 배제하고 차별하게 된다. 왜냐하면 그들은 아름다워지고자 하는 의지도 없고, 노력도 하지 않는 나태하거나 열등한 인간이 되어 버리기 때문이다.

우리는 몸을 사회와 대비되는 개인의 영역으로, 남성보다는 여성과 연관된 것으로, 생물학적 영역으로, 의료기술(성형수술)이나 몸관리 실천을 통해 변형 및 개선이 가능한 것으로 여기고 있다. 하지만 미의 기준이 역사적으로 변화해 왔고 사회문화적으로 형성된 미의 기준에 따라 몸 가꾸기를 수행한다는 사실은 몸이 사회문화적 영역이며 역사적으로 생성되는 것임을 보여준다.

몸 가꾸기의 노력이 남성보다는 여성에게 더 많이 요구되는 것은 우리 사회가 남성의 몸과 여성의 몸에 서로 다른 이미지와 역할, 지위를 부여하고 있는 것과 무관하지 않다. 남성은 경제력, 여성은 생식력과 미모를 추구하는 것이 일차적으로 요구되는 성별분업구조와 성 문화 속에서 우리는 몸을 인식하고 변형한다. 따라서 몸은 정체성이 형성되는 토대이며 젠더(성별)뿐만 아니라 연령, 계급, 성적 지향성, 민족(인종), 장애유무, 라이프스타일 등과 상호작용하며 차이와 위계를 만들어 낸다. 이런 점에서 몸은 단일한 것이 아니라 복수적이고 다차원적인 것이며 문화적으로 코드화되어 있다. 문화적인 코드화 과정은 사회적 권력체계와 권력관계에 영향을 받으며 역사적으로 구성된다. 그래서 우리 사회에서 몸이 어떻게 재현되고 위치 지워지며 실천되고 있는가를 살펴보기 위해서는 그것들에 영향을 미치는 지식과 담론, 사회구조 및 권력의 작동방식을 탐색해 보아야 한다.

타고난 몸, 만들어진 몸, 생산(생성)하는 몸

생물학적 결정론과 사회구성론

우리 사회에서 몸을 바라보는 지배적인 시각은 생물학적 결정론이다. 생물학적 결정론은 인간의 생물학적 특성인 생김새나 외모, 유전자, 생리적 기전 등의 차이로 정체성, 도덕성, 역할, 행동양식, 능력, 지위 등의 차이까지도 설명하려는 시각을 말한다. 이러한 시각은 인간의 몸과 "성을 자연적으로 타고난 본능이라는 본질적 속성으로 간주하고 문화독립적이며, 객관적이고, 내재적인 영역으로 전제"한다는 점에서 '본질론'이라고 부르기도 한다(조영미, 1999: 15-16).

생물학적 결정론은 인간을 남성과 여성으로 나누고 정신/몸=사회/자연=이성/감정 등의 근대적인 이분법적 인식론을 적용함으로써 여성을 남성에 비해 수동적이고 연약하며 열등한 존재로 위계화한다. 무엇보다도 여성의 사회적 역할이나 능력을 폄하하고 남성에 대한 종속이나 사회적 주변화를 마치 생물학에 의해 결정된 것으로 자연화함으로써 여성억압을 정당화하고 재생산하는 데에 일조한다.

하지만 생물학적 특성을 기반으로 남성과 여성을 구분하기 시작한 것은 근대 이후의 일이다. 토마스 라커(Thomas Laqueur)는 『섹스의 역사』에서 남녀의 성을 대립적으로 인식하게 된 것은 18세기 중반 이후에 나타난 현상이며 그 이전에는 남녀를 동일한 종류로 파악하는 것이 지배적이었다고 주장한 바 있다. 또한 우리 사회에는 여성에도, 남성에도 속하지 않는 제3의 성이 있다. 인도의 히즈라가 그것이다. 주목할만한 점은 힌두교 신화와 전통사회에서는 히즈라의 성별 모호성이 '이상함'이 아닌 '다름'으로 인정되었으나 근대화 이후에는 '성적 도착'으로 여겨졌다는 점이다(민가영, 2007: 53). 따라서 생물학적 결정론은 현존하는 다양한 성을 제대로 설명하지 못하며 성차는 본질적인 속성이 아니라 역사적으로 만들어진 것이다. 실제로 우리 주위에는 소위 남자 같은 여자, 여자 같은 남자도 많으며 양성에 서로 다르게 부여된 사회적 역할이나 기대규범을 따르지 않는 사람들도 자주 볼 수 있다.

생물학적 결정론을 사회적으로 확대재생산하는 데에는 인간에 대한 지식을 구성하는 지식담론의 역할도 크다. 인간의 몸과 성차에 대한 연구는 생물학과 의과학, 정신분석학 및 심리학 분야에서 이루어졌다. 정신분석학의 대가이자 20세기 대표적인 사상가인 지그문트 프로이트(Sigmund Freud)는 인간의 자아발달과정을 설명하면서 여성을 '결핍된 존재'로 설명하였다. 이는 여성에게는 '페니스의 없음'으로 인한 것인데, 아들 낳기를 희망하며 자녀에게 헌신하는 모성은 여성의 본성으로서 페니스의 선망으로 설명된다. 또한 남성에게 선택받지 못하거나 의존하지 않는 여성, 아이를 낳지 않는 여성, 사회적으로 부여된 여성성의 규범을 따르지 않는 여성은 히스테리 환자로 설명함으로써 여성을 남성의존적인 존재, 잠재적인 병리적 존재로 만들어 버렸다. 프로이트의 이러한 설명은 그의 의도와 상관없이 남성의 몸을 인간의 표준으로 상정하고 여성의 열등성과 남성에의 종속, 정형화된 성역할, 불평등한 성별 권력관계를 정당화하는 논리로 이용되었다.

근대 의과학에서도 여성의 생물학적 특성을 통해 성차뿐만 아니라 여성의 열등성을 과학적으로 입증하고자 하였다. 여성은 생리(월경) 때문에 감정기복이 심하며 불안, 우울감을 더 많이 갖는 경향이 있으며 여성호르몬은 감정적이고 수동적인 성향과 관련이 있고 남성호르몬은 능동적이고 공격적인 성향과 관련 있다는 설명이 여기에 해당한다. 남성호르몬은 남성에게만 있고 여성호르몬은 여성에게만 있다는 설명은 이후의 연구를 통해 잘못된 것으로 정정되었지만 사회적으로 부여된 성별 정체성과 연계되어 여성성과 남성성을 정형화하는 데에 일조하였으며, 역으로 정형화된 사회적 성별 정체성은 생물학적 기전을 설명하고 해석하기 위한 논리로 사용되었다.

생물학의 분과영역이었던 두개골학은 19세기 남성과 여성의 지적능력의 차이를 뇌의 크기 차이를 근거로 설명하려고 하였다. 뇌의 크기와 용량이 인간의 지적 능력의 우열을 결정하는 준거가 된다고 본 것이다. 그래서 상대적으로 뇌의 크기가 큰 남성이 여성보다 지적능력이 뛰어나다고 설명하였다. 하지만 뇌의 크기는 지적능력과 상관관계가 적으며, 성별 간의 그리고 같은 성별 안에서도 신장과 몸무게에 따라 뇌의 크기에 차이가 있다는 반론에 부딪혔다. 그래서 신장과 몸무게를 고려한 뇌의 크기와 용량을 다시 측정한 결과 남성보다 여성이 상대적으로 더 크다는 점이 밝혀졌다. 하지만 당초 뇌의 크기가 지적 능력의 우열을 결정한다는 논리에 따르면, 여성의 지적 능력이 남성보다 더 뛰어나다는 결론을 도출했어야 함에도 그렇게 할 수 없었다. 그것은 당대의 정치사회적 맥락과 성차별적인 구조 속에서 여성의 지적 능력이 뛰어나다는 논리를 문화적으로 수용할 수 없었기 때문이다. 당시 서구사회에서는 제도적으로 남성에게만 주어져 있었던 고등교육권을 여성에게도 보장하라는 요구를 담은 여성운동이 활발히 전개되고 있었다. 남성의 지적능력이 우월하고 여성의 지적 능력이 열등하다는 지식담론은 남성에게만 교육권을 부여하는 것이 합리적이고 효율적이라는 믿음에 정당성을 제공하고 여성들의 교육권 주장을 무력화시키면서 여성을 사적영역에 적합한 존재로 가두어 두기 위한 이론적 자원으로 기능하였기 때문에 여성의 지적 능력이 남성의 지적 능력보다 우월하다는 것을 인정할 수 없었다.

따라서 몸에 대한 담론을 생산하는 과학적 지식도 가치중립적이고 보편적인 것이라기보다는 역사적 가변성을 지니면서 정치적으로 구성되는 것임을 알 수 있다. 과학적 지식은 성차이데올로기와 밀접한 연관을 맺으면서 성별 고정관념, 정형화된 성역할, 성별분업구조, 여성에 대한 차별과 여성의 낮은 사회적 지위 부여를 재생산하고 강화하는 데에 일조해 온 측면이 있는 것이다.

결론적으로 생물학적 결정론은 실재하는 복수적이고 다양한 몸들을 제대로 설명할 수 없을 뿐만 아니라 여성을 열등하고 병리적인 존재로 의미화하고 전통적인 성 역할 분업구조를 본질화하여 여성의 더 낮은 사회적 지위를 정당화한다.

이러한 생물학적 결정론이 지닌 문제점들을 극복하고 저항하기 위해 등장한 시각이 사회구성론이다. "사회구성론은 인간의 몸과 성을 문화의존적이며, 관계적이고 비객관적인 자질로 바라보는 시각이다"(조영미, 1999: 18). 사회구성론에서 인간의 몸과 성은 고정된 본질의 영역이 아니라 사회적 관계와 문화적 맥락에 따라 다르게 구성될 수 있는 것으로 설명된다. 즉 성별 정체성이나 역할, 지위는 고정불변의 자연적인 것이 아니라 변화가능한 영역이 된다. 사회구성론은 여성의 억압과 차별을 생물학적 특성에서 연유하거나 개인의 책임으로 환원해 정당화해 온 성별 권력구조와 권력관계를 비판하고 그것에 균열을 가할 수 있는 페미니즘적 전략을 모색해 볼 수 있는 가능성을 열어놓았다.

역사적, 정치적 과정으로서의 몸

몸은 문화적 '의미를 체현'하는 텍스트(Butler, 2003)이자 사회적 통제가 실천되는 장이면서 동시에 지배적인 의미 및 권력관계의 전복과 변화를 만들어내는 저항의 장소이기도 하다. 프랑스의 철학자 미셸 푸코에 따르면, 몸은 담론의 구성물이며 근대 권력은 몸들을 구별하여 우월/열등, 정상/비정상, 바람직한 것/바람직하지 못한 것으로 위계 서열화함으로써 자발적으로 순응하는 주체를 생산해 내는 방식으로 작동한다고 설명한다. 즉 근대사회에서 권력은 몸과 욕망을 억압하는 것이 아니라 다양한 인간의 몸과 욕망을 오히려 적극적으로 드러내어 통제, 관리한다는 것이다. 이런 점에서 근대 권력은 억압적이기보다는 생산적이다.

푸코(Foucault)는 몸이 담론적 구성물임을 밝힘으로써 몸을 선험적 영역이 아닌 역사성을 갖는 것으로, 그리고 몸이 어떻게 훈육되고 관리, 통제되는지를 잘 설명하였다. 하지만 몸을 담론적 구성물로 환원함으로써 몸이 구성되는 과정에서의 젠더 문제 및 몸의 물질성을 간과하였으며 훈육 메카니즘에 저항하는 주체가 어떻게 가능한가에 대해서는 충분한 설명을 하지 못하였다는 비판을 받기도 하였다(Ramazanoglu, 1988).

그로츠(Grosz), 브라이도티(Braidotti), 해러웨이(Haraway) 등의 최근 페미니스트들은 '성차'의 문제설정과 '몸의 물질성' 개념을 통해 젠더화된 몸을 주체 구성의 중요한 요소로 부각시키면서 지배적인 문화에 영향을 받으면서도 어떻게 완전히 종속되지 않는 저항적인 몸들(주체들)이 가능한가에 대해 탐색하고 있다.

몸의 물질성

몸이 자연(생물학, 내부)/문화(담론, 외부) 양자 중 하나의 영역으로 환원될 수 없으며 기호적 몸들만큼이나 물질적 몸들이 끊임없이 구성, 재구성되는 과정에 주목해야 한다는 점을 강조하기 위해 페미니스트들이 사용하는 용어이다. 또한 푸코가 이야기한 것처럼 몸을 권력의 효과로서, 권력이 각인된 장소라는 발상을 넘어서서 몸이 생산적이고 구성적인 공간임을 강조해 권력에 저항하는 몸들을 상정하기 위한 용어이기도 하다. 따라서 몸의 물질성은 생물학적 몸을 포함해 몸들이 의미화되고 구성되는 과정과 관계를 나타내는 개념이다.

몸이 생성되고 실천되고 변형되는 과정 중에 놓여 있다는 것은 몸을 둘러싼 다양한 사회적 제 세력 간의 담론적·실천적 공모와 협상, 저항이 이루어지고 있다는 것이다. 또한 출산기술, 성형수술, 성 전환수술과 같은 몸의 변형과 개조에 관계되는 기술의 발전은 몸과 성 그 자체도 고정된 생득적 영역이 아니라 기술적, 사회적 개입을 통해 변화 가능한 영역으로 바라보게 하는 데 일조하였다.

하지만 기술의 발전과 몸의 변형이 개인의 선택권의 확장, 삶의 질의 향상, 평등한 관계로 곧바로 이어지는 것은 아니다. 피임기술은 생식과 쾌락을 분리하여 여성의 몸에 대한 자기결정권을 확장시킨 측면이 있지만 피임의 일차적 책임이 여전히 여성에게 부여된다면 그것은 온전한 의미의 자기결정권, 평등한 관계는 아니다. 출산보조기술(인공수정, 체외수정), 성형수술의 발전도 아이를 낳고자 하는 욕망, 아름다워지고자 하는 욕망에 일정 정도 기여할 수는 있으나 기혼여성의 아이를 낳을 권리가 권리가 아닌 의무로 여겨지는 한, 외모지상주의 속에서 아름다워지라고 강요하는 문화 속에서는 진정한 개인의 선택권의 확장이 될 수 없다. 따라서 핵심은 기술의 발전이 아니라 불평등한 사회적 권력관계의 변화, 다양한 몸들의 공존에 있다.

이런 점에서 몸은 불평등한 권력관계가 작동하는 정치적 각축장이며 몸들은 사회제 세력 간의 정치적 공모, 협상, 저항 속에서 끊임없이 구성중인 과정에 있다. 우리가 현재 젠더, 계급, 인종, 나이, 장애유무 등에 따라 다르게 인식하고 있는 몸들에 대한 이미지와 지위, 위계서열화는 바로 이러한 정치적 힘 관계 속에서의 실천의 결과인 것이다.

생식(인간재생산)하는 몸

인구정책과 출산의 의료화

인간재생산이 가능한 여성의 몸은 인구정책의 일환으로서 오랫동안 국가권력의 관리와 통제의 대상이 되어 왔다. 한국의 인구정책은 과거에는 맬더스주의에 입각해 인구의 증가가 경제발전을 저해하는 요소라고 보고 인구 억제를 위한 가족계획사업(1961년 시작, 1996년 종료)을 시행하였다가 현재는 저출산 위기담론을 적극적으로 생산해 내면서 인구증가(출산장려)정책을 시행하고 있다. 저출산 위기담론의 핵심은 생산인구의 감소와 부양인구의 증가로 경제발전과 국가발전을 위협하고 있다는 것이다. 출산 억제정책이든 출산 장려정책이든 양자 모두 그 필요성은 경제적인 논리와 국익을 중심으로 정당화되고 있고 그 속에서 아이를 낳지 않는 기혼여성은 '이기적인 매국노' 취급을 당하고 있다. 여성의 몸은 국가의 인구조절이라는 목적을 위해 인구억제정책하에서는 피임 및 낙태시술의 대상이 되었고 인구증가정책하에서는 임신중지(낙태)를 금지당하고 난임시술(인공수정, 체외수정 등)의 대상이 되고 있다. 즉 인구정책의 대상일 뿐 여성의 재생산권과 건강권은 고려되지 않고 있다.

또한 출산의 의료화와 출산보조기술의 발전을 매개로 한 의료의 산업화는 한편으로는 출산과 모성의 과학화를 가져오고 아이를 낳고자 하는 욕망을 충족시키는 데 기여하였지만 다른 한편으로는 여성의 몸을 의과학적 지식 및 기술적 개입의 대상이자 연구의 자원, 심지어 생식세포 및 대리모 시장이 보여주듯 거래의 대상이 되게 하고 있다. 출산이 본격적으로 의료화되기 전에 여성의 몸은 출산을 위한 의료적 검진과 관리의 대상으로 여겨지지 않았고 무엇보다도 산모가 출산과정의 통제권을 비교적 많이 행사할 수 있었다. 하지만 출산의 의료화와 함께 여성의 몸은 수많은 의료적 검진과 관리를 받아야 하는 감시와 통제의 대상이 되었고 출산과정의 통제권도 상실하게 되었다. 의료권력은 가임기 여성의 몸만을 대상으로 하는 것이 아니라 잠재적 가임여성으로까지 검진 및 관리의 영역을 확대함으로써 여성의 몸과 삶 전반을 의료적 시선 안으로 끌어들인다. 이를 통해 의과학적 연구와 의료기술, 관련 산업이 확장되고 여성의 몸들이 그것에 기여함에도 불구하고 황우석 사태를 통해 확인하였듯이 자신의 몸들이 어떻게 사용되는지 알 수도 없을뿐더러 발전된 의과학적 지식과 기술의 수혜를 무상으로 안전하게 받을 수도 없다.

또한 출산보조기술은 임신하고자 하는 여성들의 욕망을 매개로 적극적으로 이용, 소비되고 있는데, 여성의 모성적 욕망은 혈연주의를 근간으로 한 가부장적 가족구조, 이성애적 오이디푸스 가족구조를 정상화하는 문화적 맥락 속에서 기혼여성의 가족구성원으로서 인정받고자 하는 필요와 의무에서 형성된 측면도 있다. 더욱이 출산보조기술은 기술의 이용을 통해 엄마가 되기를 희망하는 모든 여성들이 엄마가 될 수 있다는 환상을 유포(체외수정시술로 출산이 성공할 확률은 30%대로 보고되고 있다)함으로써 기술의 소비를 부추기고 여성의 몸을 더욱더 기술적 시선 아래에 종속되게 한다(1회 체외수정 비용은 평균 300만 원대이며 신체적 · 정신적 고통이 수반됨에도 불구하고 많은 난임 여성들이 지속적으로 시술받고 있다).

여성에게 모성과 양육의 역할을 지배적인 정체성으로 부여하는 가부장적인 젠더 분업구조와 출산과 관련한 의과학적 지식 및 기술을 매개로 한 의료산업이 결합하면서 여성의 몸에 대한 정책적, 의료적 개입이 정당화되고 몸에 대한 여성의 자기결정권은 침해당한다. 또한 여성은 사회적으로 부여된 모성적 욕망을 매개로 자신의 몸에 대한 정책적, 의료적 개입을 문제시하기 보다는 적극적으로 요구하거나 자발적으로 참여하게 된다. 이를 통해 여성의 몸에 행사되는 국가권력과 의료권력의 통제메커니즘이 비가시화 된다.

낙태(임신중지)권 논쟁: 태아의 생명권 대 산모의 자기결정권을 넘어서

최근 한국 정부(보건복지부)는 의료관계행정처분규칙 개정안을 통해 불법 낙태 수술을 '비도덕적 의료 행위'로 규정했고, 산부인과 의사들은 '불법 낙태 파업'을 선언했다. 우리 사회에서 낙태는 불온하고 해서는 안 될 것으로 취급되면서 임신중지에 대한 낙인과 처벌을 강화해 가고 있다. 이에 대항해 낙태죄 폐지를 지지하는 여성들은 청와대 국민청원 운동을 벌이는가 하면 다양한 캠페인, 시위, 퍼포먼스를 이어나가고 있다. 2018년 8월, 약 100여 명의 여성들이 미프진(낙태약)을 먹는 시위를 벌였고 '안전하고 합법적인 임신중단을 위한 국제 행동의 날'인 9월 28일에는 '형법 제269조(임신중지를 결정한 여성에게 징역 1년, 벌금 200만 원의 처벌을 하도록 규정) 폐지를 위한 퍼포먼스'를 진행했다.

국가는 인구증가(출산장려)정책의 일환으로 인구억제정책 시기에는 불법(모자보건법에 의거, 일부 예외적 허용사유를 제외하고는 불법임)이었음에도 불구하고 한 자녀 이상 가정에 낙태를 권장하던 것에서 낙태를 금지하는 것으로 전환하여 여성의 몸을 통제하고 있다. 또한 일부 종교계와 보수단체들, 의료계(프로라이프 의사회)에서는 불법이며 생명경시 사상을 유포하고 신의 율법에 어긋난다는 이유로 줄기차게 낙태 반대의 목소리를 내고 있다. 무엇보다도 낙태를 하는 여성들에 대한 낙인과 부정적인 담론들을 끊임없이 생산해 내고 있다.

이런 상황 속에서 낙태를 하는 여성들은 아이를 낳지 않는 기혼여성처럼 이기적인 여성으로 치부되고 있다. 하지만 낙태를 하고 싶어 하는 사람은 없다. 단지 낙태를 선택해야만 하는 상황이 있을 뿐이다. 경제적인 이유나 아이를 낳을 수 없는 상황과 조건 속에서 아이를 낳지 않기로 선택했을 뿐이다. 무엇보다도 임신은 여성의 몸에서 수행되고 여성이 자신의 몸과 성에 대한 자기결정권을 행사할 수 있어야 한다는 측면에서 페미니스트들은 낙태죄를 폐지해야 한다고 주장하고 있다. 즉 낳고 싶을 때 낳을 권리가 보장되어야 한다는 것이다. 상황이 이렇다 보니 낙태권 논쟁은 주로 태아의 생명권 대 산모의 자기결정권의 대립으로 귀결된다. 하지만 낙태, 즉 임신중지는 태아의 생명권과 산모의 자기결정권이 대립하는 문제로 보아서는 안된다. 오히려 이러한 논쟁구도는 임신중지를 선택하는 여성들의 상황과 조건을 고려하지 않은 채 그들에게 부정적인 낙인만을 강화할 뿐이다.

'모두를 위한 낙태죄 폐지 공동행동'(녹색당, 여성-엄마민중당, 장애여성공감, 한국여성단체연합 등의 여성단체 연대체)은 사회적 낙인 없이 비혼부/모가 될 수 있는 권리, 결혼유무, 성적지향, 장애와 질병, 경제적 차이와 상관없이 자신의 섹슈얼리티와 모성을 실천할 수 있는 권리를 적극적으로 보장하는 것이 국가와 사회의 의무이며 이러한 권리들이 실질적으로 보장될 때, 원치 않는 임신으로 인한 인공임신중절시술이 줄어든다는 것이 이미 전 세계의 사례에서 입증되고 있다고 주장한다. 또한 더 이상 국가의 인구관리를 위해 만들어진 우생학적 모자보건법 안에서 인공임신중절 사유를 허락받고, 증명해야 하는 상황에 머무르지 않겠다면서 여성들에게는 처벌 대신 더 많은 자율성과 권한이 주어져야 하며, 국가와 사회는 이를 보장할 수 있는 조건을 만들어야 한다고 촉구하고 있다.

낙태죄 폐지, 낙태 합법화 운동은 우리나라에서만 벌어지고 있는 현상이 아니다. 카톨릭이 뿌리 깊은 프랑스는 1960년대까지만 해도 낙태뿐만 아니라 피임까지도 죄로서 처벌하였다. 하지만 68혁명을 전후로 피임죄를 폐지했고 여성운동가들의 끈질긴 투쟁으로 1975년 낙태죄를 폐지하였다. 2016년 폴란드에서 일어난 낙태죄 폐지를 외치는 검은 시위는 낙태 합법화 운동의 상징이 되었고 우리나라에서도 검은 시위를 벌인 바 있다. 아일랜드에서는 태아가 문제가 있음에도 불구하고 낙태를 금지하는 법 때문에 낙태 수술을 받지 못해 사망한 인도 여성의 소식이 전해지면서 낙태권 확보가 사회적 이슈가 되어 2012년, 낙태를 금지하는 수정헌법 8조의 폐지를 국민투표로 이루어냈다. 네덜란드에서는 낙태 수술이 합법이지만 정부에서 정한 낙태클리닉이 너무 적어(전국 12개소) 접근성이 떨어지기 때문에 낙태클리닉을 공공의료서비스 차원에서 보다 확대해야 한다는 주장이 제기되고 있다. 루마니아는 영화 〈4개월 3주 그리고 2일〉을 통해 그려진 것처럼, 낙태와 피임이 모두 전면 불법이었던 대표적인 나라였다. 이러한 상황에서 수많은 여성들이 비위생적인 낙태수술을 받다 사망했다. 현재는 낙태가 합법화되기는 하였지만 성교육과 피임이 제대로 이루어지지 못해 다양한 문제들을 겪고 있다고 한다(우유니게 외, 2018).

낙태는 죄가 아니라 선택이다. 낙태죄는 여성 몸에 대한 통제권과 자기결정권을 인정하지 않고 침해하는 것이다. 다음은 대표적인 재생산권 국제운동 단체인 '위민 온 웨이브(Women on Waves)'의 대표, 레베카 곰퍼츠(Rebecca Gomperts)의 말이다.

> "모든 여성은 안전하고 합법적인 낙태에 접근할 수 있어야 하며, 이는 사회 정의의 문제이다."

이제 낙태의 문제를 태아의 생명권과 산모의 자기결정권의 대립 내지는 어느 한 편의 권리로 환원하는 것이 아니라 아이를 낳을 권리뿐만 아니라 낳지 않을 권리를 포함하는 재생산권 전반의 문제, 안전한 의료서비스를 제공받을 수 있는 건강권의 문제로 인식의 전환을 시도해야 할 때이다. 그리고 건강권 확보는 인권과 사회정의의 문제이기도 하다.

아름다운 몸

자본이 된 몸: 잘생기고 예쁘면 모든 게 용서가 돼!

우리는 종종 "잘생기고 예쁘면 모든 게 용서가 된다"는 말을 듣거나 하게 된다. 일반적으로 잘생겼다는 말은 남성에게, 예쁘다는 말은 여성에게 적용된다. 몸을 재현하는 언어도 성별화되어 있다는 이야기다. 무엇보다도 이 말은 우리 사회가 그만큼 '집단적인 강박증, 신경증이라 할 정도로' 외모를 가꾸는 데 열중하고 있다는 의미이다(김양선, 2005: 129). 식이조절을 통한 건강증진을 의미했던 '다이어트'라는 용어는 이제 몸을 슬림하게 하는 활동을 의미하게 되었다. 그리고 다이어트를 포함한 몸관리 실천은 완전하게 자율적, 자발적인 것이라기보다는 사회적으로 형성된 이상적인 몸의 기준에 맞추는 활동이다. 몸은 단지 생물학적 토대라기보다는 가치와 역할, 지위, 심지어 도덕성의 문제로까지 연결되어 있다. 따라서 몸관리 실천은 개인의 자아개발과 성취감의 문제라기보다는 프랑스 사회학자 부르디외(Bourdieu)가 말했듯이, 일종의 사회적 자본(육체자본: 몸이 계급과 신분상승의 자원이 된다는 것)을 만들어가는 것이다. 실제로 외모는 결혼과 취업의 경쟁력이 되고 있으며 외모 가꾸기는 사회문화적으로 강제된 훈육이라기보다는 더 나은 자아를 만들기 위한 창조적 활동으로 여겨지고 있다.

하지만 외모 가꾸기는 사회문화적 환경 속에서 그 내용과 방향이 선택된다. 언론

매체는 아름다운 외모가 크기나 생김새, 스타일뿐만 아니라 그 사람의 인생 자체를 바꿔놓음으로써 행복하고 질 높은 삶을 보장해 줄 수 있다는 환상을 지속적으로 유포하고 있다. 화장술이나 패션, 다이어트, 성형수술을 콘셉트로 하는 프로그램들이 급증하고 있으며 공중파뿐만 아니라 케이블 TV 등 채널이 다양화됨으로써 시청자들이 접할 기회도 많아졌다. 또한 광고마케팅 역시 젊음, 날씬함, 섹시함을 이상적인 몸으로 제시하고 있다. 매체에서 제시된 이상적인 몸의 기준은 한편으로는 변형시키고 개조해야 할 몸의 부분들을 확장하고(얼굴에서 몸 전체로) 다른 한편으로는 세분화(얼굴 및 바디의 비율이나 각도, 하얗고 투명한 동안 피부, 말랐지만 탄력 있고 글래머러스한 몸매 등)함으로써 더 많은 몸관리 실천과 소비를 요구하고 있다. 외모지상주의 문화와 이상적인 미의 기준의 제시는 각종 몸관리 산업(화장품, 피트니스 센터, 건강보조식품, 다이어트 의약품, 피부관리, 성형산업 등)의 이윤 축적을 위한 필요조건이기도 하다.

그렇다면 외모지상주의 문화와 몸관리 실천은 무엇이 문제인가? 첫째, 여성의 삶과 자아정체감에서 외모가 차지하는 비중을 지나치게 크게 만든다. 둘째, 몸관리를 실천하는 과정은 육체적, 심리적 고통을 수반하는 일이기도 하다. 다이어트의 부작용이나 후유증, 거식증, 폭식증 등을 낳을 수 있을 뿐만 아니라 외모관리가 실패했을 경우 자기비하나 혐오에 빠지게 하기도 한다. 셋째, 젊고 날씬하고 섹시한 몸을 갖지 못한 여성, 즉 키가 작거나 뚱뚱한 여성, 장애가 있는 여성, 특정 인종의 여성들을 타자화한다(김양선, 2005: 139).

무엇보다도 외모 가꾸기가 개인의 자발적 실천으로 여겨짐으로써 외모 가꾸기를 강제하는 사회문화적 통제체계나 몸관리 산업의 이윤창출 의도를 가려버린다는 점이 문제이다. 즉 아름다움을 추구하는 것이 문제가 아니라 아름다움을 강요하는 사회문화적 환경이 문제이며 그 속에서 아름다움이라는 것을 특정 방향으로 표준화, 획일화한다는 것이 문제인 것이다. 아름다움을 강요하는 사회문화적 환경은 자본권력, 언론권력, 의료권력, 지식권력체계의 결합에 의해 생산되며 이 과정에서 여성의 몸은 규격화, 표준화, 획일화된 통제대상이 된다. 몸의 규격화, 표준화, 획일화는 이상적인 몸의 기준을 확장하고 세분화하는 과정에서 생산되는데, 결코 달성할 수 없는 이상적인 미의 기준을 끊임없이 제시하면서 그것을 성취할 수 있다는 희망을 동시에 유포하는 것을 특징으로 한다. 성형수술 광고의 비포(before), 애프터(after) 사진과 시각화 기술을 이용한 시뮬레이션은 우리로 하여금 기술을 이용하고 몸관리를 열심히 실천한다면 아름다운 외모를 가질 수 있다는 믿음과 희망을 갖게 하는 효과가 있다.

외모 가꾸기의 실천에 작용하는 다양한 권력체계의 작동방식을 고려하지 않는다면 여성의 몸관리는 개인의 문제로 환원되고, 몸관리 과정에서 발생하는 부작용과 후유증은 개인이 책임지고 개인의 의지로 해결해야 할 병리적 현상으로 이해될 수밖에 없다.

상품이 된 몸: 위계서열화와 분절화

몸의 위계서열화는 일상생활 곳곳에서 쉽게 발견할 수 있다. 결혼중개업체에서는 학력과 외모, 직업, 나이 등에 따라 점수와 등급을 매기고 그에 따라 배우자감을 매칭한다고 한다. 한국 남성과 동남아 여성의 결혼을 중개하는 국제결혼중개업체는 거의 매매혼의 성격을 지니고 있다. 이때 남성은 학력과 직업이, 여성은 외모와 나이가 등급을 결정짓는 상대적으로 중요한 요소이다. 말 그대로 결혼시장에서 경쟁력의 우위를 점할 수 있는 하나의 상품인 것이다.

노동시장에서는 어떠한가? 과거에 비해 외모의 기준을 채용 공고에 제시하는 직접적 차별은 많이 줄어들었지만 여전히 특정 직종(예컨대 승무원, 백화점 안내원 등)에서는 외모를 중요하게 여기고 있고 특정 직종이 아니더라도 면접을 통해 호감형 인상을 가진 지원자가 우선적으로 채용된다. 외모뿐만 아니라 기업이 원하는 다양한 스펙을 갖추어야 하는 것은 말할 것도 없다. 역시 노동시장에서도 하나의 상품으로서 자신의 능력과 외모를 드러내야 한다.

여성의 몸이 직접적으로 상품이 되는 대표적인 영역은 아마도 성매매 시장일 것이다. 남성 고객이 원하는 몸(젊고 날씬하고 섹시한 몸)을 가진 여성들은 보다 고급 성매매 시장에서, 나이 들어 종사 기간이 긴 여성들은 값싼 성매매 시장에서 일을 하고 있다. 이와 같이 유기체로서의 몸만 위계서열화 되고 상품화되는 것이 아니다.

아이를 낳고자 하는 욕망과 출산기술의 발전이 결합되면서 생식세포와 생식기관, 즉 분자적 몸들도 거래의 대상이 되고 있다. 또한 아이를 낳고자 하는 욕망이 모든 여성들에게 허용되는 것도 아니다. 청소녀, 비혼여성, 레즈비언 여성, 사실혼 관계의 여성 등 법적 결혼관계에서 벗어난(엄밀히 말하면 남성과 지속적인 관계에 놓여 있지 않은 여성들) 여성들의 모성적 욕망은 사회적으로 부정되고 기술 이용의 가능성도 제한된다. 모성적 몸과 욕망도 위계 서열화되어 있는 것이다.

정자, 난자, 대리모의 거래시장에서도 몸들은 결혼시장과 크게 다르지 않게 위계서열화되어 있다. 더 똑똑하고 예쁘고 건강하고 자신을 닮은 아이를 갖고자 하는 욕망은 학벌, 외모, 인종, 계급 등에 따라 정자와 난자의 가격이 달리 책정되고 있다. 유전물질의 전달과 무관하다고 여겨지는 자궁의 거래, 즉 대리모 시장에서는 가난한 제3세계 여성들이 부유한 1세계 여성들의 대리모 역할을 하고 있다. 대리모산업이 합법화되어 있는 인도의 대리모 여성들의 실상을 가장 잘 보여주고 있는 다큐멘터리 〈구글베이비〉를 보면 대리모 여성의 몸이 어떻게 위계 서열화되고 거래되는지, 의료산업 속에서 어떻게 통제되고 관리되고 있는지를 잘 보여준다. 의료진과 대리모 의뢰인들에게 대리모의 몸은 아이를 낳기 위한 도구이자 자궁, 즉 분절화된 몸 그 자체일 뿐이다. 이제 아이는 인터넷을 통해 구입할 수 있는 상품이 되었으며 임신과 출산은 경제적인 문제가 되어 버렸다(Spar, 2007).

결론 및 요약: 다양한 몸들과 평등한 사회

이 장에서는 '몸이 사회적이고 문화적이며 역사적인 생산물이라는 가정으로부터 출발'(Balsamo, 2012: 18)하여 우리 사회에서 여성의 몸이 어떻게 재현되고 위치 지워지고 실천되는가를 현재 한국 사회에서 논쟁이 되고 있는 몸과 관련한 다양한 사례들을 통해 살펴보았다. 먼저 몸, 인간, 사회 간의 관계를 설명하는 주요 시각과 관점을 소개하였다. 몸을 바라보는 지배적인 시각이면서 몸을 사회문화와 분리된 내재적 속성을 가진 영역이거나 몸의 생물학적 특성이 인간의 정체성, 사회적 역할까지도 규정한다고 보는 시각이 생물학적 결정론이다. 생물학적 결정론이 어떻게 성차이데올로기와 불평등한 권력관계를 반영하면서 여성의 열등성과 차별을 정당화하는지에 대해 사회구성론적 시각에서 비판해 보았다. 또한 생물학적 결정론에 과학적 권위를 부여하면서 불평등한 젠더권력관계를 생산/재생산하는 지식권력에 대해서도 다양한 사례를 통해 살펴보았다. 이를 통해 몸은 문화적 텍스트이자 사회적 구성물이며 권력체계 및 권력관계가 작동하고 실천되는 정치적 장이라는 점을 이해하는 것이 중요하다. 다음으로 출산권과 낙태(임신중지)권 논쟁을 통해 생식하는 몸이 어떻게 담론화되고 구성되는지를 살펴보았다. 또한 외모 가꾸기 및 성형, 그 밖의 일상에서의 몸에 대한 이미지, 몸 관리 실천을 사례로 어떻게 몸이 자본화, 상품화되는지, 또한 어떻게 몸이 위계서열화되고 분절화 되는지를 살펴보았다. 아이를 갖고자 하는 욕망과 아름다워지고자 하는 욕망은 구성되고 구성하는 것이며 권력은 이러한 욕망을 생산, 관리, 통제하면서 소비를 통해 성취할 수 있는 것으로 만들어 가는 측면을 설명하였다. 국가권력, 자본권력, 지식권력, 의료권력, 언론권력의 작동 속에서 여성의 몸은 대상화(객체화, 도구화)되고 표준화, 획일화되며 자본화된다. 따라서 대상화되고 자본화되고 상품화된 몸을 넘어 성/몸에 대한 자율권과 주체성을 어떻게 확보할 것인지가 우리에게 주어진 과제라고 볼 수 있다.

몸에 대한 자기결정권은 몸이 자신에게 귀속되어 있으므로 마음대로 처분할 수 있다는 자유주의적 개인의 선택권과는 구별되는 것이어야 한다. 몸과 성에 대한 주체성 확보는 몸의 다양성이 존중되고 건강한 삶이 보장되는 평등한 사회와 사회적 관계를 만들어 나가는 문제와 연동되어 있다. 다른 목소리를 낼 수 있는 사회가 건강한 사회인 것처럼 다양한 몸이 존중되는 사회가 건강한 사회인 것이다.

◆◆◆ 읽을거리 볼거리

- **여성의 몸: 시각 · 쟁점 · 역사**(한국연구소, 2005): 여성의 몸에 관한 여러 가지 논쟁들을 몸과 관련한 이론가들과 페미니스트들의 논의를 통해 정리한 책이다.
- **유럽낙태여행**(우유니게 · 이두루 · 이민경 · 정혜윤, 2018): 유럽의 재생산권 운동 활동가들을 통해 유럽 재생산권 운동의 역사와 현 주소를 소개하고 한국 사회에 시사점을 던져주는 책이다.
- **참을 수 없는 몸의 무거움**(수전 보르도, 2003): 신경성 거식증과 여성성의 재생산과정에 대한 문화적 분석을 통해 여성의 몸에 부여된 사회문화적 이데올로기를 파헤친다.
- **젠더화된 몸의 기술**(앤 마리 발사모, 2012): 하이테크놀로지 시대에 여성의 몸들이 기술에 종속되어 있거나 기술을 매개로 해방되는 것이 아니라 기술도, 몸도 사회문화적으로 구성되는 과정에 놓여 있음을 주장하는 책이다.
- **4개월 3주 그리고 2일**(크리스티안 문쥬 감독, 2008): 1987년 임신중절이 금지되었던 루마니아 사회에서 원치 않는 임신을 하게 된 여대생이 임신중절을 위해 노력하는 과정에서 발생하는 다양한 사건들을 다루고 있다.
- **낳을 권리, 낳지 않을 권리**(시비아 타마킨 감독, 2017): 미국에서 발생한 낙태반대운동 과정에서 정부와 종교집단의 권력에 의해 여성의 낳을 권리와 몸이 어떻게 침해당했는지를 피해 여성들의 이야기를 통해 보여주는 다큐멘터리이다.
- **오버 더 힐**(다카하시 반메이 감독, 2008): 성형수술과 미용산업을 비판적으로 다룬 다큐멘터리이다. 여성에게 성형과 미모를 강요하는 문화가 몸관리산업의 이윤창출 목적과 어떻게 연결되어 있는지를 잘 보여준다.
- **구글베이비**(지피 브랜드 프랭크 감독, 2009): 인도의 대리모산업을 통해 외모, 인종, 계급 등에 따라 여성의 몸이 어떻게 위계서열화되고 자본화되는지, 임신 · 출산이 기술의 이용과 의료적 소비를 통한 경제행위가 되고 있음을 잘 보여주는 다큐멘터리이다.

◆◆◆ 생각해 볼 문제

1. 여성의 몸 하면 떠오르는 이미지를 말해보고, 그런 이미지를 떠올리게 된 이유를 토론해 보자.

2. 자신의 다이어트 경험을 통해 외모지상주의 문화가 우리의 몸과 삶에 미치는 영향이 무엇인지에 대해 생각해 보자.

3. 생식세포 및 장기거래, 대리모 등 인간의 몸이 상품화되는 현상의 문제점에 대해 토론해 보자.

4. 몸에 대한 자기결정권이 자유주의적 선택권과 어떻게 다른지 토론해 보자.

◆◆◆ 참고문헌

김양선 (2005). 소비자본주의 사회와 여성의 몸. **새여성학강의**. 파주: 동녘.

민가영 (2007). '여자'와 '남자'의 탄생. **여성학**. 서울: 미래 M&B.

우유니게, 이두루, 이민경 외 (2018). **유럽낙태여행**. 서울: 봄알람.

조영미 (1999). 한국 페미니즘 성연구의 현황과 전망. **섹슈얼리티강의**. 파주: 동녘.

Balsamo, A. M. (2012). **젠더화된 몸의 기술: 사이보그 여성읽기**. 김경례 옮김. 서울: 아르케.

Butler, J. (2003). **의미를 체현하는 육체**. 김윤상 옮김. 고양: 인간사랑.

Laqueur, T. (2000). **섹스의 역사**. 이현경 옮김. 서울: 황금가지.

Ramazanoglu, C. (1998). **푸코와 페미니즘**. 최영 옮김. 서울: 동문선.

Spar, L. D. (2007). **베이비 비즈니스**. 심재관 옮김. 서울: 한스미디어.

04

CHAPTER

Women's study

미디어로 젠더 읽기

김은진

부산대 신문방송학과 강사이다. 부산대학교 신문방송학과에서 대중문화, 미디어 관련 강의를 하고 있다. 책으로는 『모바일 소녀@디지털 아시아』(공저), 『함께하는 여성·지역·문화』(공저), 『왜 아직도 젠더인가』(공저), 『한국 에로비디오의 사회사』(공저) 등이 있다.

Introduction

“개그는 개그일 뿐 오해하지 말자”라는 말이 있다. 미디어 콘텐츠는 현실이 아니라는 말이다. 과연 정말 그럴까. 매스미디어 효과에 관한 연구는 100여 년에 거쳐 수많은 연구자들의 수정과 보완을 거쳐 ‘미디어는 장기간에 걸쳐 인간의 인식에 누적적이고 강한 효과를 미친다’는 결론에 도달했다. 복잡하고 바쁜 현대사회에서 인간은 주로 미디어를 통해 세상을 접하고 여론을 인식한다. 인식은 문화를 만들고 문화는 다시 인식을 재생산한다. 즉 미디어는 그저 허구가 아니라 사람과 관계, 사회에서 지대한 영향을 받고, 또 그에 영향을 미치는 요소이다.

최근 미디어 속 젠더 이슈의 기폭제가 된 콘텐츠는 『82년생 김지영』(2016)이다. 한국의 82년생 여성 중 가장 흔한 이름 김지영의 삶을 통해 그 세대 한국 여성의 일상과 그 억압구조들을 살펴보는 소설이다. 국회의원 금태섭이 이 책 300권을 사서 동료 국회의원들에게 선물했고, 국회의원 노회찬이 문재인 대통령에게 선물하기도 했다. 이후 『우리에겐 언어가 필요하다』(2016), 『나쁜 페미니스트』(2016) 등 여러 페미니즘 책들이 줄이어 나왔다. 페미니즘 도서는 2016년에는 전 년도 대비 100% 이상(한겨레, 2016. 8. 18.), 서지현 검사 폭로 이후 약 2달간 전년 동기 대비 178.7% 판매량이 증가했다(광주일보, 2010. 4. 10.). 반면 문학계 전반의 분위기는 페미니즘과는 거리가 멀다. 2018년 문학계에는 시인 고은, 배용제 등(국제신문, 2018. 6. 16.)의 성폭력 사건이 줄줄이 터져 문단의 고질적 병폐를 드러냈다. 특히 고은은 성추행을 폭로한 최영미 시인과 언론사를 상대로 10억대 소송을 벌이기도 했다. 이러한 움직임은 비단 출판계 뿐 아니라 문화계 전반에서 나타나고 있다. 여기서는 이전부터 지속되어 온 미디어 시스템과 그 결과물(콘텐츠) 속 젠더 문제, 이에 대한 최근의 문제 제기, 그리고 백래시(backlash) 등의 움직임에 대해 종합적으로 살펴볼 것이다.

TV 속 젠더

80~90년대 코미디, 예능프로그램은 대부분 남녀 한 쌍이 진행하거나(〈가족오락관〉 등) 성비가 크게 차이 나지 않는 모습이었으나 2000년대 이후 예능프로그램의 남성 독주가 갈수록 심해졌다. 〈무한도전〉(남성 5~6명), 〈비정상회담〉, 〈1박2일〉(남성 6명), 〈아는 형님〉(남성 7명), 〈라디오스타〉(남성 4명) 등 주요 예능이 전원 남성출연진으로 구성되었다. 〈비정상회담〉의 경우 출연자가 대폭 교체되거나 변동이 있어 홈페이지에 무려 34명이 등장함에도 전원 남성이다. 이 프로그램의 전신 격인 〈미녀들의 수다〉의 제목과 내용, 구성을 보면 남성과 여성을 바라보는 미디어의 시선에 큰 차이가 있음을 알 수 있다. 이들 남성 예능 프로그램에 간혹 여성이 등장할 때는 반드시 1회성 게스트로 나온다. 주요예능 중 드물게 여성 진행자가 포함된 〈런닝맨〉도 6~8명 중 1~2명이 여성으로 거의 남성 위주라고 볼 수 있다. 이외 예능들 〈집사부일체〉, 〈도시어부〉, 〈한끼줍쇼〉 등 대부분의 예능이 전원 남성 진행자로 구성되었고, 심지어 〈아빠 어디가?〉, 〈슈퍼맨이 돌아왔다〉 등 육아예능, 〈냉장고를 부탁해〉 등 요리예능도 남성들로 구성되었다.

'예능프로그램=남성 출연'이라는 공식이 지속되면서 예외적으로 소위 '여성예능'도 간간이 시도되었는데 대부분 기존 남성예능에서 성별만 여성으로 바꾼 '여성판'이나 '짝퉁' 느낌이었다. 2000년대 여성예능의 역사를 보면 2004년 KBS 2TV 〈해피선데이〉의 코너로 방영된 〈여걸파이브〉(2005년 여걸식스로 변경), 〈무한도전〉의 여성판으로 2007년 방영된 〈무한걸스〉를 들 수 있다. 〈무한걸스〉가 종영한 2013년 이후 한동안 여성예능이 사라졌다가 2016년 KBS 2TV 〈언니들의 슬램덩크〉와 MBC에브리원 〈비디오스타〉(〈라이오스타〉의 여성판)가 등장했다.[1] 이 중 2018년 현재까지 방

---

1) 2004년 KBS 2TV 〈해피선데이〉의 코너로 방영된 '여걸 파이브'는 대한민국 예능에서 여자 예능인만 모여서 선보인 버라이어티의 시초였다. 이경실, 정선희, 조혜련, 옥주현, 강수정까지 초대 멤버의 라인

영되는 것은 〈비디오스타〉뿐이다.

공중파나 대부분의 케이블채널의 남성 위주 구성이 수년째 지속되고 있는 상황에서 케이블 여성채널(온스타일, 올리브)에서에서는 여성형 예능의 시도들이 보인다. 〈어서와 한국은 처음이지〉로 시작된 외국인들의 한국여행프로그램 중 하나인 올리브채널의 〈서울메이트〉는 진행자와 외국인 게스트의 남녀성비가 비슷하다. 내국인이 산 속 호텔에서 지내는 〈달팽이호텔〉도 진행자는 남 2명, 여 1명이지만 여성 게스트가 과반수였다. 〈밥블레스유〉는 전원 여성(이영자, 최화정, 송은이, 김숙)으로 구성된 프로그램이다. 이들 프로그램 역시 기존의 남성예능에서 성비만 바꾼 듯한 느낌이 없지 않았다.

이런 상황에서 여성의 시각이 적극 도입된 두 프로그램의 시도가 돋보였다. 2017년 8월부터 12월까지 방영되었고 20회로 종영된 온스타일 채널의 〈뜨거운 사이다〉, 〈바디액츄얼리〉가 그것이다. 〈뜨거운 사이다〉는 여성판 〈썰전〉이라는 느낌도 있지만 기존 방송에서 배재되었던 여성 시점의 문제들을 정면으로 다루었다는 점에서 의미 있는 시도로 평할 만하다. PD, 작가, 진행자 전원이 여성으로 몰카, 가정폭력, 여성혐오, 디지털성폭력(몰래카메라) 독성 생리대 파문 등 여성문제와 존엄사, 범죄자 신상문제 등 기타 인권문제를 주로 다루었다. 〈바디액츄얼리〉는 생리, 여성생식기, 겨드랑이 털, 콘돔, 피임, 노브라 등 터부시되어 온 여성의 몸에 대한 이야기들을 터놓고 나누는 프로그램이다. 다만 두 프로그램 모두 1시즌만 방영되었고 현재 종영되었다.

한국 드라마의 최근 젠더 이슈 중 하나는 여성에 대한 폭력 재현이다. 남자의 거친 매력이나 박력 있는 구애로, 즉 로맨스로 포장되는 폭력의 형태는 다양하다. 〈함부로

업도 화려했다. 지석진이 MC로 함께했고, 2005년 5월부터 이경실 대신 이혜영, 심은진, 홍수아가 합류해 '여걸 식스'로 발전시켰다. 이후 '여걸 식스'는 쥐돌이 게임, 디비디비딥 등 국민적 열풍을 일으킨 게임과 이휘재, 김종민, 이승기 등 남성 게스트를 초청하며 2008년까지 롱런했다. 현영, 최여진, 이소연, 전혜빈, 박경림, 채연 등 여성 예능인은 물론 여성 연예인들도 활약할 수 있는 여성 예능으로서 그 가치를 빛냈다(YTN, 2018. 7. 8.).

애틋하게〉에서 김우빈이 수지를 강제로 들쳐 메고, 침대로 쓰러뜨리고, 소리 지르고, 차에 태운 채 난폭 운전을 하고, 권력관계를 이용해 이성으로 접근하는 장면들, 〈우리 갑순이〉에서 송재림이 김소은을 벽에 밀어붙이고 강제로 키스하는 장면, 그리고 〈운빨 로맨스〉에서 이수혁이 황정음 집의 현관문을 강제로 여는 장면, 〈또 오해영〉에서 에릭이 서현진의 손목을 낚아채 걸어 나가는 장면, 서현진이 탄 차의 유리창을 깨는 장면 등이 이에 해당한다(하재근, 2016). 동의 없는 '박력 키스', '손목 잡기', '벽으로 밀치고 팔로 가두는 장면' 등은 분명한 폭력이지만 한국 드라마에서 너무 자주 등장하는 클리셰(cliché, 상투적인 표현)이기에 문제시되지 않는 부분들이다.

[그림 4-1] 외국인 한류 팬들이 검색한 "wrist grabbing"(손목 잡기)

[그림 4-2] "배빵"을 성적 자극으로 받아들인 일베 게시물

'손목 잡기'의 경우 한류팬들이 드라마를 보다가 어리둥절해 검색하는 경우가 많아 구글 "wrist grabbing"의 첫 번째 연관 검색어로 "korean drama"가 뜨는 형편이다. 한류팬들이 자주 가는 사이트에는 이러한 폭력적인 로맨스 묘사에 대한 논란도 분분하다. '벽으로 밀치고 팔로 가두는 장면', 즉 '벽치기'는 유독 한국과 일본 콘텐츠에 자주 등장하는 클리셰인데 일본어로는 '가베돈'이라고 한다. '가베돈'보다 문제가 훨씬 심각한 것이 '배빵(腹パン: 복부펀치, 복부강타)'이다. 여성 캐릭터가 맞거나 당하는 모습, 신음소리를 내고 고통스러워하는 것을 보며 성적흥분을 느끼는 것을 "료나(リョナ)"라고 하는데(나무위키), 이러한 료나 요소 중 흔한 것이 "배빵"이며, 여성의

[그림 4-3] 웹툰 〈뷰티풀 군바리〉 중 "배빵" 장면

배를 힘껏 주먹으로 때리고 고통으로 괴로워하는 희생자를 보면서 자기만족을 하는 것이다(megatonjang, 2014). 피해 여성의 붉어진 얼굴과 입을 벌리고 침을 흘리는 모습이 SM(사도마조히즘) '헨타이(변태)물'의 장면과 유사해 주로 일본 애니와 게임물에서 소비자인 오타쿠들에게 일종의 성적 서비스로 제공되는 것인데(박현우, 2015), 점차 일본의 여러 콘텐츠에 사용되었고 최근에는 한국 콘텐츠에도 심심찮게 등장한다. "배빵"은 웹툰 〈뷰티풀 군바리〉에서 등장해 상당한 비판을 받았지만, 이후 드라마 〈나의 아저씨〉 속 아이유를 때리는 장면에서 전형적으로 사용되어 '매니아'들의 찬사를 받았다([그림 4-2] 참조). 〈나의 아저씨〉 "배빵" 장면은 TVN 코미디 프로그램 〈코미디빅리그〉에서도 그대로 사용되었고 그저 웃기는 장면으로 소비되었다.

그나마 새로운 여성상이나 가능성을 보여준 드라마들을 찾아보자면 〈미스티〉(2018), 〈라이브〉(2018), 〈힘쎈 여자 도봉순〉(2017), 〈디어 마이 프렌즈〉(2016), 〈미스 함무라비〉(2018) 등이 있다. 〈미스티〉에는 직업에서 성공하려는 야망을 가졌음에도 악녀가 아닌 여주인공이, 〈라이브〉에는 성장하는 사회초년생으로서의 여주인공(경찰)과 모범이 되는 여성리더(여성청소년 수사팀장)가 등장했고, 〈힘쎈 여자 도봉순〉은 비록 판타지지만 남성을 지키고 구해줄 정도로 강력한 여성이 나타났다. 〈디어 마이 프렌즈〉에는 며느리를 구박하거나 병풍처럼 등장하는 것이 아닌 살아 있는 노년의 여성들이 등장해 가부장적 남편이나 가정폭력 등의 문제, 끈끈한 자매애와 진정한 자립을 보여주었다. 〈미스 함무라비〉는 사회에 만연한 여성차별들을 파헤쳤다. 일각에서는 '꼴페미' 드라마라는 비난도 있었지만 현직 남성부장판사가 실제 사건들을 바탕으로 원작과 대본을 썼다는 점 때문에 현실성을 인정받을 수 있었다.

뉴스/시사프로그램의 선정성과 진행자 성비, 음악프로그램 등의 여성의상과 춤 동작 등에서 나타나는 문제들도 간과할 수 없는 부분이지만 지면관계상 생략했다. 다만 파업 때 인력이 절대적으로 모자란 상황에서야 한국 뉴스 최초로 '중년의 여성 앵커'가 등장한 일, 여성 아나운서가 처음으로 뉴스에서 안경을 착용하고 이 사건이 크게 주목을 받은 사건 등은 가장 공정하다고 생각되어 온 뉴스 콘텐츠 속 젠더 재현에 대한 문제를 드러내는 계기가 되었다.

대중가요, 영화 속 젠더

국내 대중음악의 젠더 문제를 살펴보면 힙합 장르의 여성혐오가 가장 두드러진다. 대중매체 중에서 가장 심의가 엄격한 텔레비전 방송에서도 가장 심각한 혐오와 폭력성을 보여주는 것은 단연 힙합 서바이벌 프로그램이다. 2015년 위너의 송민호는 Mnet의 〈쇼미더머니4〉에서 "딸내미 저격 산부인과처럼 다 벌려"라는 가사가 논란이 되자 사과했다가 이후 "motherfucker만 써도 이젠 혐이라 하는 시대"란 가사로 번복했다. 블랙넛은 여성 래퍼 키디비를 향해 무려 세 곡에서 언어 성폭력을 쏟아냈다. "난 솔직히 키디비 사진보고 X쳐봤지(곡 'Indigo Child'), 마치 키디비의 가슴처럼 우뚝 솟았네 진짜인지 가짜인지 눕혀보면 알지(미발매곡), 이번엔 키디비 아냐 줘도 안 처먹어 니 bitXh는(곡 'Too Real')."

2018년 3월 발매된 나플라의 '꽃'은 "강남 코 조합 잘됐네", "너의 꽃 같은 얼굴에 살짝 묻은 된장", "너와 어울리는 soy bean paste(된장)", "top 10 안에 들어가니 보는 눈이 이젠 달라졌니 한두 살 오빠보단 비싼 아저씨에게 open up wide" 등 여성혐오가 가득하다(중앙일보, 2018. 3. 19.). 딥플로우는 데이즈얼라이브 소속 래퍼 던말릭과 디스전을 벌이면서 "난 실은 네가 싫어하는 걸 그냥 하고 싶어 bitch. 랩에 'motherfucker', '씨X년'을 넣고 싶어 bitch", "I don't care X같은 게이즈얼라이브 메갈팸"이라며 분명한 여성혐오를 드러냈다. 데이즈얼라이브는 한국 힙합계에서 유일하게 여성혐오를 비판해 온 그룹이다(IZE, 2017).

이러한 현상에 대해 강일권 대중음악평론가는 다음과 같이 비판한다.

> 60~80년대 미국 게토에서 온갖 차별과 멸시, 범죄와 폭력이 만연한 환경에서 형성된 힙합엔 자연스레 마초적인 스트리트 언어와 질서가 녹아들었다. 그런데 한국의 힙합은 이에 대한 이해나 고민 없이 그저 마초적 특성이란 힙합의 외형만 관성적으로 받아들였다. 미국에서도 종종 약자 혐오 가사가 문제되지만, 힙합씬 내에서 건설적 토론과 논쟁을 통해 합의가 이루어지고 발전하는 중이다. 하지만 한국의 많은 아티스트와 팬들은 '힙합은 원래 그런 음악'이라는 무책임한 말로 모든 비판을 피해가려 한다(중앙일보, 2018. 3. 19.).

가요계의 젠더 이슈는 이 외에도 다양하지만 로리타 논란을 빼 놓을 수 없다. '로리타 콤플렉스(Lilita complex)' 혹은 로리콘(Lolicon, 일본식 줄임말)은 미성숙한 소녀에 대해 정서적 동경이나 성적 집착을 가지는 현상을 말한다. 이 용어는 러시아계 미국작가 블라디미르 나보코프(Vladimir Nabokov)가 1954년 발표한 소설 『롤리타(Lolita)』에서 비롯된 것이다. 이 소설은 중년의 남주인공이 12살 소녀에게 성적인 감정을 느끼고 집착하는 내용이다(시선뉴스, 2018. 7. 8.). 로리타 논란은 아이유의 '제제' 뮤직비디오로 촉발해 아이유의 여러 다른 뮤직비디오가 로리타 콤플렉스의 성향이 있다는 비판을 받았다. 알고 보면 이보다 훨씬 이전인 2004년 이수영 '꿈에' 뮤직비디오가 로리타 콤플렉스를 재현했다며 비판받은 사건이 있다. 6살 여자어린이가 진하게 마스카라와 새빨간 립스틱을 칠한 채 란제리를 입고 긴 의자에 비스듬히 누워 성인 여성의 목소리로 "오늘 밤에 그대여, 와요"라고 끈적하게 노래를 부르는 내용으로, 결국 KBS에서 방송금지 판정을 받았다.

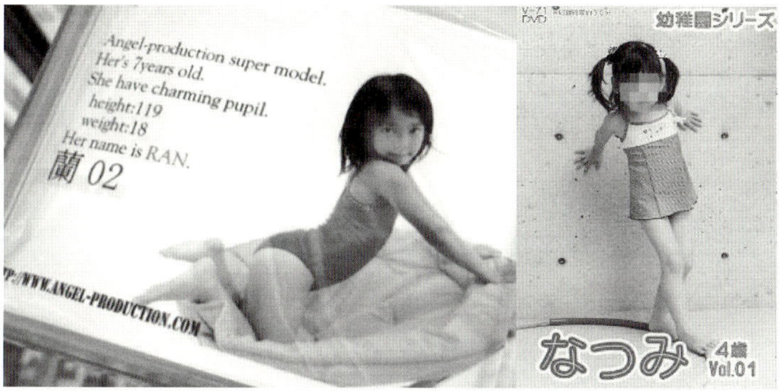

[그림 4-4] 4세 어린이를 성적 대상화한 일본의 그라비아 시리즈 표지

로리타 콤플렉스는 단순히 특정 텍스트나 특정 장르의 문제가 아니라 문화 전반에 깊고 넓게 퍼져 있다. 로리타 콘셉트로 유명한 사진가 '로타'는 자신의 사진이 로리타 콘셉트 의도가 없다고 항변했지만 일본의 '로리타 그라비아(グラビア: 세미 누드 영상물이나 화보집)' 콘셉트를 충실히 베꼈다. 일본은 그라비아 아이돌 중 다수가 미성년자이고 심지어 4살 아이가 노출이 심한 옷을 입고 야릇한 포즈를 취한 사진들을 모아 〈유치원 시리즈〉라며 판매하는 상황이다. 여성의 순결과 순수, 무지, 백치미, 나이를 중시하는 현실 속 문화와 미디어 속 로리타 재현은 과연 아무 관계가 없을까.

한국 영화계의 여성 현실도 그리 녹록치 않다. 우선 2000년 이후 한국에서는 페미니즘 영화를 찾기 어렵다. 다만 여성 관객을 의식한 영화는 드물게 등장한다. 영화 〈B급며느리〉(2018), 〈허스토리〉(2018) 등 여성과 관련한 이슈를 다룬 영화, 여성이 주인공이거나 주요 인물로 등장하는 상업영화들이 있다. 물론 이런 영화들을 여성 영화, 페미니즘 영화로 볼 수 있을지는 의문이다. 국외에서는 〈서프러제트〉(2015), 〈히든 피겨스〉(2016) 등 분명한 페미니즘 영화가 존재하고 흥행하는 반면, 한국 영화는 최근으로 올수록 상업적 대작 위주의 흐름 때문인지 오히려 여성 영화는 점점 찾아보기 어렵다. 90년대에는 〈무소의 뿔처럼 혼자서 가라〉(1995), 〈처녀들의 저녁식사〉(1998) 등 페미니즘 영화들이 존재했다. 페미니즘 영화로 볼 수 있을지는 애매하지만 분명 여성 영화로 분류되는 〈나는 소망한다 내게 금지된 것을〉(1994) 〈마요네즈〉(1999), 〈여고괴담〉(1998~2009)시리즈, 〈고양이를 부탁해〉(2001) 등의 흐름도 존재했다.

그러나 2000년대 중반 이후 페미니즘 영화는 거의 사라졌다. 그나마 좀 더 다양한, 살아있는 존재로 여성을 바라본 영화로는 〈미스 홍당무〉(2008), 〈써니〉(2011), 〈화차〉(2012), 〈미씽〉(2016), 〈국가부도의 날〉(2018) 등을 볼 수 있다. 그 외에는 최근에는 여성 주인공(혹은 주요인물)이 등장하는 액션/느와르 영화들 〈친절한 금자씨〉(2005, 이영애), 〈암살〉(2015, 전지현), 〈차이나타운〉(2014, 김혜수, 김고은), 〈미옥〉(2017, 김혜수), 〈마녀〉(2018, 김다미, 조민수) 등에서 여성의 액션을 볼 수 있는 정도일 뿐 한국 영화에서 여성의 존재는 미약하다. 이러한 영화는 남성 주인공을 여성으로 성별만 바꾸어 놓았을 뿐 여성의 시선은 거의 존재하지 않는다. 남성 주인공과 다른 점은 절대적인 아름다움(〈친절한 금자씨〉), 웨딩드레스 속에 숨겨둔 권총을 뽑아드는 80년대 홍콩 영화 식의 섹시판타지(〈암살〉), 심지어 모성애가 카리스마보다 강조된 조직폭력배 두목(〈미옥〉) 등이다.

위안부 영화들도 여성이 주인공인 영화의 중요한 한 축이다. 같은 소재의 영화가 여럿 제작되면서, 초반의 순결하고 불쌍한 소녀의 옛날이야기에서(〈눈길〉(2015), 〈귀향〉(2017)) 최근에는 2000년대를 살며 자기 목소리로 말하는 할머니(〈아이캔스피크〉(2017), 〈허스토리〉(2018))의 저항과 자매애까지 다루는 영화로 조금씩 변주하며 발전하고 있다. 실제 있었던 성폭력을 다룬 영화(〈소원〉(2013), 〈한공주〉(2013)), 시집살이라는 뜨거운 감자를 다룬 영화(〈B급 며느리〉(2017))도 등장했다. 그러나 〈소원〉은 전형적인 상업영화로 비극을 비출 뿐이고, 〈B급 며느리〉도 고부 사이에 낀 아들(이자 남편) 시선의 고생담일 뿐 여성 영화로 분류하기는 힘들다. 이보다는 오히려 여성도 인간, 힘들게 살아가는 청춘, 혹은 노동자라는 점을 담담하게 보여준 〈소공녀〉(2017)가 더 여성 영화에 가깝다고 볼 수 있다.

헐리우드는 유명제작자 하비 와인스타인의 성폭력을 폭로한 '미투 운동'2)의 진원지다. 이미 그 전부터 여성 배우들(제니퍼 로렌스, 나탈리 포트만, 샤론 스톤 등)이 남성 배우들과 동등한 출연료를 받지 못하는 현실을 비판하는 흐름이 있었는데, 미투 이후 주요 해외영화제에서 유명 여배우들이(애슐리 저드, 셀마 헤이엑 등) 하이힐을 벗거나 미투를 지지하는 옷을 입고 발언하는 등 페미니즘 열풍이 거셌다. 반면 조폭 영화나 느와르 영화, 액션대작 위주의 한국 영화계에서는 여배우들이 출연할 영화조차 없다고 호소한다. 2018년 5월 기준 역대 한국 영화 흥행 10위까지 살펴보면, 주연급이라고 할 수 있는 여성이 등장한 것은 〈국제시장〉(김윤진), 〈도둑들〉(김혜수, 전지현), 〈암살〉(전지현) 세 편밖에 없다. (흥행 1위부터 순서대로 〈명량〉, 〈신과 함께-죄와 벌〉, 〈국제시장〉, 〈베테랑〉, 〈도둑들〉, 〈7번방의 선물〉, 〈암살〉, 〈광해〉, 〈택시운전사〉, 〈부산행〉). 국내 영화계에도 미투 열풍은 거셌지만(김기덕, 조재현, 조민기, 명지전문대 연극영화과 남자 교수 전원 등) 대부분 처벌은커녕 조사나 기소도 되지 않았다.

광고, 인터넷과 모바일 속 젠더

광고는 원래 길이나 지면이 한정되어 있고 상품판매가 가장 큰 목적이기 때문에 자극적이거나 선정적인 표현이 많은 편이다. 여성에 대한 차별적인 표현들(선정적 표

2) 나도 고발한다(#MeToo): 성폭력 피해자들이 SNS를 통해 자신의 피해 경험을 잇달아 고발한 현상. 사회에 만연한 성폭력의 심각성을 알리고 피해자 간 연대를 위해 진행됐다. 2006년 미국의 사회운동가 타라나 버크가 제안했으며 2017년 10월 폭로된 하비 와인스타인의 성폭력 사건을 계기로 빠르게 확산했다. 특히 직장 등에서 비일비재하게 일어나는 권력형 성폭력에 주목하는 계기가 되었다(Daum 백과).

현, 외모지상주의적 표현, 여성에 대한 잘못된 인식 표현 등)도 자주 볼 수 있다. 여성에게 외모는 가장 중요하지만 화장은 사기라는 식의 광고는 최근 들어 더 노골적인 표현을 사용한다. 스노우캠 광고("완벽 피부 보정 카메라 필터. X같은 피부도 예쁘게")와 맘스터치 광고("화장빨이 그대를 속일지라도 버거만큼은 정직하게. 무보정 개념버거")는 여성의 '화장빨'이 지워지자 남자가 떠나는 비슷한 콘셉트이다. SSG.COM은 "얼굴이 별로라면 옷이라도 예쁘…"라는 카피를 사용했다.

여성의 얼굴과 몸매 뿐 아니라 성적인 부분 관리까지 강요하는 광고로는 시크릿버진의 "느슨함은 여자의 적, 처녀 때의 느낌 그대로 탄력과 촉촉함", 그로비쥬 포인트 화이트닝 크림 광고 "진한 색상 유두 NO~ 늑대들이 좋아하는 핑크빛 유두 이렇게만 될 수 있다면" 등이 있다.

여성과 남성의 일(역할)을 구분하는 광고로는 르까프, 남양 커피 광고가 대표적이다. 르까프는 "사는 게 다 스포츠야"라며 여성은 기저귀 마라톤, 분유타기 3종 경기를 하고 남자는 서류 줍기 자유형, 서빙 100M 허들, 고시공부(마장 학습, 집중력 근대 5종)를 한다. 남양 커피 광고에서는 고무장갑에 앞치마를 두른 여성이 '좋은 라떼 하나 열 자식 안 부럽다'를 외치는 반면, 다리를 꼬고 컵만 든 남성 노인에게는 여성 노인이 커피를 따라주며 '요즘 이거 먹고 이 양반 다방 끊었어'라고 말한다. 여성이 고무장갑 차림이라면 남성은 사무직, 군인, 건설노동자로 등장하는 버전도 있다.

워킹맘에게 슈퍼우먼이길 강요하고, 동시에 죄책감까지 강요하는 광고들도 있다. 카렌스 광고 카피는 "미안해 아침마다 울게 해서 미안해 숙제 같이 못해줘서 미안해 비올 때 우산 가지고 못가서 미안해 맨날 기다리게 해서 미안해 일하는 엄마라서 미안해"로 육아는 모두 엄마만의 몫이라며 워킹맘에게 전방위적 죄책감을 강요하는 내용이다. 한화 광고에서는 남편은 혼자 먼저 출근하는데 워킹맘은 새벽부터 김밥을 만들고 아이 등교를 준비하고 출근한다. 퇴근하고는 청소하고 아이 재우고 한밤중에 남은 직장일을 하면서 "나는 불꽃이다"를 외친다. 불꽃처럼 장렬히 산화하라는 것인가.

여성을 남성보다 무능하거나 남성을 이용하여 편하게 사는 존재(소위 '된장녀')로 그리는 분명한 여성혐오 광고는 최근 급증하고 있다. LG 유플러스 광고에서 최지우는 “나 사고 보는 여자야”, 이서진은 “나 경영 배운 남자야”를 외친다. 버블티 전문점 공차는 2013년 지하철 광고로 “영화용 친구, 식사용 오빠, 쇼핑용 친구, 음주용 오빠”라는 카피를 사용해 파문을 일으키고도 또 다시 컵홀더에 “우리가 이별하던 날 내가 흘렸던 검은 눈물은 슬퍼서가 아니라 얼마 남지 않은 내 생일이 생각나서였어. 신상으로 가득 채워놓은 내 위시리스트는 어떡하니?”라는 문구를 새겨 판매하였다. 2016년에는 한 여성이 비씨페이 20% 할인 소식에 “어머 공차 가기 전에 비씨페이 등록해야 겠다”라고 하자, 뒤에 있는 남성이 “어차피 계산은 내가 하는데”라는 광고를 내보내 3번이나 ‘된장녀’ 콘셉트의 여혐 광고를 게재했다.

비슷한 콘셉트로 ‘처음처럼’ 소주 광고 카피 “술과 여자친구의 공통점, 오랜 시간 함께 할수록 지갑이 빈다”, 명품백을 가지려면 열심히 일하는 것보다 ‘남친’을 사귀는 것이 낫다는 마몽드 명품백 광고, 조르지오 아르마니 화장품의 “대존예 인생틴트 남친에게 조르지오”, GS 칼텍스의 “놀러갈 땐 우리차, 기름 넣을 땐 오빠차”, 애슐리의 “철수야 애슐리퀸즈 신메뉴 나왔대! 나 사줄거지?”, 에뛰드의 “오빠, 나 이거 사주면 안돼?”, 해태 카푸지노 캔커피 “나는 새내기다. 학교 올 땐 지갑이 필요 없다. 어 저기 지갑 걸어간다. 선배님~ 커피 사주세요”, 하늘보리 “날은 더워 죽겠는데 남친은 차가 없네!”, 삼성노트북 “아는 오빠에게 어떤 노트북이 좋은지 물어봤다. (노트북 구매 후) Goodbye 아는 오빠” 등이 있다(리마, 2018). 다양한 여혐유형을 종합한 치킨 프랜차이즈 BHC도 들 수 있다. BHC는 “아몰랑!! 그냥 뿌링클이 좋아”, “나 꾱꼬또 뿌링클 먹는 꾱꼬또”, “요즘 세상의 약자 남자들을 구원하는 맛, 맛초킹” 등 다양한 여혐유형을 종합하였다.

여성과 아무 관련이 없는데 노출한 여성을 등장시켜 성행위를 연상시키는 카피를 사용하는 것도 오래된 광고 방식이다. 90년대에 참치통조림 광고에서 남자는 고추참치, 여자는 조개참치를 맡고, 세탁기 광고에서 남자는 빨래봉, 여자는 빨래판을 맡는 경우는 그나마 남녀가 모두 성상품화된 케이스다. 영화 〈원초적 본능〉의 주인공 샤론 스톤이 국내 엔진오일 광고에 등장해 "강한 걸로 넣어주세요"를 속삭이거나 농약, 농기구 광고에서 여성이 노출을 하고 성적인 카피를 사용하는 사례도 있다. 농약 '논브라'는 여성이 타월만 두르고 "논에는 논브라 논브라로 빵빵하게 만드세요"를 외치고, 대호 농기구는 홈페이지 대부분의 광고에서 노출을 한 여성이 성행위를 연상하게 하는 자세로 "오빠~실린더와 연결링크가 대물이어야 뒤로도 작업을 잘해요" 등의 말을 하고 있다. 유압구에 끼우는 잭(Jack)엔 "콘돔 잭"이란 이름을 붙였다(아시아경제, 2018. 5. 22.).

[그림 4-5] 모 농기구 회사 홈페이지 화면

'스텔싱'(남성이 여성의 동의 없이 질 내 사정하는 것)과 감금성폭력을 연상하게 하는 광고도 등장했다. 스킨코트 천연비누의 한 광고 카피는 "안 빼고… 넣은 채로 싸게 하려 했는데"이고, 다른 광고에서는 고발프로그램 인터뷰처럼 연출해 한 여성이 "(입구를) 막고, 못나가게 하고, 때리고, 매일 상처투성이에 피나고, 밤엔 한명, 낮엔 서너 명씩. 더럽히고 경찰은 법적으로 문제가 없다고 무시하고, 돈 써서 의뢰해도 말만 그럴 듯 했지 아무 소용없고…"라는 말을 한다. 항의가 이어지자 앞의 광고는 비싼 호호바유를 뺐다는 점, 뒤의 광고는 노폐물이 모공을 불법점거하고 더럽힌다는 점을 알리려는 내용이었다고 변명했다.

여성혐오 광고의 반대편에 위치한 것이 펨버타이징(Femvertising)인데, 이는 페미니즘(Feminism)과 광고(Advertisement)의 합성어이다. 패션으로 페미니즘을 표현하는

'마켓 페미니즘'과 연관된 것으로 개인의 소비행위에 페미니즘 의미를 부여하는 것이다. 사례는 대부분 외국 광고인데 특히 도브와 피앤지(P&G)는 수년간 펨버타이징을 시리즈로 계속 냈다. 피앤지 생리대브랜드 올웨이즈(Always)의 'Like a girl' 캠페인은 아이들에게 'girl'처럼 뛰어보라, 여자처럼 공을 던지고 싸워보라고 주문한다. 이때, 진짜 여자아이들은 힘차게 뛰지만 남성들과 성인 여성들은 팔과 무릎을 붙이고 이상하게 뛰는 편견 속 여성의 모습으로 행동했다. 도브는 'Real Beauty' 캠페인을 수년간 여러 버전으로 진행했다. 그중 2013년 칸 광고제 그랑프리를 수상한 "You're more beautiful than you think" 광고는 FBI 몽타주 전문요원이 직접 보지 않은 채 설명만 듣고 한 여성의 두 가지 몽타주를 그리는 것이다. 하나는 스스로 자신을 묘사한 것, 다른 하나는 다른 사람이 그 여성을 묘사한 것이다. 결과물 두 개를 나란히 비교해 보면서 다른 사람이 묘사한 것이 자신이 묘사한 모습보다 훨씬 아름답고 긍정적이라는 점을 알려주는 내용이다. 영국 생리대 회사 바디폼(Bodyform) 광고영상 속 여성들은 복싱, 서핑, 축구, 클라이밍 등 격렬한 스포츠를 즐긴다. 부딪치고 넘어지면서 피가 흐르기도 한다. 카피는 "No blood should hold us back. Live fearless(피는 우리를 멈추게 할 수 없다. 두려움 없이 살라)."이다. 한국의 생리대 광고들은 모두 피를 파란 액체로 대체하고 흰 원피스를 입은 20대 여성이 "깨끗해요", "순수해요"를 강조한다는 점에서 선명하게 대비된다.

한국에서 펨버타이징을 찾아보려면 90년대까지 거슬러 올라가야 한다. 90년대 초중반 수년간 지속된 마몽드 화장품 광고 시리즈는 분명 페미니즘적 메시지를 포함했다. 여주인공(이영애)는 헬기/요트/지프차/스포츠카 등을 이용해 세계를 누비며 열정적으로 일을 하는 커리어우먼으로 등장했다. 혹은 응급구조사, 경호원, 형사, 야생동물 보호가 등 소위 '여성적'이지 않은 직업에 종사하거나 헬스, 검도 등 운동을 하는 장면도 있었다. 초반 몇 년간의 메인카피는 "산소 같은 여자"가 아니라 "나의 삶은 나의 것"이었고, "결혼이 목표는 아니다", "세상이여 나를 부르라", "세상은 지금 나를 필요로 한다" 등의 카피가 같이 사용되었다.

반면 2000년대 이후 펨버타이징이라 부를 만한 것은 찾아보기 어렵다. 다만 2003년에 통신사 KTF의 'KTF적인 생각' 광고 시리즈는 여러 고정관념을 벗어나자는 내용의 시리즈물이었고 그중 성별 고정관념도 다루었다. 육군사관학교 졸업식장에 여학생도 있는 모습을 보여주며 "차이는 인정한다. 차별엔 도전한다"라는 카피를 선보였다. 다른 문화콘텐츠와 마찬가지로 여성관점의 내용은 최근으로 올수록 오히려 찾아보기 어렵다. 2016년 '갤럭시노트 7' 광고는 〈아빠〉편에서 퇴근하고 아이와 목욕하는 아빠의 모습, 〈첫 출장〉편에서 해외 출장을 나가 열심히 일하는 여성의 모습 등 지극히 평범하지만 기존의 편견에서 벗어난 모습을 보여주었다. 2016년 올해의 광고상에서 양성평등 부문(여성가족부 후원)을 수상한 두 광고도 자녀의 유치원 버스를 태워주는 아빠(핫초코 미떼), 아이와 함께 춤추는 아빠(레고)의 모습이었다. 아빠가 육아에 동참하는 지극히 당연한 내용이 가장 양성평등한 광고로 상을 받는 것이 현재 한국 광고계 상황이다.

광고 속 성차별과 여성혐오를 줄이기 위한 제도적 시도로 '프리 더 비드(FREE THE BID)'를 들 수 있다. 미국에서는 광고 회사 CD(크리에이티브 디렉터) 중 3%만이 여성이라는 의미에서 '3% 컨퍼런스(THE 3% CONFERENCE)'라는 단어가 생겨났고, 이에 문제의식을 느낀 광고계가 힘을 모아 여성 CD가 11%대까지 올라갔다. 이의 제도적 실천 방식이 광고대행사 입찰시 3명 중 1명은 여성 감독을 포함해야 한다는 '프리 더 비드(FREE THE BID)'다. 이에 40개 대행사와 여러 광고주들도 동의해, 슈퍼볼 광고 중 5개가 여성에 의해 만들어지기도 했다. 이는 미국 외 브라질 등에도 퍼져나갔지만 한국에서는 이러한 움직임을 아직 찾아보기 어렵다(노컷뉴스, 2018. 7. 6.).

인터넷은 아마도 젠더 이슈에서 가장 뜨거운 매체일 것이다. 우선 2017년 국내 시장규모가 7240억 원인 웹툰을 보자. 영화 〈B급 며느리〉, 예능 〈이상한 나라의 며느리〉와 함께 며느리라는 존재와 역할에 대해 살펴본 웹툰이 〈며느라기〉다. 〈며느라기〉는 대형 포털이나 웹툰 전문매체가 아닌 SNS를 통해 연재되었다. 또 남성 시선의 〈B급 며느리〉, 자극적인 예능 〈이상한 나라의 며느리〉와 달리 진짜 며느리인 당

[그림 4-6] **웹툰 〈며느라기〉 중 추석 풍경**

사자의 시선으로 현실을 담담하게 그렸다. 웹툰 〈아기 낳는 만화〉는 포털 다음에서 연재되었는데 그동안 생략과 미화로만 묘사되었던 임신과 출산의 진짜 모습을 구체적으로 그렸다. 〈아기 낳는 만화〉의 댓글에는 몰랐던 것을 알려줘서, 혹은 힘들었던 경험에 위로가 된다며 감사해하는 지지 독자와 별 것도 아닌 걸로 징징댄다, 출산율 저하를 부추긴다는 반대 독자들의 싸움으로 늘 시끄러웠다. 이런 소수의 움직임 외 〈뷰티풀 군바리〉 등의 여성혐오적 표현 문제들도 많지만 분량 문제로 생략한다.

개인이나 소그룹의 정치적 메시지를 전파하는 용도로 주로 사용되었던 인터넷방송 팟캐스트는 여성 매체로의 가능성도 보여주었다. 공중파와 케이블방송에서 여성 예능의 가능성이 보이지 않자 경력 20년 이상의 예능인 송은이와 김숙이 손잡고 팟캐스트 〈비밀보장〉을 만들었다. 이 프로그램이 팟캐스트 순위 1위를 하면서 인기를 모으자 여기에서 파생된 프로그램이 다양한 매체를 통해 연이어 등장했다. 송은이와 김숙이 진행하는 SBS 〈언니네 라디오〉, 〈비밀보장〉의 코너가 발전한 KBS 〈영수증〉, 〈비밀보장〉의 에피소드가 이영자의 캐릭터를 만든 MBC 〈전지적 참견시점〉, 이영자와 최화정의 미식(혹은 대식) 캐릭터를 가져와 〈비밀보장〉의 상담 형식을 접목한 올리브채널 〈밥블레스유〉, 송은이가 주도한 웹예능 〈판벌려(판을 벌이는 여자들)〉 등이 그것이다. 〈판벌려〉를 통해 탄생한 프로젝트그룹 '셀럽파이브(송은이, 김신영, 김영희, 신봉선, 안영미)'는 MBC 〈무한도전〉이나 MBC 〈쇼! 음악중심〉, MBC every1 〈주간아이돌〉 등의 게스트로 등장하는 등 활약을 펼쳤다. 실력 있는 여성 예능인들이 기존 매체에서 자꾸 밀려나자 팟캐스트를 통해 재기해 공중파와 케이블로 다시 돌아간 것은 기존 매체 여성 활용의 한계와 뉴미디어, 여성예능인의 가능성을 동시에 보여준 것으로 볼 수 있다.

인터넷의 젠더문제에서 일베(일간베스트), 소라넷, 메갈리아, 워마드를 뺄 수는 없지만 1장에서 다루었으므로 여기서는 생략하였다.

여성의 목소리 내기와 백래시

갈수록 복잡해지는 사회 환경 속에서 사람들은 점점 가족, 친구, 이웃과 같은 타인과의 관계가 아니라 대중매체와 인터넷, SNS를 통해 세상과 사람을 인식하고 배우고 있다. 따라서 미디어 콘텐츠 속에 비춰지는 세상과 사람에 대한 묘사들은 개개인의 인식에 장기적으로 상당한 영향을 미치고 있다. 이 장에서는 다양한 매체 콘텐츠와 생산/소비 과정에서 젠더의 문제는 어떻게 발현되는지 살펴보고자 했다. 지면의 제한으로 여러 사례들을 열거하는 수준에서 그쳤고 심층적인 분석은 생략하였다. 이는 현상을 아는 것이 최우선 단계라는 판단에 따른 것이다. 커뮤니케이션과 관계 관리 이론에서 갈등과 분쟁을 해결할 첫 단계는 팩트체크(fact check)다. 팩트를 확인하는 것만으로 의미 없는 논쟁을 줄일 수 있기 때문이다.

2018년 조사결과 국민 80.7%가 여성혐오, 남성혐오를 심각하다고 인식한다고 한다. 94.3%가 '김치녀', '한남충' 등의 표현을 들어보았고, 혐오표현을 가장 많이 보거나 들은 경로는 인터넷 카페/커뮤니티가 33.6%, 뉴스(신문, TV뉴스, 인터넷 뉴스사이트, 포털 뉴스서비스 등) 29.9%, SNS 25.6%, TV 예능/오락 프로그램 6.5%, 카카오톡 등의 메신저 서비스 4.5%였다(이데일리, 2018.07.31). 한국인은 각종 미디어를 통해 혐오를 접하고 학습하며 현재는 '젠더 전쟁'(슬로우뉴스, 2017.02.22)이라는 용어가 등장할 정도로 젠더 갈등이 격화되었다. 사실 전통적으로 가부장 유교사회였던 한국에서 군가산점 위헌 판결을 둘러싸고 온라인에서까지 여성혐오가 급증하였으나 이는 거의 일방적인 공격으로 오프라인에서는 마치 아무 일도 없는 듯 조용했다. 그러나 2015년 이후 '메갈리아'가 등장하고 강남역 사건, 『82년생 김지영』 출간, 2018년 '미투 운동'이 불붙으면서 공격은 쌍방향이 되었고 그제야 중대 사회문제로 떠올랐다.

젠더갈등은 일방적 혐오와 공격에서 쌍방향으로 격화되었고 그제야 사회적으로 중요한 이슈가 되었다. 이는 한편으로는 문제가 커진 것이지만 한편으로는 문제의 드러냄이다. 또한 90년대 초반 반짝 떠올랐다 IMF 이후 사멸되다시피 한 여성의 목소리가 다시 들리기 시작했다는 의미도 가진다. 특히 2016~2017년 많은 여성 콘텐츠가 탄생했다. 많은 여성 도서가 출간되었고, 대안 채널(케이블 TV의 온스타일, 올리브 등)과 대안 매체(팟캐스트)를 이용한 콘텐츠들이 등장했다. 여성혐오 광고에 대한 반대 운동 등 여성 수용자들의 움직임도 이어졌다. 대안 매체를 통해서라도 여성 콘텐츠가 등장할 수 있게 된 것은 긍정적인 움직임이지만, 주류 미디어에서 배재되고 대안매체를 통해 돌파구를 찾는 모습은 초라하고 씁쓸한 모습이기도 하다.

최근 진행된 여혐 광고나 콘텐츠에 대한 비판과 반대운동들도 전 사회적인 공감이나 제도적 개선으로 이어졌다고 보기 어렵다. 게다가 2018년 현재는 오히려 '미투' 열풍은 해결책 없이 사그라들고, 이 외의 굵직한 변화들은 보이지 않는다. 그럼에도 미디어는 사회를 반영하는 거울이며 인간의 사고를 재생산하는 틀(프레임)이다. 정반합(正反合, Thesis, antithesis, synthesis)의 변증법(辨證法, dialectic)적 도돌이표, 변혁보다 거대한 반동의 백래시(backlash)가 몰려오더라도 우리는 (모든 종류의) 혐오가 없는 미디어, 혐오 없는 사회를 지향해야 할 것이다.

◆◆◆ 읽을거리 볼거리

- **영화**: 서프러제트(2015, 영국, 여성참정권운동), 해피 이벤트(2011, 프랑스, 임신과 출산), 한공주(2013, 한국, 밀양집단성폭력), 소원(2013, 한국, 조두순 아동 성폭력 사건), 노는 계집 창(1997, 한국, 성매매), 캐롤(2015, 영국/미국, 동성애), 나의 장밋빛 인생(1997, 벨기에, 성정체성), 무소의 뿔처럼 혼자서 가라(1995, 한국, 여성), 대니쉬 걸(2016, 미국, 성정체성) 더 월 1(1996, 미국, 임신중단), 더 월 2(2000, 미국, 동성애), 아이 포 아이(1996, 미국, 성폭력), 거룩한 분노(2018, 스위스, 여성참정권)
- **드라마**: 미스 함무라비(2018), 디어 마이 프렌즈(2016), 미스터 션샤인(2018), 대장금(2003~2004), 좀 예민해도 괜찮아(2018, 웹드라마), 마더(2018), Law & Order: SVU(성범죄전담반)(미국 드라마, 1999년~현재 방영 중)
- **웹툰**: 아기 낳는 만화(웹툰), 며느라기(웹툰)
- **기타**: 이지혜 게임(보드게임)

◆◇◆ 생각해 볼 문제

1. 미디어 속 성차별은 존재하는가?

2. 미디어 속 성차별은 사람들의 인식과 사회에 영향을 미치는가?

3. 미디어 속 성차별을 없애기 위한 실천적 방법은 무엇이 있을까?

◆◆◆ 참고문헌

김수정 (2018. 7. 6.). 페미니즘과 광고의 결합, '펨버타이징'을 아시나요? 노컷뉴스. http://www.nocutnews.co.kr/news/4996544에서 검색.

김아연 (2018. 7. 8). '여걸'에서 '밥블레스유'까지…진화한 여성 예능史. YTN. https://www.ytn.co.kr/_sn/0117_201807080900151102에서 검색.

김현아 (2018. 7. 31.). 국민 80.7% 여성혐오, 남성혐오 '심각하다'. 이데일리. http://www.edaily.co.kr/news/read?newsId=02427206619280096&mediaCodeNo=257&OutLnkChk=Y에서 검색.

나무위키 (2018.10.10.). 료나. https://namu.wiki/w/%EB%A3%8C%EB%82%98에서 검색.

노진호 (2018. 3. 19.). 블랙넛, 고의가 아니라고?…힙합은 어쩌다 여혐 음악이 됐나. 중앙일보. https://news.joins.com/article/22455320에서 검색.

박진아 (2018. 7. 8). 로리타 콤플렉스가 생겨나게 된 유래. 시선뉴스. http://www.sisunnews.co.kr/news/articleView.html?idxno=85749#closed에서 검색.

박현우 (2015. 12. 7.). '여성의 성적 대상화'란 무엇인가? https://brunch.co.kr/@funder2000/94에서 검색.

아시아경제 (2018. 5. 22.). "오빠~대물이어야 뒤로도 작업을 잘해" … 끊임없는 '여혐'광고. http://www.asiae.co.kr/news/view.htm?idxno=2018052215154484746에서 검색.

풍호 (2017. 2. 22). 젠더 전쟁: 1. 전쟁으로 가는 길. 슬로우뉴스. https://1boon.kakao.com/slownews/61907에서 검색.

하재근 (2016. 10. 12.). 데이트폭력 부추기는 드라마 속 로맨스. http://ooljiana.tistory.com/1612에서 검색.

Daum백과. 나도 고발한다(#MeToo). http://100.daum.net/encyclopedia/view/47XXXXXd1521에서 검색.

IZE (2017. 12. 29.). 2017년의 한국 힙합, 여성 혐오의 맨 앞에 서다. http://www.ize.co.kr/articleView.html?no=2017122821307271386

megatonjang (2014. 1. 13). 모에토의 배빵에 대한 개소리. http://darkelfy.egloos.com/2129539에서 검색.

05

CHAPTER

Women's study

성을 말하다: 섹슈얼리티 말하기와 질문하기

오미영, 임은주

오미영은 이화여자대학교 여성학과 박사수료이며, 여성노동문제와 여성주의 평화운동에 관심을 가지고 있다. 함께 쓴 책으로 『여성 지역 문화』, 『함께하는 여성 지역 문화』가 있고, 함께 옮긴 책으로 『여성과 국제정치』, 『Parit! 성적 차이, 민주주의에 도전하다』, 『군사주의는 어떻게 패션이 되었을까』이 있으며, 그 외 여성과 군사주의, 심의 민주주의에 관한 여성주의 고찰, 여성주의 공동체 연구 논문들이 있다.
임은주는 작가이자 문화기획자. 꾸준히 여성 섹슈얼리티를 연구하며 결과를 책에 담는다. 민초 페미니즘 운동에도 관심이 많아 문화기획을 한다. 저서로 『비엔나 호텔의 야간 배달부』가 있다.

Introduction

미투, 변화의 시작에서

2018년 1월, 서지현 검사가 JTBC 뉴스룸에 나와 검찰 내부에서 겪은 자신의 성폭력 경험에 대해 폭로하였다. 이는 즉각 화제를 불러 일으켰다. 연일 이 사건이 보도되고 사람들의 관심이 집중되었다. 그런데 사실 이것이 하나의 헤프닝으로 끝나지 않고 그 뒤 계속 회자될 정도로 중요한 사건이 된 것은 바로 그 뒤를 이은 '미투(MeToo)'들이 있었기 때문이다. 서지현 검사의 검찰 조직 내 성폭력 폭로 이후, 문화예술계, 정치계, 연예계, 교육계 등 사회 각 분야에서 지속되어 왔던 집단 내 성폭력에 대한 폭로가 이어졌던 것이다. 그리하여 각종 대책들이 논의되고 보도되었으며, 미투는 이제 삶의 다양한 자리에서 오르내리는 일상 언어가 되었다.

사실 사회의 각 집단 내에서 여성에게 가해진 성적 폭력의 문제는 새삼스러울 것이 없을 정도로 만연해 있었다. 그런데 왜 지금 이 문제가 주목을 받게 된 것일까? 그 이유는 바로 여성들의 폭로, 그 자체에 있다. 자신의 경험을 말한다는 것 자체가 정치적이기 때문이다. 특히 섹슈얼리티 문제는 더욱 그러한데, 지금껏 여성들의 섹슈얼리티와 관련된 문제는 공개된 장에서 이야기될 수 없는 것이었기에 미투라고 말하기는 그 자체로 파장을 일으키기 충분했다. 미투는 그간 여성들에게 침묵을 강요해 왔던 성적인 폭력과 억압들을 이제 '여성 스스로 침묵하지 않겠다'고, '말함으로써 보이게 하겠다'고 하는 것, 그러니 '성폭력이라는 범죄를 저지른 가해자들은 죄 값을 치르라'는 당연하고도 강력한 메시지인 것이다. 이런 미투는 성적인 폭력과 억압에 대해 그동안 말할 수 없도록 만든 사회구조를 흔드는 출발점이라는 의미를 지닌다.

그럼에도 불구하고 여러 미투 이후 우리는 가해자들이 각종 미디어를 활용하여 이미지 만들기를 하는 것, 문제의 본질을 흐리는 말로 피해자에게 흠집을 내는 것, 가해자 처벌과는 다르게 진실공방으로 대중들을 몰아가는 것도 보았다. '왜 이제 와서 그러느냐', '질투라는 사사로운 감정으로 분란을 일으키는 것 아니냐',

'나도 이러면 미투당하나?' 등 미투를 비웃거나 폄하하려는 이야기들이 뒤를 이었다. 이런 반응들을 살펴보면 우리 사회는 여전히 성에 관한 관점과 성문화에 대한 성찰이 많이 부족해 보인다. 따라서 이 장에서는 성에 관한 개념들과 우리 사회가 가지고 있는 성문화의 특징을 살펴볼 것이다. 그것을 통해 미투를 포함하여 우리 사회의 각종 성적인 문제들에 우리가 어떤 관점을 가지고 진지한 자세로 접근해야 할 것인지에 대한 고민이 함께 일어나기를 바란다.

성을 말하다: 섹슈얼리티 말하기와 질문하기

우리는 흔히 인간은 여성과 남성으로 구분되어져 태어난다고 생각한다. 성기의 모양이 다르게 태어나고 그러하기에 다른 성적인 특성들을 부여받는다고 여긴다. 즉, 성은 인간 본성에 내재되어 있는 '자연적'인 것으로 남성은 강한 '성적 충동', '성적 본능'을 갖고 있는 반면에 여성은 '모성 본능'을 갖고 있다고 말한다. 이렇듯 인간의 성은 생물학이라는 고정불변하는 본질에 의해 결정된다고 보는 입장이 바로 성에 관한 본질론적 입장이라 하겠다.

이러한 입장을 가지고 있는 이들은 성을 섹스(Sex)의 의미로 이해하는 경향이 있다. 먼저 섹스는 생물학적 성차를 의미한다. 우리가 흔히 생각하듯이 여성과 남성으로 태어난다고 생각할 때의 그 생물학적 구분을 말하는 것이다. 그리하여 이 개념에서 여성과 남성으로서의 차이는 생물학적으로 가지고 태어나기 때문에 바꿀 수 없다고 본다. 그 예로, 우리는 생물학적으로 여성과 남성이라는 다른 성으로 태어나고 그리하여 한국 사회에서 당연히 이에 따라 주민등록번호 1번과 2번이 부여된다고 여긴다. 그리고 또 다른 의미에서 섹스는 '남녀' 간의 '성관계'를 말한다. 이 개념에서는

'생물학'적으로 태어난 남성과 여성 간의 성기결합과 같은 '신체적'인 관계에만 한정되어 성관계를 이해한다. 그리하여 이러한 관점에서는 이성애중심주의적 성관계가 정상성을 획득하게 된다. 결국 이런 본질론적 입장을 가지고 보면, 모든 성적 특성들은 생물학에 기반하므로 남성들의 공격적인 성적 행동이나 문란함이 옹호되기도 하고 동성애가 혐오의 대상이 되기도 하는 것이다.

그런데 본질론적 관점에서 우리가 흔히 여성과 남성은 태어난다고 생각하지만 사실 그러한가? 여성학은 이에 대한 의문을 제기하며 성차란 무엇이며 그것은 어떻게 구성되는가에 집중해 왔다. 우리가 여성과 남성으로 태어났기 때문에, 주민등록번호 1번과 2번을 부여받는 것처럼 생각하지만 사실은 여성과 남성으로 호명되어 1, 2번 집단에 속함으로써 사회의 구성원으로서 그 정상성을 획득해 나간다고 보아야 할 것이다. 각 집단에 귀속되기 위해 여성성이라는 옷과 남성성이라는 옷을 입음으로써 말이다. 젠더(Gender)의 개념에서 성은 생물학적 차이에 의해 결정되는 것이 아니라, 사회문화적으로 구성되는 것이다. 그리고 젠더는 그러한 여성성과 남성성의 구성 과정에 주목해야한다고 본다. 젠더에 이르러 성의 구성적 측면이 중요해지지만, 사실 성을 더 폭넓게 이해하기에는 젠더만으로는 부족하며 섹슈얼리티라는 개념적 도구가 함께 이야기 되어야 한다.

섹슈얼리티(Sexuality)는 성성(性性)으로 번역되기도 하는데, 이는 '성적인 것'을 의미한다. 조금 더 길게 말하자면 시대, 문화, 지역에 따라 성적인 것이 구성되는 과정을 말한다. 성적 정체성, 성적 욕망, 성적 관행, 성적 감정, 성적 관계 등이 섹슈얼리티라는 개념으로 이야기될 수 있다. 그리고 이 개념을 가지고 우리는 무엇이 성적으로 매력적인 것인가? 왜 동성애는 차별받아야 하는가? 여성의 순결은 당연한 것인가? 일부일처제는 합리적인가? 등과 같은 다양한 질문들을 해 볼 수 있다.

섹슈얼리티는 성별뿐 아니라 계급, 인종, 연령, 성적 선호, 규범, 제도 등에 따라 다양하게 구성된다는 점에서 성을 다양하고 또 끊임없이 변화하는 것으로 본다. 이러한 관점을 사회구성론적 입장이라 할 수 있다. 이 입장에서는 성적 정체성, 욕망,

관계, 감정, 관행 등이 고정불변한 어떤 본질에 의해 결정되는 것이 아니라 사회적 관계와 문화적 맥락 등에 따라 '구성'된다는 점을 강조한다. 예를 들어, 마른 몸은 언제나 성적으로 더 매력적인가? 그렇지 않다. 우리가 잘 알다시피 빌렌도르프의 비너스나 고대 여성 조각상들을 보면 풍만한 몸이 매력적으로 그려진다. 그럼 오늘날 어쩌다가 여성의 (좀 더 정확히 하자면 가슴과 엉덩이를 제외한) 마른 몸이 성적인 상징이 되었을까? 또 다른 예로, 고대 그리스에서 남성 간의 동성애는 1등 시민의 정당한 감정으로 여겨졌다고 한다. 그런데 오늘날 동성애는 왜 문제로 여겨지는가? 결국 성적인 것이란 역사, 사회, 문화, 경제적 변화와 함께 설명되어야 할 문제인 것이다. 그러므로 오늘날의 섹슈얼리티 문제를 논할 때, '원래'라는 수식어는 삭제되어야 마땅하며 지금의 섹슈얼리티가 왜 그렇게 구성되었는지를 추적하고 변화를 논의할 수 있어야 한다.

많은 성폭력 사건들에서 등장하는 논리들 중, 대표적으로 남성의 성적 충동은 강해서 억제하기가 힘들다고 하는 주장에 대해 생각해 보자. 성을 섹스로 한정 지어 개념화하는 본질론의 관점에서는 우리는 생물학적으로 그렇게 태어났으므로 '원래', '자연적으로', '당연히' 그런 것이라 주장할 것이다. 그러나 섹슈얼리티의 관점에서는 보면 문제는 달라진다. 이 성적 충동이라는 것은 무엇이며 어떤 과정을 통해 형성되고 학습되고 부추겨진 것인지, 이때 성적 충동을 불러일으키는 성적인 것은 과연 무엇이며 어떻게 구성된 것인지, 억제하기가 힘들다는 논리에는 누구의 이해를 대변하거나 공고히 하기 위한 의도가 숨어 있는 것인지 등을 질문하게 되는 것이다. 생각해 보면, 성과 관련된 문제들은 본질론에서 중요시하는 해부학적 지식만으로는 설명되기 어렵다. 오히려 이처럼 성을 둘러싼 문화와 역사를 살펴보아야 한다. 그러나 여전히 우리 사회는 성에 관한 본질론적 입장에서 크게 벗어나지 못하고 있는 것처럼 보인다. 본질론적 입장은 사회의 위계질서를 유지하기 위해 쉽게 이용되어 차별의 근거로 활용된다. 그러하기에 이 본질론적 입장의 실체가 무엇인지 껍질을 벗기는 작업이 필요하다. 이를 위해 사회구성론적 입장에서 암묵적으로 수용해 왔던 성에 관한 다양한 언설들을 되짚어보며 그것에 질문을 하고 그것을 낯설게 만들고 새로운 변화를 위한 상상을 해 나가야 한다.

우리 사회의 성문화 읽기

앞서 언급한 미투의 사례에서, 여성들은 말을 했을 뿐인데 그것이 왜 그 자체로 큰 파장을 가져온 것일까? 그것은 우리 사회의 섹슈얼리티 문화가 가지고 있는 특성에서 비롯된다. 장필화(1999)는 거의 20년 전 우리 사회의 섹슈얼리티 문화가 공식체계와 비공식체계로 나뉘어 있으며, 성에 대한 이중규범이 작동하고 있음을 지적하였다. 즉 공식체계는 합법적이고 윤리적인 성관계가 맺어지는 곳으로 법이 인정한 결혼한 부부간의 관계가 바로 이에 해당한다. 이러한 공식체계에서의 성관계는 배타적인 일부일처제를 기반으로 하며, 이 체계에서의 성규범은 억압적이다. 바로 성은 공식적으로 이야기될 주제가 되지 못하고 감추어져야 하는 것이기 때문에 성에 대한 지식은 비공식 체계에서 은밀히 유통되거나 특히 여성들에게는 성에 대해 무지할 것을 강요한다. 한편 비공식체계에는 부부관계라는 공식체계 밖에서 이루어지는 성적 관계들이 존재한다. 혼전 혼외 관계, 지속적이지 않은 짧은 성적 만남들, 성폭력, 성매매 등이 이에 속한다.

이처럼 우리 사회의 성이 공식/비공식체계로 이분화되어 있는 현상은 성규범을 이분화시키고 특히 여성들을 분리시켜 통제하는 효과를 낳았다. 즉 공식체계에서 부부간의 관계만을 맺는 여성은 성욕이 없는 좋은 여성으로 가정되는 반면, 비공식체계에서 혼전 혹은 혼외, 성매매, 동성애 관계를 맺는 여성은 (때때로 심지어 성폭력 피해 여성마저도) 성욕이 강한 나쁜 여자가 된다. 여성들은 이런 분리 속에서 남성에게 성적인 매력은 있으나 성적으로 강하거나 문란한 혹은 타락한 여성은 아니면서 성에 대해 많이 알지 못하는 순결한 여성이라는 이미지를 주기 위해 애를 써야 하는 상황이다. 그러나 이러한 이분화는 남성들에게 동일하게 적용되지 않는다. 양 체계에서 모두 남성들의 성적 욕망과 성적 실천만이 긍정되는 현상은 결국 우리 사회에서 남성중심적인 성문화의 기반이 된다.

이러한 우리 사회의 성문화의 특징은 곳곳에서 성과 관련된 사회적 문제들을 낳고 있다. 대표적인 예로 성폭력의 문제를 들 수 있겠다. 남성 중심적인 성문화가 형성된 사회에서 "남성적인 매력(권력적이고, 힘있고, 주도적인 태도)을 에로틱한 것으로 정당화하며, 여성의 성적 매력을 그 반대항으로(무권력적이며, 의존적이고, 수동적인 태도) 정의함으로써, 여성으로 하여금 남성의 성적 리드에 몸을 맡기고/기다리고/유혹하고, 남성 성기 중심의 성에 적응하는 것을 정상적인 성적 발달로 여기고, 성적 만족을 연기(play)함으로써 남성의 성적 능력, 나아가 남성다움을 확인시켜 주도록 하는(장필화, 1999)" 일상의 성 문화는 성폭력이 일어나는 맥락과 연결된다. 다시 말해 성폭력은 일상의 성과 분리된 것이 아니므로 일상에서의 젠더체계와 성문화에서부터 다른 시각으로 보고 문제를 찾아내고 이야기하고 바꾸어 나가려는 노력이 필요하다.

이런 노력의 일환으로 미투는 중요하게 다루어져야 한다. 미투는 그야말로 여성들이 스스로 성의 이분화된 체계 속에서의 여성들 간의 이분화를 받아들이지 않겠다고 나서는 선언과도 같은 것이기 때문이다. 다시 말해 비공식 체계에서의 폭력적인 성적 경험을 공개적으로 말함으로써 나는 이런 이분화된 성규범이 구분 짓는 나쁜 타락한 문란한 여성이 아니라 '범죄의 피해자'임을 명백히 할 것을 주장하는 것이기 때문이다. 뒤에서 이어지는 장들에서는 이처럼 우리 사회의 성문화에서 나타나는 여러 문제적 장면들을 짚어 보고 여전히 변하지 않은 지점들과 그럼에도 조금씩 균열이 일어나고 있는 지점들을 함께 살펴볼 것이다.

성문화의 현장에서: 성폭력을 다시 생각하다

스웨덴의 한 정당은 '남자아이를 위한 8가지 강간 예방법'이라는 리스트를 만들어 배포하였다.

> 남자 아이를 위한 8가지 강간 예방법
>
> 1. 혼자 돌아다니지 마세요. 꼭 친구와 함께 다니세요.
> 2. 욕구가 지나치게 강해졌을 때 경찰이나 친구, 혹은 부모님께 전화할 수 있도록 손에 휴대 전화를 꼭 쥐고 다니세요.
> 3. 술을 마시지 마세요. 만약 마시더라도 너무 많이 마시지는 마세요. 그리고 늘 취하지 않은 친구와 함께 있어야 해요. 술 한 잔을 마실 때마다 물 한 잔을 마시는 것도 제정신을 유지하는 데 도움이 돼요.
> 4. 상대방이 원치 않는 스킨십은 성추행이라는 것을 기억하세요. 악수를 할 때도 조심해야 해요.
> 5. 절대로 여성과 단 둘이 있지 마세요. 그리고 혼자 있는 여성을 공격하려고 들어서도 안 돼요. 여성이 자고 있는 동안 강제로 성행위를 하는 것도 강간이에요.
> 6. 여자 친구를 사귀기 시작했다면, 합의 하에 성관계를 가져야 해요. 여자 친구가 싫다고 하면 진짜 싫은 거예요.
> 7. 누군가를 강간하고 싶은 욕구가 강하게 들 때에는 도움을 청하세요.
> 8. 강간할 수 있는 환경을 피하세요. 이를테면 화장실, 캠핑, 술집, 축제 같은 곳에는 아예 가지 않는 것도 방법이에요.
>
> 출처: Buregren, S.(2018). 어린이를 위한 페미니즘. p. 68.

뷔레그렌(Buregren)에 따르면, 스웨덴의 많은 사람들은 화를 냈다고 한다. 남자아이들이라고 모두 성폭행을 저지르는 게 아닌데 모든 남자아이들에게 조심하라고 하는 건 부당하다는 것이었다. 하지만 저자는 모든 여자아이들은 항상 성폭력을 당하지 않게 조심하라는 조언을 듣는다는 점을 지적한다. 마치 성폭행을 예방할 수 있는 행동이나 몸가짐이 있는 것처럼 말이다. 뷔레그렌의 주장처럼, 이 남자아이들을 대상으로 한 '남자아이를 위한 8가지 강간 예방법' 목록은 여자아이들의 삶이 얼마나 제한을 받고 있는지 잘 보여주는 것이라 할 수 있겠다. 이는 스웨덴에서만 적용되는 이야기는 아닐 것이다.

2016년 〈여성가족부 성폭력 실태조사〉 결과에 따르면, 여성의 72.7%가 평생 동안 한 번 이상의 '성폭력'을 경험하는 것으로 나왔다. 이때 성폭력은 '강간, 강간미수, 성추행을 포함한 신체적 성폭력', '음란 메시지', '몰래카메라', '스토킹', '성기노출', '성희롱'을 모두 포함한다. 이 중 신체적 성폭력 경험만 따져보더라도 여성의 21.3%가 평생 한 번 이상 성폭력을 경험하는 것으로 조사되었다. 이러한 현실에서 여성들이 일상에서 느낄 성폭력에 대한 두려움은 사소하지 않으며, 이로 인해 길에서, 학교에서, 직장에서, 심지어 집에서도 여성들의 삶은 다양한 측면에서 제한을 받고 있음에 주목해야 한다.

그런데 최근 울산의 한 고등학교에서 성교육 강사가 117 학교폭력신고센터를 통해 경찰에 신고 당하는 일이 발생하였다. 기사 내용에 따르면, 이 성교육 강사는 울산의 한 고등학교 학생들을 대상으로 시행된 성교육 시간에 "예쁜 여자를 보면 어리건 할아버지건 동하게 돼 있는 게 남자의 뇌 구조"라며 "이런 문제를 방지하려면 여자들이 옷을 조신하게 입어야 한다"는 등의 발언을 서슴지 않았다고 한다(연합뉴스 2018. 11. 22). 이 말처럼 여성의 야한 옷차림이 성폭력을 유발한다면, 여름에 성폭력 발생빈도가 가장 높아야 하고 20~30대 여성들에 집중되어야 할 것이다. 그러나 성폭력은 계절에 관계없이 발생하고, 전체 성폭력 가운데 아동 성폭력 비율이 30%에 달하며, 평소 아는 사람에게 당한 성폭력이 전체 약 77% 정도로 변동이 거의 없고, 그 가운데 11%는 친족에 의해 이루어지며, 성폭력의 99%는 사전에 계획된 것으로 조사되고 있다. 이런 점을 감안한다면, 오히려 잘못된 시각을 교정해야 할 의무가 있는 성교육 강사의 입에서 이런 발언이 나왔다는 것은 심각한 문제가 아닐 수 없다.

하지만 이것이 한 강사의 독특한 시각이 아니라 성폭력을 대하는 우리 사회의 지배적인 시각이라는 점에 주목해야 한다. 성폭력에 대한 인식은 개선되고 있다고는 하지만 이처럼 여성에 대한 폭력을 여전히 여성의 품행 탓이나 남성 개인의 병리 현상으로 치부하는 태도가 만연하다. 우리 사회의 성은 대부분 남성의 경험을 중심으로 해석되기 때문에 여성이 겪은 폭력적인 성적 경험은 비가시화되거나 (예를 들어 여성도 즐겼다는 식으로) 왜곡되기 싶다. 그리고 여성에게 순결을 강조하는 문화는 성폭력을 폭력의 문제로 보지 못하게 하고 여성의 순결상실과 그에 따른 죄의식으로 연결 짓게 만들기 때문에 여성들의 피해는 더욱 드러나기 어려운 것이 현실이다. 그 대표적인 사건이 바로 2004년 밀양에서 있었던 성폭행 사건이었다. 밀양에서 여중생 자매와 친구를 고등학교 폭력조직 41명이 1년간 집단 성폭행한 사실이 1년 뒤에 밝혀져 충격을 주었다. 왜 이 여성들은 1년이라는 시간이 흐른 뒤에야 입을 열 수 있었을까? 그것은 바로 우리 사회가 성폭력을 대하는 태도 때문이라 할 수 있는데, 조사 과정에서 피해자들은 오히려 "너희들이 밀양 물 다 흐려놨다"며 비난을 받았다. 성폭력의 피해자가 오히려 비난받고 명예를 더럽힌 가해자로 지목되는 이 불합리한 현실이 성폭력 피해를 말 못하고 침묵 속에서 2차, 3차 피해를 입게 되는 상황으로 이어지는 것이다.

그런데 이 성교육 강사 사건에서 다시 주목되어야 할 지점이 있다. 바로 이 강사가 성희롱 발언으로 '신고당했다'는 점이다. 이는 성폭력에 대한 인식에 의미 있는 변화가 일어나고 있음을 반영하는 것이라 하겠다. 이러한 인식변화는 그냥 저절로 일어나지 않는다. 되짚어보자면, 이는 최근의 성폭력에 대한 폭로들과 연관되어 있으며, 그리고 이러한 폭로들은 또한 성폭력과의 힘겨운 싸움을 벌여왔던 여성들의 역사와 모두 연결되어 있다는 점이 다시 평가되어야 한다.

1983년 '여성의 전화'를 비롯하여 80년대에 결성된 여성운동세력들은 여성에게 가해지는 다양한 폭력적 상황에 대응하기 시작하였다. 시위 학생들을 연행하는 과정에서 벌어진 성추행, 부천에서 발생한 성고문 사건, 강간미수에 저항하기 위해 상대 남성의 혀를 깨문 여성이 정당방위를 인정받지 못한 사건, 경찰들에 의해 강간당했으나 다방 여종업원이라는 이유로 오히려 무고죄로 역고소 당한 사건, 어린 시절

성폭력을 당한 뒤 후유증으로 고통스러워하다 이십여 년이 지나 가해자를 찾아가 살해한 사건, 의붓아버지에 의해 지속적으로 성폭력을 당한 피해 여성이 남자친구와 가해자를 살해한 사건 등 각종 충격적인 사건들을 대하며 반성폭력 운동을 벌였던 여성들은 성폭력에 대한 사회적 편견과의 힘겨운 싸움을 벌였고 그 결과 공권력에 의한 성폭력, 피해자의 자기방어권, 아동 성폭력과 근친강간의 심각성을 공론화시켜냈다.

그러다 본격적으로 성폭력의 개념을 확장시키고 가해자 처벌 및 피해자 구제에 관해 논의되기 시작한 것은 90년대 들어서이다. 1993년, 서울대 교수에게 성희롱을 당한 조교가 그 교수를 고소하는 사건이 발생하였다. 이를 계기로 그간 여성운동세력들이 여성에 대한 폭력에 이름붙이기를 모색해왔던 노력들이 힘을 얻어, '성희롱'이라는 개념이 성폭력의 범주를 확대시키며 대중화되기 시작하였다. 그리고 그 뒤, 1994년 성폭력특별법이 제정되고 1995년에 형법이 일부 개정되는 성과로 이어지며 비로소 강간은 가부장적 가족 내 남성보호자의 권리를 침해하는 범죄가 아니라 여성 개인의 성적인 권리에 대한 침해 범죄로 이해되는 단계에 이르게 되었다.

그렇지만 법이 만들어졌다고 문제가 해결된 것은 아니다. 법이 새로워졌음에도 여전히 통념에 근거한 판결이 내려졌고, 피해자를 보는 사회적 편견 또한 쉽게 변화하지 않았다. 2000년 이후, 이러한 상황에 대한 인식과 함께 집단적으로 성폭력을 공론화하는 움직임이 등장하였다. 그 대표적인 사례가 미투 운동인데, 사실 미투가 있기 몇 년 전부터 한국 사회에서는 해시태그를 단 고발 운동이 활발히 일어나기 시작하였다. 2015년 IS를 지원한 '김군' 사건 이후 페미니즘이 IS보다 나쁘다고 한 남성 칼럼니스트의 글에 분노한 여성들이 해시태그(#)를 달아 페미니스트라 선언하는 일이 있었다. 그 뒤 2016년 강남역 인근 화장실에서 여성이 살해되는 사건이 일어났고 이를 계기로 강남역 10번 출구에는 수많은 추모 포스트잇이 달리고 거리 발언들이 이어졌다. 이 때 수많은 여성들은 자신들의 피해 경험을 공개된 장소에서 발화하기 시작하였는데, 이들은 '여성으로서 자신이 겪었던 고통 → 강남역 사건이 특수한 것이 아니라 자신의 현재 및 과거와 연결되는 지점 → 지금까지 피했기 때문에 이 사건이 있었다는 자각과 죄책감 → 더 말할 것이며 변화를 위해 싸우겠다'는 말들을 쏟아내었다(한국여성민우회, 2016: 10). 이러한 집단적 발화는 그 뒤 "#○○ 내 성폭력"이라는 형태로 우리 사회 각계에서의 각성을 촉구하는 집단적인 성폭력 고발운동으로 이어졌다. 그리고 그 뒤 2018년 1월 서지현 검사의 폭로와 미투가 등장하였다.

이러한 여성들의 반(성)폭력 운동들이 있었기에 앞서 언급한 사례에서처럼 성교육 강사의 문제성 발언이 무비판적으로 수용되지 않고 곧바로 고발당하는 일이 가능해진 것이라 하겠다. 이는 남성 중심적인 성문화가 지배적인 사회에서 일어난 의미 있는 변화가 아닐 수 없다. 이러한 변화가 의미 있는 결과를 만들어나가기 위해서 우리는 여성들의 더 많은 발화들과 마주해야 할 것이다. 여성들이 자신들의 경험과 시각을 집단적으로 이야기하기 시작한다면, 기존의 사회 질서가 다르게 보이기 시작할 것이기 때문이다.

성문화의 현장에서: 성매매를 다시 생각하다

성매매는 대표적인 성별화된 사회현상이라 할 수 있다. 앞서 살펴보았듯이 우리 사회의 성문화는 성을 판매하는 여성과 그렇지 않은 여성으로 구분 짓고 위계화시키며 전자에 낙인을 찍는 이분화된 체계를 가지고 있지만, 성을 사는 남성과 사지 않는 남성 간의 구분에는 그리 비중을 두지 않는다. 뿐만 아니라 성매매는 성을 파는 사람과 사는 사람 모두에 의해 일어나지만 지금까지 유독 파는 사람에게만 비난의 화살을 돌려왔다. 윤락(淪落), 매춘(賣春)이라는 용어들이 모두 파는 쪽만을 문제삼아왔기에 여성운동세력들은 성매매라는 용어 사용을 제안하였다. 이 용어는 성을 사고파는 양측을 동시에 모두 드러내고, 이것이 개인 간의 사적인 거래가 아니라 사회적,

문화적, 경제적 구조 등이 복합적으로 얽혀있는 사회문제라는 점을 부각시킨다.

2004년 9월 23일, 성매매를 방지하고 성매매 피해자 및 성을 파는 행위를 한 자의 보호와 자립을 지원하기 위한 성매매특별법이 시행되었다. 이 법이 시행되자마자 성매매를 둘러싼 각 입장들이 목소리를 내기 시작하였다. 그 목소리들은 '성매매는 필요악이다'에서부터 '성매매 여성들은 피해자다'라는 주장과 '성 노동권은 보장되어야 한다'는 주장에 이르기까지 매우 다양하였다. 먼저, 오랫동안 성매매는 필요악이라는 시각이 지배적이었다. 과연 누구의 입장에서 '필요악'인 것일까? 이 질문에 대한 답은 '왜 성 판매자의 90% 이상은 여성이며 매수자의 90% 이상은 남성인가?'라는 질문과 연결되어 있다. 필요악을 말하는 이들은 생물학적 결정론에 따라 남성들은 주체할 수 없는 성욕을 가지고 있으므로 적절히 해소할 수 있는 기회가 '필요'하다고 주장한다. 그렇지만 이와 반대로 성을 파는 여성들은 '악'의 자리에 추방되어 이들이 소속되었던 각종 공동체로부터 배제를 경험하게 된다. 앞서 보았듯이 우리 사회의 성문화와 노동시장에 자리 잡고 있는 거대한 젠더 불평등은 여성의 몸이 거래의 대상이 되는 조건을 형성하였고 그 결과 이 거대한 성산업이 유지되고 있음에도 불구하고 여전히 여성들이 자발적으로 성을 팔기로 결정하였고 그래서 이 모든 비난과 배제, 추방마저도 여성들이 선택한 결과인 것처럼 이들을 대한다. 다음은 이런 현실에 직면하고 있는 성판매 여성의 글이다.

> 물리적인 위협을 당해도, 강간을 당해도, 서비스를 제공한 만큼의 돈을 받지 못해도, 그 날 수익을 강도당해도 신고할 수 없어요. 몸 파는 창녀라 이런 일을 겪어도 싼 걸까. 이런 일을 겪기 싫으면 성매매를 안 하면 되는 걸까. 그보다 왜 어떤 사람들은 폭력을 겪어도 당해도 싼 존재가 되는 건지, 왜 어떤 사람들은 안전을 보장받을 수 없는 건지, 인권이 인간이라면 누구든 누릴 수 있는 권리라면 왜 나는 누릴 수 없는지, 인간을 인간과 인간이 아닌 것으로 나눌 수 있다면 그 경계는 누가 정하는 건지, 그런 것들이 궁금합니다(이소희 외, 2018: 49).

성매매는 없앨 수 없다고 보는 많은 이들은 강제적인 성매매는 근절하되 자발적인 성매매가 정착하면 많은 문제들이 해결될 것이라 주장한다. 성매매를 논할 때 종종 이처럼 '자발'과 '강제'를 구분할 것을 요구하는데, 과연 이 둘 간의 구분이 가능한 것일까? 여성의 성이 쉽게 팔리는 거대한 성 시장이 한 편에 마련되어 있으면서, 동시에 노동시장에서 여성들이 불안정한 저임금노동력으로 내몰리는 현실을 감안한다면, 성을 팔기로 한 여성들의 선택은 과연 어디까지 자발인 것일까? 무엇이 사고파는 상품이 될 수 있는가는 그 사회의 문화, 역사, 경제적 조건들 속에서 결정된다는 점을 감안하면, 여성들의 성 판매는 어디까지가 사회구조의 영향이라 할 수 있을까? 이러한 질문들에 쉽게 답하기가 어려운 것은 그만큼 성매매가 우리 사회의 구조적 문제와 그 속에서의 개인적 행위가 매우 복잡하게 얽혀 있는 문제이기 때문이다. 이런 복잡한 지형을 무시한 채 계속 자발과 강제를 구분하는 이분법은 '성매매 여성들의 96%가 신체적 위협이나 무기를 사용한 위협, 신체적 폭력, 강간 등을 경험하였고 81%가 외상 후 스트레스 장애를 겪고 있으며 96%가 성매매에서 벗어나길 원하고 있는(김현선, 2002)' 이 성매매 자체가 가지고 있는 위험한 현실을 내버려둔 채 여성들에게 개인적 책임을 돌리는 데에 이용되기 때문에 지양해야 할 것이다.

한국의 경우, 성매매 확산에 국가와 기업이 개입해 있었던 역사를 빼놓고 이야기할 수 없다. 잘 알려졌듯이, 미군부대 주변에 형성된 기지촌 성매매를 국가가 관리 통제한 역사와 룸살롱을 통한 기업의 비즈니스 접대문화의 역사가 바로 그것이다. 국가는 기지촌 여성들에게 '너희들이 바로 애국자다'라고 추켜세우며 그녀들을 국방과 외교의 도구로 이용하였고, 강준만이 쓴 『룸살롱 공화국』을 보면, 기업에서 한 해 6조 5000억 원을 접대비로 쓰는데 그중 절반 이상을 유흥비로 쓰며 룸살롱 접대를 비즈니스에 활용하였다(강준만, 2011). 그외 성매매는 그 형태도 다양하다. 청량리 588이나 부산 완월동과 같은 전업형 성판매 업소뿐만 아니라 이동형인 룸보도, 여관발이, 전화발이가 있으며 오피스텔이나 립카페, 키스방 등 다양한 형태가 있다. 최근에는 성 판매 여성이 일반인처럼 보이는 외모의 성매매 업소가 등장하여 이른바 '로맨틱한 성매매'로 확대되고 있다.

성매매는 다양한 형태만큼이나 다양한 상황들에 놓여 있기 때문에 하나의 잣대로 이야기하기 매우 어렵다. 성매매 근절을 주장하는 쪽에서처럼 성판매 여성들을 피해자의 위치에 놓는 것도, 성노동을 주장하는 쪽에서처럼 이 여성들 모두 노동자의 위치에 놓는 것도 모두 어렵다. 성매매는 완전히 사회구조로만 환원해 생각할 수도 없고 개인의 자율적 선택으로만 생각할 수도 없는 문제이기에 구조와 개인이 만나 어떤 다양한 경향들을 만들어 내는지, 다양한 성매매의 현실 속에서 분석되어야 할 것이다. 그러나 성매매는 그 특성상 그 다양한 현실을 들여다보는 것이 매우 어렵다. 그러하기에 다양한 상황에 있는 성 판매 여성들의 목소리가 더 많이 나오도록 그리고 그녀들의 목소리가 더 잘 들리도록 하는 것이 절실하다. 이런 측면에서 성매매특별법 이후 공개된 장에서 성판매 여성들이 목소리를 내고 자신들의 이야기를 담아 책을 발간하는 등의 말하기는 그 자체로 큰 의미를 갖는다.

동시에 성매매는 성을 사고파는 행위 모두를 통해 유지되는 구조이므로 성을 매수할 것으로 가정되는 남성들 내부에서의 변화 또한 필요하다. 최근 변화를 도모하는 남성들의 목소리가 나오고 있어 주목할 만하다. 여성인권지원센터 '살림'은 부산지역에 있는 남성들을 중심으로 2016년부터 성매매수요자포럼을 열어왔는데, 그동안의 활동기록과 수요자포럼 구성원들, 그리고 외부 필자의 글을 담아 『성매매 안 하는 남성들』(2018)을 발간하였다. 이 성매매수요자포럼은 '여성'들에게 집중되고 있는 성매매 문제는 '수요자'인 남성의 측면에서 접근하고 이야기되어야 한다는 문제의식을 통해 만들어진 남성 모임이라는 점에서 주목할 만하며, 이러한 목소리들이 가져올 변화가 기대된다.

성문화의 현장에서: 성소수자를 다시 생각하다

> 지난 2018년 9월, 인천에서 처음으로 퀴어문화축제가 열릴 예정이었으나 기독교 단체를 중심으로 강력한 반대가 이어지면서 행사 개최가 무산됐다. 경찰과 행사 주최 측에 따르면 8일 '2018 제1회 인천퀴어문화축제'라는 타이틀로 인천시 동구 동인천역 북광장에서 개최될 예정이었다. … 실제 참가자는 경찰 추산 300여 명이 참석했다. 반면 보수적 성향의 시민단체와 기독교단체 등은 경찰 추산 1,000명 이상이 북광장에 운집했다. 앞서 인천 동구에서는 지난달 29일 6개 단체가 반대성명을 냈고 … 3명의 구의원이 반대성명서를 발표한 바 있다. 여기에 인천기독교총연합회 등은 행사 개최를 저지하고자 경찰에 집회 신고를 냈다(CBC뉴스, 2018. 9. 8.).

퀴어문화축제는 레즈비언(lesbian), 게이(gay), 양성애자(bisexual), 트랜스젠더(transgender)를 지칭하는 LGBT의 인권과 성적 다양성을 알리는 행사다. 이는 지난 2000년 서울에서 처음 개최된 이후 대구, 부산, 제주, 전주 등 전국 각 지역에서 개최되고 있는 문화 축제다. 그런데 최근 광주에서 열렸던 퀴어문화축제에 참가자가 약 400여 명이었던 반면, 이에 반대하는 세력은 5천여 명 정도 모였다고 한다(연합뉴스, 2018.10.21.). 이처럼 성소수자들은 존재를 드러내는 순간 곳곳에서 노골적인 혐오를 드러내는 이들을 마주해야 하는 현실을 살고 있다.

성소수자들이 혐오와 차별의 대상으로 확연하게 부상한 것은 차별금지법 제정을 둘러싸고 공방이 벌어진 2007년부터였을 것이다. 2001년 국가인권위원회는 '성적 지향'을 차별해서는 안 된다는 인권위법을 제정하였다. 그리고 2006년에는 노무현 참여정부에 차별금지법 제정을 권고하고 2007년 UN인권이사회의 권고에 따라 법무부가 차별금지법을 발의했지만 성적 지향을 포함한 몇 가지 항목을 이유로 기독교와 보수세력의 거센 반발이 이어졌고 이 법의 제정이 무산되었다. 성소수자들은 이에 크게 반발하여 시위를 이어갔지만 정부는 결국 '성적 지향과 성정체성 때문에 사람이 차별 받아선 안 된다'는 조항을 포기하였고 성소수자들의 목소리는 묵살되었다.

한국 사회에서 성소수자로 살아간다는 것은 무엇을 의미하는 것일까? 나영정(2018)은 한국의 성소수자들은 인권증진을 위한 끈질긴 시도에도 불구하고 '예외적인 시민'에 머물러 있다고 하였다. 한국 사회에서 성소수자라는 존재는 여전히 '일반적인 것'의 일부로 재현되지 않고, 한국인의 역사에 포함되거나 '일반인'들을 대표할 수 없다는 것이다. 나영정은 국가의 제도가 이런 문제를 유지시킨다는 점을 강조하며 가족관계등록제도, 주민등록제도와 병역제도의 이성애중심성과 성별이분법이 성소수자들을 차별하고 배제하는 핵심적인 역할을 해왔다는 점 또한 지적하였다.

이처럼 제도적 구조적 차별과 배제, 그리고 혐오의 시대를 살아가야 하는 성소수자들은 자신의 존재를 드러내는 것조차 위험을 감수해야 하는 일상을 살아가고 있다. 연예인 홍석천이 스스로 동성애자임을 밝힘으로써 자신의 정체성을 공개적으로 드러낸 후 커밍아웃이라는 용어가 대중에게 확산되었다. 이 '커밍아웃'이라는 단어는 원래 '벽장 속에서 나오다'라는 뜻을 가지고 있다고 한다. 이는 성소수자들이 온갖 차별과 혐오의 현실 앞에 가로막혀 벽장에 갇힌 삶을 살아가고 있음을 반영하는 것이다. 이들을 가둔 벽장에서 나오는 것 자체는 폭력적인 범죄피해를 포함한 온갖 위험을 감수하는 것이기에 매우 어렵고 힘든 것일 수밖에 없다.

이런 현실에도 불구하고, 그간 성소수자들은 벽장 안에서 가만히 숨어 침묵으로만 일관하지 않았다. 나영정의 말처럼, 한국의 성소수자들은 인권증진을 위한 끈질긴 시도를 해왔고 사회적 약자로서의 설움을 다양한 경로로 표현해 왔었다. 1993년 한국 최초의 동성애 모임인 '초동회'가 결성된 이후 '침묵은 죽음이다'라는 슬로건 아래 노동자들과의 연대투쟁 현장에도 있었고, 세월호 투쟁 현장에도, 박근혜 정부를 끌어내린 촛불시위 현장에도 성소수자로서 그리고 온전한 시민으로서 함께 하였다. 그리고 2000년 서울 도심 한복판에서 제1회 퀴어퍼레이드를 개최하는 등 성소수자들은 자신의 존재를 드러내고 계속 사회에 말을 걸어왔음에 주목해야 한다.

여전히 우리 사회는 이성애중심주의가 강하게 자리 잡고 있고 성소수자에 대한 노골적이고 위협적인 혐오가 곳곳에서 발견된다. 차별금지법 또한 제정 대신 기존의 국가인권위원회의 인권위법을 강화하는 쪽으로 방향을 돌리고 있지만 이 또한 한발 나아간 거라 평가 하자면 그럴 수 있을 것이다. 무엇보다 앞서와 같은 성소수자들의 연대와 외침이 있기에 성소수자를 포함한 다양한 소수자들의 권리 향상을 긍정해 볼 만하다.

섹슈얼리티, 변화를 꿈꾸며

이 글의 시작에서 이야기하였던 미투의 경우, 나도 당했다는 외침들은 우리 사회의 썩은 부분이 곪을 대로 곪아 터진 것이라 볼 수 있을 것이다. 김현미(2018)가 언급하였듯이, 2018년 서지현 검사의 고발처럼, 성폭력은 남녀 간의 원치 않는 성적 접촉의 문제가 아니라, 일터 및 공적 영역에 깊이 착종된 성 권력, 즉 남성 동성 사회의 성적 전리품과 저평가된 노동력이라는 이중적 역할을 여성에게 강요하는 젠더 불평등의 문제다. 그러므로 미투는 단순한 피해 호소가 아니라 사회의 근원적인 불평등과 억압의 문제를 고발하는 것이자 더 이상 이를 참지 않겠다는 외침이다. 결국 현 사회에서 억압적으로 작동하는 섹슈얼리티의 변화를 모색하기 위해서, 우리는 일상에서의 젠더 불평등 문제를 들여다보는 것에서부터 출발해야 한다.

그리고 섹슈얼리티 변화를 모색하는 과정에서는 여성들의 성적 자기 결정권에 대한 이해가 자리 잡아야 할 것이다. 여성주의자들의 섹슈얼리티 연구의 가장 큰 성과 중 하나는 여성을 성적 권리의 주체와 쾌락의 주체로 인식한다는 점이다. 성적 자기 결정권은 남성중심적인 성문화로 인해 발생하는 다양한 여성 억압적 현상들을 변화시키기 위해서도 주장되어야 할 당연한 권리이다. 이러한 인식이 있지 않고는 성폭력 문제를 해결하라고 나서는 일 조차도 어렵게 된다. 이런 측면에서 최근의 미투는 여성들이 성적 자기 결정권을 갖기 위한 하나의 소중한 목소리로도 이해될 수 있기에 중요하게 평가되어야 한다.

조르조 아감벤(G. Agamben)은 『호모 사케르(Homo Sacer)』(2008)에서 예외공간에 존재하는 사람들을 '텅 빈 생명', 즉 생명 그 자체로만 환원된 인간들이라 하였다. 이들은 인간이라는 존재가 가지고 있는 내용, 역사성, 존엄성 등이 빠지고 단지 '생명 그 자체'로만 남게 될지도 모르는 공포 속에서 살아가는 존재들이다. 이러한 '생명 그 자체'로만 환원되는 인간들은 배제와 폭력에 쉽게 노출되는 경향이 있다. 앞서 우리 사회의 성문화 현장들에서 만난 성폭력 피해 여성들, 성매매 여성들, 성소수자들은 이 텅 빈 생명이 되기 쉽다. 이들은 온전한 자기 역사와 인간으로서, 시민으로서의 권리를 가지고 있는 존재로 보이지 못하고 단지 피해자, 성적 대상, 혐오 대상으로만 간주되는 경향이 있기 때문이다. 이들이 텅 빈 생명으로서 겪게 될 온갖 배제와 폭력으로부터 보호받기 위해서는 이들 존재가 가지고 있는 자기 이야기들이 이 텅 빈 공간에 채워져야 한다. 그러하기에 이들의 말하기와 이들의 말을 듣기에 먼저 주목해야 할 필요가 생기는 것이다. 앞서 보았듯이 이들은 그저 침묵하지 않았다. 스스로 텅 빈 생명으로 존재하지 않았다. 이들이 이들의 시각에서 사회에 말을 걸어왔다고 한다면 이제 어떻게 함께 대화할 것인가를 고민해야 한다.

◆◆◆ 읽을거리 볼거리

- **젠더와 사회**((사)한국 여성연구소, 2014): 성별화된 사회에서 남성과 여성으로 산다는 것의 의미를 밝혀준다
- **나도 말할 수 있는 사람이다**(이서희 외 7인, 2018): 성억압과 성의 쾌락적 측면을 여러 여성의 입을 통해 증언한다.
- **룸살롱 공화국**(강준만, 2011): 한국의 접대와 향응 문화의 본산지 룸살롱이 어떻게 발전되어 가는지를 살펴볼 수 있다.
- **이토록 두려운 사랑**(김신현경, 2018): 연애 불능시대의 더 나은 사랑을 위한 젠더와 섹슈얼리티 공부서로 안내되어 있다.
- **성매매 안하는 남자들**(배성민 외, 2018): 남성들이 오랜 시간 쉬쉬해 온 성매매 문제 그리고 그것을 뒷받침해 온 남성문화를 내부자인 남자의 눈으로 보고 그것에 관해 말하기를 시작하는 책이다.
- **돌로레스 클레이븐**(테일러 핵포드 감독, 1994): 배우자 폭력과 친족 성폭력의 두 가지 문제를 다 다루고 있다.
- **브룩클린으로 가는 마지막 비상구**(울리히 에델 감독, 1990): 성판매 여성의 힘겨운 삶을 엿볼 수 있다.

◆◆◆ 생각해 볼 문제

1. 여성이 성적 주체성을 가지려면 여성과 남성이 각자 노력해야 할 일은 무엇이 있을까?

2. 우리 사회의 성문화 현실에서 미투운동이 가지는 의의는 무엇이며, 이것이 향후 어떤 방향으로 나아가는 것이 필요할까?

3. 친구가 나에게 성폭력 피해 경험을 털어놓았다. 나는 친구를 위해 무엇을 할 수 있을까?

4. 우리 사회에 성소수자를 지칭하는 용어들은 어떤 것들이 있는지 알아보자.

◆◆◆ 참고문헌

(사)부산여성사회교육원 (2014). **여성학 행복한 시작**. 서울: 도서출판 신정.

(사)한국여성연구소 (2014). **젠더와 사회**. 파주: 동녘.

강준만 (2011). **룸살롱 공화국**. 서울: 인물과사상사.

김현미 (2018). 미투 운동, 왜, 지금 그리고 이후. **젠더리뷰, 여름호**. 한국여성개발원.

김현선 (2002). 성매매의 폭력성과 성매매 피해여성의 외상 후 스트레스장애. 성공회대학교 시민사회복지대학원 석사학위 청구논문.

뉴스핌 (2018. 10. 7.). 날로 심각해지는 데이트폭력... 5년간 살인·살인미수 353건. www.newspim.com/news/view/20181007000037에서 인출.

연합뉴스 (2018. 11. 22.). 울산 고교 성교육 시간에 외부 강사가 성희롱 발언. https://www.yna.co.kr/view/AKR20181122164700057?input=1195m에서 인출.

이소희 외 (2018). **나도 말할 수 있는 사람이다–성판매 여성 안녕들하십니까**. 서울: 여성문화이론연구소.

장필화 (1999). **여성/몸/성**. 서울: 또하나의문화.

정희진 (2005). **페미니즘의 도전**. 서울: 교양인.

정희진 (2016). **아주 친밀한 폭력**. 서울: 교양인.

정희진 (2003). **성폭력을 다시 쓴다**. 파주: 도서출판 한울.

한국성폭력상담소 (1999). **섹슈얼리티 강의**. 파주: 동녘.

한국성폭력상담소 (2006). **섹슈얼리티 강의 두 번째**. 파주: 동녘.

한국여성민우회 (2016). **거리에 선 페미니즘**. 파주: 궁리.

Agamben, G. (2008). **호모 사케르: 주권권력과 벌거벗은 생명**. 서울: 새물결.

Buregren, S. (2018). **어린이를 위한 페미니즘**. 김아영 옮김. 서울: 풀빛.

Butler, J. (2008). **젠더 트러블–페미니즘과 정체성의 전복**. 파주: 문학동네.

CBC뉴스 (2018. 9. 8.). 인천 퀴어문화축제, 기독교단체 등 '맞불 집회'로 무산. http://naver.me/FDJDvMHc에서 인출.

Schwarzer, A. (2017). **아주 작은 차이 그 엄청난 결과**. 김재희 옮김. 서울: 미디어일다.

06

CHAPTER

Women's study

신자유주의시대의 사랑과 연애

이안나

여성철학자 시몬느 베이유를 흠모하여 철학과에 진학했지만 “여자는 진정한 철학도가 될 수 없다”는 교수의 말에 분노해 페미니즘에 관심을 두게 되었다. 불꽃같이 일어나는 미투운동에서 다시 시몬느 베이유의 얼굴을 본 이후로 그동안 자신이 페미니즘을 글로만 배우고 가르쳐왔음을 뒤늦게 깨닫고 최근 조심스럽게 현장을 기웃거리고 있다. 신자유주의를 살아가는 대학생들의 일상과 섹슈얼리티에 관심이 많고 비정규직교수로서의 불안한 삶을 주(酒)님께 위로 받으면서 ‘아직은’ 잘 살고 있다.

Introduction

“사랑이 무엇인지 20자 안에서 정의해 볼까요?” 선뜻 대답하는 학생이 없어 매번 어색한 침묵이 흐르지만 기다리면 된다. “‘사랑은’을 포함해서 20자입니까? 빼고 20자입니까?”라거나 “반드시 ‘이다’로 끝내야 합니까?”를 물어보는 학생이 꼭 한 명씩은 있다. 그 순간을 놓치지 않고 “‘이다가 아니면 어떻게요?”하면, 사랑은 “나만 빼고 남들은 다 하는 거!”, “내 거인 듯 내 거 아닌 내 거 같은 거!”, “‘라면 먹을래요?’라고 물어보는 거!” 등의 대답들이 장난스럽게 이어진다. 간혹 사랑은 ‘눈물의 씨앗이다!’처럼 연륜이 묻어나는 답이 나와 웃음이 터지기도 하고, 사랑은 ‘아낌없이 주는 나무’, ‘나란히 서서 같은 곳을 바라보는 거!’, ‘우산이 없을 때 함께 비를 맞아주는 거!’에 이르면 다들 오글거린다며 난리가 난다. 그런데 그중 가장 인상적이었던 것은 ‘사랑은 20자로는 정의할 수 없는 거!’라던 어느 학생의 답이었다.

그렇다. 어쩌면 사랑은 애초부터 20자 남짓한 음절로는 결코 정의 내릴 수 없는 대상인지도 모른다. 누구나 자기만의 사랑 하나쯤은 가슴에 담고 산다. 그러니 사랑을 어떻게 정의 내릴지는 인류의 숫자만큼이나 다양할 것이고 그 누구의 정의가 정답이라 할 수도 없다. 우산을 씌워주는 것도 사랑이고, 우산을 버리고 함께 비를 맞는 것도 사랑이고, 각자의 우산을 쓰고 각자의 길을 걸어가는 것도 사랑일 수 있다. 어느 철학자의 말대로 사랑은 ‘잃어버린 반쪽을 향한 영원한 그리움’일 수도 있고, 진화학자의 주장처럼 ‘유전자를 남기기 위한 짝짓기 행동’에 불과한지도 모르고 또 뇌과학자의 분석처럼 ‘호르몬의 장난’에 지나지 않을 수도 있다. 하지만 그들이 주장하는 사랑의 본질과 속성 역시 그들의 것이다.

중요한 것은 과연 그것들이 지금 나의 모습을 얼마나 잘 설명해 줄 수 있느냐다. 따라서 사랑에 관해 우리는 하나의 정의만을 선택하거나 애써 따라갈 필요는 없다. 사랑에 대한 수많은 정의들은 지금부터 자신들이 만들어 나갈 새로운 사랑을 고민하는 과정에서 좋은 재료들로 활용하면 될 일이다. 자! 이제 우리 시대 청춘들의 사랑과 연애는 어떤 모습으로 존재하며, 어디를 향해 나아가야 할지 함께 고민해 보자.

새롭지만 위험한 자유와 불안한 청춘들

'단군 이래 최고 스펙'을 가졌다는 우리 시대의 청춘들은 밝고 솔직하고 성실하고 조용하고 예의바르다. 하지만 갑자기 주어진 자유와 불확실한 미래 그리고 불안한 현실 속에서 힘들어한다. 물론 세계화와 정보화의 물결에 발맞춰 삶을 개척해 나가는 '대학 밖' 젊음들도 있고, 자유를 만끽하며 즐겁게 생활하는 행복한 대학생들도 적지 않으니 우리 시대의 청춘들을 무조건 '불안한 대학생'으로 소환할 수는 없다. 다만 70%를 넘는 대학진학율과 20대 중반을 훌쩍 넘긴 이후에도 여전히 캠퍼스에 머물고 있는 현실을 감안할 때 대학생들의 모습에서 지금 청년들의 삶을 유추하는 것은 무리가 없을 것이다. 강의실 풍경부터 살펴보자.

개학에 맞춰 교내 홈페이지와 온라인학습관리시스템에는 수업내용과 성적산출방식이 미리 탑재되지만 본격적인 강의가 시작되면 학생들의 질문이 쏟아진다. 보고서는 몇 장이나 써야하는지, 시험 칠 때는 꼭 볼펜으로 써야 하는지와 같이 강의실에서 공개적으로 물어도 될 사소한 내용들이다. 그런데 신기하게도 온라인에 올라오는 대부분의 글에 자물쇠아이콘이 달려있다. 심지어 '다른 비밀글들의 내용이 궁금해요'라는 글조차 비밀글로 올라온다. 온라인에서의 비밀주의는 강의실에서는 침묵으로 나타난다. 시험을 칠지, 친다면 언제가 좋을지 의견을 물어도 아무도 답이 없지만 수업이 끝나면 어김없이 비밀글들이 달린다. 대개는 본인의 전공시험이나 다른 교양과목과 시험시간이 겹친다거나 시험 말고 과제로 대체하자는 제안들이다. 왜 강의실에서 말하지 않았느냐 물으면 '다른 학생들이 싫어할까봐'라고 한다.

그렇게 조심스러워하던 학생들이 가끔 변하기도 하는데, 내내 심드렁하던 학생들도 발표에 가산점을 주겠다고 하면 자발적으로 조원들을 모으고 열정을 쏟는다. 그만큼 비밀글도 급증한다. 누구누구는 무임승차자라는 제보형, 다른 조는 고학번인데 우리 조는 1학년이라 불리하니 감안해 달라는 읍소형, 실험실습으로 바쁘니 발표 대신 과제를 한 개 더 내면 안 되냐는 협상형에 이르기까지 점수와 관련된 사안에는 유독 민감하다. 그래서인지 요즘 대학생들은 웬만해서는 결석도 하지 않는다. 교수의 수업방식이나 내용에 대해 불만을 제기하는 일도 드물다. 대신 학생들의 저항은 조용히 수강취소를 하거나 학기말 교수강의평가 때 최하점을 누르는 방식으로 표현된다. 사회학자 조한혜정은 이처럼 학점관리에 최선을 다하는 '고4학년'이 되어버린 대학생들을 일컬어 '신자유주의의 아이들'이라고 명명한 바 있다(조한혜정, 2009: 16). 그런데 왜 하필이면 신자유주의의 아이들일까?

'개인의 자유와 권리'를 내세운 자유주의가 '시장과 자본의 자유'를 강조하는 신자유주의를 표방한 이후, 모든 것이 시장에서 팔릴 수 있는 '상품'이 되고 그 상품을 소비할 수 있는 자본을 가진 '능력' 있는 개인만이 살아남을 수 있게 되었다. 이에 부모로부터 물려받을 것이 없는 '흙수저'들이 선택한 길은 노력하고 또 '노~오력' 하는 것이다. 내가 가진 능력을 끊임없이 증명하고 인정받아야 하는 삶, 이미 무한한 자유를 줬으니 권리를 찾는 것은 개인의 몫이고, 선택의 위험과 실패에 대한 모든 책임도 스스로가 져야하는 삶, 내가 살기 위해서는 너를 이겨야 하는 삶이 바로 신자유주의가 우리에게 열어준 새로운 삶의 양식이다. '헬-조선'이라는 단어는 단 한 번의 '패자부활전'도 없으며 최소한의 안정망도 보장되지 않은 사회를 향한 우리 시대 청년들의 불안과 냉소인 셈이다.

어느새 대학도 진리와 자유를 추구하는 학문의 전당이기보다는 '경영'되어야 할 대상이 되었다. 이제 대학생들은 모든 것을 '가성비'를 기준으로 선택한다. 한 대학의 취업률이 높다는 것은 값나가는 상품을 많이 생산했다는 것과 동일한 평가를 받는다. 그래서 학생들은 대학에 들어오는 순간부터 자발적으로 '범생이'가 되어 자신의 상품가치를 높이는 데 매진한다. 이들은 그것이 '자유로부터의 도피'가 아니라 '더 많은 자유를 확보하기 위한 전략적 선택'이라고 믿는다. '괴물 같은 사회에서 살아남기 위해 스스로 괴물이 되어버린 이십대들'일수록 오찬호의 글에 등장하는 또래 대학생들의 고민과 불만에 쉽게 공감하는 것이다(오찬호, 2013). 무엇보다도 경쟁은 지금의 대학생들이 20년 동안 살아왔던 방식이고 이미 익숙한 삶의 형식이다. 처음부터 경쟁을 인정하고 시작했기 때문에 게임의 룰이 공정하지 않은 것에는 분노하지만 게임 자체를 거부할 생각은 하지 않는다. 이렇게 '무한 경쟁'과 '승자독식'을 기치로 내세우는 신자유주의는 단순한 경제체제를 넘어 우리가 사람을 이해하고 판단하고 관계 맺는 형식에 대한 잣대가 된지 오래다.

그래서 조한혜정은 '신자유주의 아이들'이 언제 경쟁에서 도태될지 모른다는 불안감, 뭔가와 싸워 보겠다는 투지의 결여, 사적이고 계산적이라는 공통점을 갖고 있다고 지적했던 것이다. 특히 오래 지속되는 관계에 대한 감각이나 사회성이 발달하지 못했을 가능성에 대해 우려를 표한다. 하지만 이런 특성들은 비단 대학생들에게만 해당하는 것은 아니다. 재독철학자 한병철은 무엇이든 할 수 있는 자유를 강조하는 신자유주의가 항상 눈에 보이는 결과물을 요구하기 때문에 그 요구에 맞추기 위해 노력하는 개인들일수록 극단적인 피로와 탈진을 경험하게 되며 급기야 '관계 맺기' 자체를 포기해 버리는 현상이 자주 벌어진다고 지적한다(한병철, 2012).

실제로 스마트폰을 비롯한 디지털 기기의 보급과 인터넷 환경은 혼자 음악을 듣고 혼자 밥 먹고 혼자 여행하는 것을 가능하게 했다. 외로울 때는 '랜선 남친'의 미소에서 위안을 얻고, '랜선 이모'가 되어 하트를 누르다보면 힘든 하루가 지나간다. 언제든 실시간으로 연결되고 있다는 온라인의 감각이 오프라인에서의 직접적인 만남과 친밀감에 대한 욕구를 대체하는 것이다. 타인의 고통보다는 자신의 안녕과 감정이 우선이기에 인간관계 역시 특별한 목적이 없으면 굳이 필요 없다고 느낀다. '이지스위처(easy switcher)'라는 용어는 지속적이고 협조적인 관계를 위해 노력하고 시간을 투자하는 대신, 동호회나 스터디 그룹처럼 어떤 목적이 있을 때만 가볍게 모이고 부담 없이 헤어질 수 있는 관계와 익명성을 선호하는 최근의 흐름을 잘 보여준다. 한편으로는 타인들로부터 주목받고 싶은 욕망도 동시에 존재하는데 '관종'이나 '허세빌리티'같은 단어는 깊은 관계는 부담스럽지만 자신의 존재감을 드러내고 사회로부터 인정받고 싶은 사람들의 욕구를 반영한다. 이런 분위기 속에서 이제 '쿨(cool)함'

이 우리 시대 청년들의 대표적 가치관으로 자리 잡기 시작했다. 이들은 복잡한 관계 맺음에서 발생할지도 모를 상처들이 두렵고, 그 두려움을 드러내는 것이야말로 '찌질한' 짓으로 인식한다.

그렇다면 가장 친밀한 인간관계라고 할 수 있는 '사랑'과 '연애'는 어떨까? 『아무도 남을 돌보지 마라』(엄기호, 2009)는 신자유주의의 구호에 익숙한 청춘들이니 이제 '아무도 남을 사랑하지 마라'는 주문마저 기꺼이 받아들이고 있을까? 아니 그 전에, 지금처럼 '연애 권하는 사회'에서 아무도 사랑하지 않는 것이 과연 가능하기는 한 걸까?

연애 권하는 사회와 연애불능의 청춘들

불안한 삶의 조건을 견디기 위해 힘들고 불편한 인간관계는 가능한 피해가려는 것이야말로 우리 시대 관계 맺기의 특성임은 주지의 사실이다. 하지만 아이러니하게도 바로 그 이유 때문에 지속적인 유대와 친밀성에 대한 욕구가 더욱 커지기도 한다. 일상이 힘들고 불안할수록 오랫동안 내 곁에 머물면서 나를 지켜봐 주고 지지해 줄 존재와의 결속이 절실히 필요해지는 것이다. 아무도 사랑하지 말라는 주문이 잘 안 통하는 이유도 여기에 있다. 오히려 오늘날 사랑과 연애는 '새로운 종교'로 부상했다(Beck, 1999). 사랑만이 유일하게 개인에게 안정감을 주는 휴식이고 피난처라는 인식이 보편화되고 있는 것이다. 힘들고 외롭고 불안한가? 그러면 사랑을 하라는 것이 우리 시대의 새로운 복음이다. 이에 더 나아가 인문학자 고미숙은 사랑을 "포기하기란 불가능하다. 사랑이란 윤리적 선택의 문제가 아니라 생명의 원초적 동력이기 때문이다. 즉 살려면, 행복하게 살아가려면, 사랑과 연애, 성, 이 열정의 불꽃 속을 관통해야 한다(고미숙, 2008: 36)"고 말한다.

그런데 우리가 하고 싶은 것은 과연 사랑일까 연애일까? 솔직히 사랑이 무엇인가를 정의 내리기 힘든 만큼이나 사랑과 연애가 어떻게 다른지 구분하는 것 또한 쉽지는 않다. 2018년 방영한 드라마 〈미스터선샤인〉(tvN, 2018)에서 남녀주인공이 주고받는 대화를 들어보자.

"러브가 무엇이오?"
"안 해 봐서 잘은 모르겠소. 헌데 그건 왜 묻는 거요?"
"하고 싶어 그러오. 벼슬보다 좋은 거라 하더이다."
"생각하기에 따라선. 헌데 혼자는 못 하오. 함께 할 상대가 있어야 해서."
"그럼 같이 하지 않겠소?"
"총 쏘는 거보다 더 어렵고 그보다 더 위험하고 그보다 더 뜨거워야 하오."
"아. 꽤 어렵구려."

주인공들의 말에 따르면 사랑은 벼슬보다 좋지만 꽤 어려운 것이고 위험한 것이다. 그러면 연애는 안 위험하고 안 어려울까? 고미숙의 설명에 따르면, 사랑이 '다양한 관계를 망라하는 보편적 명칭'이자 '수많은 의미의 생산이 가능한 용어'인 반면에, 'Love'의 일본식 번역인 '연애'는 1920년대에 수입된 신조어로 '남녀(동성애를 포함해) 사이의 이성적 관계(고미숙, 2008: 27)'라는 의미로 압축된다. 앞의 대화 중 '혼자서는 못하고 함께할 상대가 있어야' 하는 러브가 바로 연애인 셈이다. '짝사랑'이라는 말은 있어도 '짝연애'는 없고, '외사랑'은 있어도 '외연애'라는 말은 없는 이유도 여기에 있다. '내 목숨보다 더 너를 사랑해'라는 고백은 해도 '내 목숨보다 더 너를 연애해'라는 말은 어색한 것도 그 때문이다.

이처럼 '사랑'은 '연애'에 비해 훨씬 더 크고 넓은 내연과 외포를 가진다. 우리는 커피를 사랑하고, 저녁노을을 사랑하고, 대한민국을 사랑하고, 신을 사랑하고, 방탄소년단을 사랑한다. 그리고 그 사랑은 많은 이들이 동시에 할 수 있다. 내가 방탄소년단을 사랑한다고 해서 다른 사람들이 사랑하는 것을 막지는 않는다. 그런데 연애는 다르다. 영희가 철수와 연애를 하는데 순이도 철수와 연애하고 있으면 큰 사달이 난다. 결국 연애는 '두 사람 간의 독점적 관계를 전제로 이루어지는 사랑의 형식'이라고 말할 수 있다.

문제는 그동안 우리 사회가 청년들에게 제대로 사랑하는 법이 아니라 소위 '달달한' 연애에 대한 환상만을 끊임없이 주입하고 있다는 점이다. 대형 서점에는 연애 관련 서적들이 한 벽면을 채우고 있다. 백전백승연애비법, 연애바이블, 연애실전매뉴얼, 연애수업, 연애지침서, 맞춤형연애학 등 제목만 봐도 당장 '연애의 달인'이 될 것 같다. 대학의 연애관련 교양강좌에는 매학기 수강생이 몰려들고, 지자체에서도 명사들을 초청해 연애특강을 연다. 드라마에 등장한 로맨틱한 장소들은 다음날 핫한 데이트코스로 부상하고, 방송에서는 연애코치와 픽업아티스트들이 등장해 연애비법을 알려주고, 200여 개에 달하는 '데이팅(소개팅)앱'이 존재한다. 그리고 그런 '연애산업'의 선두에 결혼정보회사가 있다. 그들이 주목하는 대상과 전파하는 메시지는 한결같다. 바로 '20~30대를 겨냥한 이성애 중심의 낭만적 사랑과 연애에 대한 환상'이 그것이다. 물론 더 많이 사랑하고 더 자주 연애하라는 권유가 나쁠 것은 없다. 하지만 사랑과 연애마저 소비하는 '상품'이 되면서 사랑의 내용은 사라지고, 그 자리에 '밀당의 기술'과 '어장관리 매뉴얼'같은 연애의 형식만 남아 있는 것은 아닌지 우리는 곰곰이 생각해 봐야 한다.

누군가와 연애를 하는 것은 분명 가슴 설레는 일이고 일상이 지겹고 힘들수록 연인과 함께 보내는 시간은 달콤한 위로를 가져다준다. 하지만 모든 현실의 문제를 외면할 수 있을 만큼 연애의 힘이 센 것은 아니다. 혼자 남몰래 숨어서 지켜보는 사랑이 아니라 둘이 하는 연애에는 돈이 든다. 아르바이트 포털 알바천국이 2015년에 설문조사한 바에 따르면 20대 대학생의 1회 평균 데이트 비용은 5만 원을 웃돈다(파이낸셜뉴스, 2015. 5. 13). 한 달에 두 번만 만나도 10만 원을 훌쩍 넘어선다는 이야기다. 2018년 기준 대학생들의 월평균 생활비가 50여만 원인 것을 감안해 보면 결코 부담 없이 지출할 수 있는 금액이 아니다. 게다가 1년 365일 이어지는 각종 기념일과 이벤트도 대학생들에게 적지 않은 부담을 준다. 연애할 수 있다는 것은 밥 먹고 차 마시고 영화보고 여행가고 선물을 할 비용을 능히 감당할 수 있음을 전제한다. 한 음료회사의 광고문구인 '날은 더워 죽겠는데 남친은 차가 없네'(헤럴드 경제, 2012. 6. 6)에 많은 이들이 분노한 이유도 여기에 있다. 차는커녕 하루라도 빨리 취업해 학자금 대출을 갚아야하기에 다른 것을 돌아볼 여유가 없는 가난한 대학생들에게 연애는 '취업의 적'이자 감히 꿈꿀 수 없는 '사치'로 인식된다.

경제적 압박이 없는 대학생이라고 해도 연애는 쉽지 않다. 돈이 있어도 잘생긴 외모와 유머감각, 화려한 말솜씨 같은 '매력자본'을 두루 갖추지 못하면 연애 상대로 인정받지 못한다. 몇 년 전 〈개그콘서트〉 '안 생겨요' 코너에서 '사람들의 상상 속에서만 존재하는 3대 동물이 유니콘, 용, 여자친구'라는 '웃픈' 개그가 등장한 적이 있다. 이렇게 연애여부가 개인이 가진 품성과 사교성을 가늠하는 잣대가 되면서, 소위 '연못남', '연못녀'는 뭔가 성격에도 문제가 있을 것이라는 고정관념이 자리 잡는다. 빈익빈부익부현상은 연애에서도 발생한다. 지금 연애에서 쌓은 '경험치'는 다음 연애의 '능력치'로 작동하기 때문이다. 소위 명문대를 가도 연애는 힘들다. 실제로 축제에 내걸렸던 '엄마, 서울대 가면 애인 생긴다며!'라는 현수막에는 최선을 다해 대학에 왔지만 연애가 불가능한 현실에 대한 청춘들의 불만과 자조가 뒤섞여 있다. '유정 선배'와의 만남을 꿈꾸며 열심히 수능준비를 했지만 정작 말 걸어오는 이는 '상철 선배'나 '연서복(연애에 서툰 복학생)'들뿐이고(〈치즈인더트랩〉, tvN, 2016), 건축학과 수업에 들어가 봐도 우리의 '수지'는 안 보인다(〈건축학개론〉, 2012). '하메'들과의 끈끈한 우정을 기대하며 아무리 직빵을 뒤져봐도 '벨에포크'같은 쉐어하우스는 내가 가진 돈으로는 어림없다(〈청춘시대〉, JTBC, 2016). 이런 현실 속에서 하나의 문화트랜드로 등장한 것이 바로 '썸'이다.

'썸'은 일반적인 친구나 동료보다는 가깝지만 그렇다고 딱히 연인이라고는 할 수 없는 모호한 관계를 통칭한다. 황진규의 분석에 따르면 '썸'은 내밀한 세 가지 감정,

즉 상대에게 내 마음을 먼저 드러내거나 들키는 것에 대한 부끄러움, 너무 급하게 다가갔다가 상대가 부담을 느끼고 멀어질 것에 대한 두려움, 그렇다고 너무 숨기면 상대가 떠나 버릴지도 모른다는 걱정과 연결되어 있다(황진규, 2017: 100). 과연 '썸'은 연애 끝에 올지도 모르는 이별의 고통을 방지하기 위한 일종의 자기 보호 장치에 지나지 않을까? 하지만 일군의 학자들은 '썸'이 연애를 포기한 청춘들의 어쩔 수 없는 선택이거나 이기적이고 무책임한 관계양식이 아니라, 우리 시대 청춘들의 협상과 실험으로 해석한다. 전통적 젠더규범 안에서 상대적으로 불리한 여성들에게는 전략적 안전장치이며, 깊은 성적 친밀감을 나누기 이전에 상대를 걸러내는 적극적인 과정이라는 것이다(양동옥·김경례, 2017). '썸'을 편리와 안정을 추구하는 젊은 세대들의 '연애 간보기'로 해석하든 자신에게 적합한 상대를 찾기 위한 전략적 행위로 해석하든 그 선택은 각자의 몫이다.

그런데 과연 언제까지 '썸'만 탈 것인가. 흔히들 연애가 시간낭비, 돈 낭비, 감정 낭비라고 말하지만 '썸'이라고 해서 예외는 아니며 노력이 덜 들어가는 것도 아니다. 무엇보다도 '썸'의 횟수와 빈도가 과연 내 사랑의 내용도 더 풍부하고 깊게 만들어주는가에 대해서도 우리는 고민해 보아야 한다. 에리히 프롬(Erich Fromm)에 따르면 어떤 사람을 사랑하는 것은 일종의 '결단'이다. 그러니 앞으로도 계속해서 '썸'만 탈 것인지, 아니면 용기 내어 온 몸으로 사랑과 직면할 것인지도 우리는 결단을 내려야 한다.

사랑은 아~무나 하나? 어느 누가 쉽다고 했나?

에리히 프롬(Erich Fromm)의 『사랑의 기술(The Art of Loving)』은 사랑에 관한 20세기 대표적 고전으로 손꼽힌다. 누군가가 그에게 사랑을 20자 이내로 정의해 보라고 했다면 아마도 '사랑은 지식과 노력이 요구되는 기술'이라고 답했을 것이다. 그에게 있어 사랑은, 우연한 기회에 행운만 있으면 누구나 경험하게 되는 즐거운 '감정'이 아니다. 사랑을 할 때 우리 삶은 좀 더 풍요롭고 즐거운 것은 사실이지만 그런 사랑을 아무나 할 수 있는 것은 아니기 때문이다. 돈이 없거나 외모가 떨어져서가 아니다. 사랑의 기술이 없어서다. 사랑의 실패가 두려워 '썸'만 타는 이나 스스로 '연애무능자'라고 여기는 이라면 프롬의 이야기에 주목해 보자.

> 사랑처럼 엄청난 희망과 기대 속에서 시작되었다가 반드시 실패로 끝나고 마는 활동이나 사업은 찾아보기 어려울 것이다. 만일 이것이 다른 활동의 경우라면 사람들은 열심히 실패의 원인을 가려내려 하고 개선법을 찾아내려고 할 것이다. 사랑의 경우, 포기는 불가능하므로, 사랑의 실패를 극복하는 적절한 방법은 오직 하나뿐인 것 같다. 곧 실패의 원인을 가려내고 사랑의 의미를 배우기 시작하는 것이다(Fromm, 2016: 17).

분명 사랑은 어렵다. 하지만 프롬에 따르면 어렵다고 사랑을 포기하는 대신 우리는 더 늦기 전에 사랑의 의미를 배워야한다. 이때 그가 강조하는 '사랑의 기술'은 연애 지침서들이 제시하는 구체적인 '테크닉'이나 '스킬'보다 깊은 뜻을 가지고 있음에 주의해야 한다. 물론 'art'라는 단어에는 '요령', '기교'라는 뜻도 포함된다. 하지만 프롬이 말하는 'art'는 말 그대로 예술, 즉 아름다움을 창조하고 표현하는 모든 인간 활동과 산물이다. 내 사랑을 하나의 예술작품의 경지로 끌어올리려는 적극적인 노력과 활동! 그것이 바로 프롬이 말하는 사랑의 기술이다. 이제부터 사랑에 대해 우리가 무엇을 모르고 있으며 어떻게 오해하고 있는지 하나씩 배워보자.

사랑의 기술 하나, 사랑은 '받는 것'이 아니라 '하는 것'이다!

에리히 프롬의 주장에 따르면 사랑의 문제는 '사랑받는' 것의 문제가 아니라 '사랑하는' 것의 문제이다. 언젠가 한 학생이 '썸남'이 있는데 사귀자는 말을 안 해서 속상하다기에 그럼 먼저 말하라고 했더니 "여자가 먼저 고백한 커플은 100퍼 헤어져요!"라고 해서 놀란 적이 있다. 남자가 더 좋아해야 관계가 오래 지속된단다. 도대체 그런 터무니없는 속설은 누가 만들었을까? 고백 못 받으면 끝나는 거냐고 물었더니 "그러니까 먼저 고백하게 만들어야죠!"라며 웃는다. 하긴 상대가 먼저 고백하게 만드는 것도 기술이라면 기술이다. 그런데 사랑한다면서 누가 먼저 사랑하고 고백하는 것이 뭐 그리 중요한가. 누군가를 사랑하기 위해서는 주체적이어야 한다는 사실을 잘 알면서도 우리는 스스로 사랑하기보다는 사랑받는 데에 더 익숙하다. 그럴수록 우리는 내게 사랑을 주던 존재가 어느 날 갑자기 사랑주기를 중단해 버린 뒤에 무엇이 남을지 생각해 봐야 한다.

프롬의 주장에 의하면, 오로지 사랑받기만을 바라면서 자신을 보호해 주고 인도하는 상대에게 모든 의사와 결정을 맡겨버리는 것은 일종의 피학적 의존에 해당한다. 상대에게 사랑의 전권을 주면 나는 힘든 결정을 내릴 필요도, 모험을 할 필요도 없으니 한동안은 자유로울 것이다. 하지만 상대가 그 역할을 일방적으로 파기할 경우 나는 아무 것도 아닌 존재로 남게 된다. 이것은 연애에서 누가 주도권을 잡느냐의 문제가 아니라 사랑과 이별에 대처하는 기본적 자세의 문제다. 그래서 프롬은 사랑은 수동적인 감정이 아니라 '능동적인 활동'이며, 사랑에 '빠지는 것(falling in love)'이 아니라 적극적으로 '참여하는 것(doing love)'임을 강조한다.

여기서 우리는 적극적으로 사랑을 하는 것과 사랑에 중독되어 버리는 것을 구분해야 한다. 사랑에 빠져 허우적대고 삶이 망가지는 지경에 이르렀으면서도 마치 더 많이 사랑하는 것으로 착각하는 이들이 있다. 심리학자이자 카운슬링 전문가인 로빈 노우드(Robin Norwood)에 따르면, 여성들의 경우 사랑에 대한 기대도 더 크고 그 결과 상처도 더 깊게 받는다. 어린 시절의 상처가 관계 중독으로 이어진 남성들도 있지만 비개인적인 직업이나 일을 통해 스스로를 지켜내는 반면에, 여성들은 이성과의 관계에 중독되어 버리는 경향이 크다. 노우드가 '너무 많이 사랑하는 여자들'로 이름 붙인 여성들 중에는 상대가 나쁜 남자임을 알면서도 관계에서 벗어나지 못하는 이들이 많다. 그런 여성의 마음속에는 남자들보다 자신이 우월하기 바라는 욕구와 그들을 구원할 사람은 자신밖에 없다는 구원자적 욕구가 존재한다(Norwood, 2011). 결국 사랑받기만을 바라는 것처럼 너무 많이 사랑하는 것도 문제가 된다는 이야기다.

또 하나 우리가 잊지 말아야 하는 중요한 사실은 '사랑'이라는 미명 아래 모든 표현과 행동이 정당화되거나 허용되지는 않는다는 점이다. 사랑하는 사이에도 지켜야 하는 예의라는 것이 존재한다. 존중과 배려, 협상과 합의는 모든 인간관계에서 요구되는 덕목이다. 그런데 우리 문화는 유독 사랑과 친밀성을 나누는 관계에 대해서는 이런 잣대를 대기를 꺼려하는 경향이 있다. 실제로 여러 드라마에서 연인에 대한 통제와 간섭을 '귀여운 질투와 관심'으로, 일방적인 구애를 '터프함'으로, 집착과 강요를 '절절함'으로, 거친 폭력을 '로맨틱함'으로 미화하는 경우가 적지 않다. 물론 "애기야 가자!"라며 연인의 손목을 잡아끌고(〈파리의 연인〉, SBS, 2004), 치마를 입고 나온 연인에게 "옷 갈아입고 나와! 다리가 왜 예뻐! 다리가 완전 여자네"라고 말하거나(〈쌈마이웨이〉, KBS2, 2017), "밥 먹을래 나랑 뽀뽀할래, 밥 먹을래 나랑 같이 죽을래!"라며 외치거나(〈미안하다 사랑한다〉, KBS2, 2004), 싫다고 버둥거리는 연인을 벽에 밀어붙이고 키스하는(〈또오해영〉, tvN, 2016) 드라마 속 주인공들의 언행이 모두 폭력이라고 비난하려는 것은 아니다. 드라마의 흐름과 맥락을 충분히 감안한다면 그런 장면들을 보면서 '심쿵한다', '설렌다', '로맨틱하다'고 반응할 수도 있을 것이다. 하지만 만약에 그런 장면들이 현실 속에서 실제로 일어났을 때도 마냥 낭만적이라고 생각할 수 있을지에 대해서 우리는 생각해 봐야 한다. 낭만적 사랑과 (성)폭력 사이의 거리는 우리가 생각하는 만큼 그렇게 멀지 않을 수도 있다. 드라마 속 장면들을 보면서 처음에는 '어머나 세상에!' 하며 놀랐다가도, '저런 것도 사랑이구나!'로 받아들이는 순간, '저래도 되는구나!'가 되어버릴 위험이 있기 때문이다. 최근 심각한 사회문제로 대두되고 있는 데이트 폭력 역시 이런 과정을 거치면서 면죄부를 받아온 것은 아닌지 고민해 볼 일이다.

한편 사랑을 '하는 것'이 아니라 '받는 것'으로 착각하는 사람들일수록 어떻게 하면 상대방으로부터 더 사랑받을 수 있는가를 고민한다. 때문에 마치 배우들이 연극 각본에 맞춰 연기하듯이 연애과정에서도 정해진 각본을 충실히 따르려고 노력한다. 그런데 그 각본이 심각하게 '젠더화'되어 있는 것이 문제다. 남성은 구애와 성적 접근에 적극적이어야 하고, 여성은 수동적으로 남성의 행동에 반응하는 역할에 충실해야 한다는 것이 남성중심적 사회의 대표적인 '성 각본(sexual scripts)'에 해당한다. 그 각본을 따르는 남자들은 사귀자는 말도, 자자는 제안도 먼저 하고, 환상적인 데이트 코스도 짜야 하고, 명품구입비용도 마련해야 한다. 사랑스러운 여자의 각본도 쉽지는 않다. 남자의 고백과 선물에 격하게 감동하고, '나꿍꼬또 기싱꿍꼬또'를 시전하고, 캐릭터도시락을 만들고, 날씬한 몸매를 유지해야 한다. 각본에 따르는 연애에서는 '남성=생계부양자이자 보호자, 여성=돌봄과 정서제공자'라는 왜곡된 성역할이 가장 확실하게 재현되고 재생산된다. 남자라고 왜 거절당하는 것이 상처가 되지 않겠는가. 남자들도 처음 해보는 섹스는 무섭고 두렵다. 마찬가지로 여자들이라고 해서 모두 애교유전자를 보유하고 있는 것은 아니며, 여자들에게도 섹스에 대한 호기심과 욕망이 있고 그것을 드러내는 것 역시 자연스러운 일이다.

따라서 제대로 된 사랑을 하고 싶다면 남녀에게 적합한 '연애의 정석' 같은 것이 존재한다는 생각부터 버려야 한다. 한 결혼정보회사에서는 '연인 스킨십 7단계'를 step1 손부터 시작해, 팔짱, 어깨, 키스, 허리, 가슴, 힙 순으로 구성해 놓았다. 연인의 몸이 부위별로 등급이 매겨지는 소고기도 아닌데 굳이 저 단계를 순서대로 밟아야 하는 이유를 알다가도 모르겠다. 혹 8단계가 본격적인 섹스라면 이미 그 단계에 도달한 연인들은 이제 또 무엇을 해야 하는가. 설마 8단계의 무한반복인가? 사랑에 정해진 속도와 진도라는 것이 있는지도 의문이지만 설령 있다 하더라도 그것은 나와 연인이 함께 결정할 일이지 다른 누군가에게 물어볼 사안은 아니다.

사랑의 종착역이 결혼이 아니듯이 섹스도 연애의 종착역은 아니다. 섹스가 맨 앞에 오는 연인들이 있듯이 섹스 없는 연애라고 불안해하거나 안달할 필요도 없다. 오히려 둘 사이에 오로지 섹스'만' 남은 사랑을 더 고민해야 하는 것 아닐까?

사랑의 기술 둘, 사랑은 '대상'이 아니라 내 '능력'의 문제다!

우리가 사랑에 대해 배워야 할 두 번째는 사랑은 '대상'의 문제가 아니라 내 '능력'의 문제임을 깨닫는 것이다. 많은 이들이 사랑의 성공여부는 어떤 사람을 만나느냐에 달려있다고 생각한다. 아직 내게 어울리는 짝을 못 찾았을 뿐 좋은 사람을 만나기만 하면 언제든 멋진 연애를 할 수 있으리라고 기대한다. 하지만 아무리 좋은 사람이 눈앞에 나타난들 내가 알아차리지 못하면 그만이다. 게다가 내가 그 사람을 바라보는 순간에 그 사람도 나를 봐줘야 한다. 그래서 사랑과 연애에서는 '대상'만큼 '시간'도 중요한 요소다.

불가에서는 아무리 만나고 싶은 사람이 있어도 시절인연이 무르익지 않으면 바로 옆에 두고도 만날 수 없으며, 아무리 만나고 싶지 않은 사람도 시절 인연이 닿으면 기어코 만날 수밖에 없는 것이 세상의 순리임을 가르친다. '시절인연'을 요즘 버전으로 바꾸면 '사랑은 타이밍'이 되겠다. 드라마 〈응답하라 1988〉(tvN, 2015)에서 남자 주인공이 경쟁자에게 간발의 차이로 기회를 뺏기고 돌아서는 장면을 배경으로 다음과 같은 내레이션이 흐른다.

> 운명의 또 다른 이름은 타이밍이다. 만일 오늘 그 망할 신호등에 한 번도 걸리지 않았더라면 그 빌어먹을 빨간 신호등이 날 한 번이라도 도와줬다면 난 지금 운명처럼 그녀 앞에 서 있을지 모른다. 내 사랑은 늘 그 거지같은 타이밍에 발목 잡혔다. 그 빌어먹을 타이밍에… 그러나 운명은 그리고 타이밍은 그저 찾아드는 우연이 아니라 간절

함을 향한 숱한 선택들이 만들어 내는 기적 같은 순간이다. 주저 없는 포기와 망설임 없는 결정들이 타이밍을 만든다. 그 녀석이 더 간절했고 난 더 용기를 냈어야 했다. 나빴던 것은 신호등이 아니라, 타이밍이 아니라 내 수많은 망설임들이었다.

그렇다. 사랑은 타이밍이 맞아야 하고 그 타이밍은 숱한 선택과 간절함이 만들어 낸다. 타이밍을 놓쳐버린 것이 문제가 아니라 오히려 수많은 망설임과 간절함의 부재가 자신의 문제였음을 이미 간파한 남자주인공이야말로 에리히 프롬이 말하는 사랑의 기술을 제대로 마스터한 셈이다. 사랑을 잘하기 위해서는 주저하거나 망설이지 말아야 한다. 그래서 프롬은 사랑은 '대상'의 문제가 아니라 내 '능력'의 문제임을 누누이 강조했던 것이다. 그런데 그런 능력은 하루아침에 생겨나는 것이 아니다. 사람을 판단하기 위해서는 시간을 투자해야 하고, 후회 없는 선택을 하려면 신중해야 한다.

연애에 조금만 관심이 있어도 다 안다는 '삼프터'는 '소개팅에서 세 번 만날 때까지 사귀기로 하지 않으면 관계 종료'를 뜻한다. 그런데 과연 단 세 번의 만남으로 누군가를 판단해도 괜찮을까? 열 번이나 스무 번 만나면 괜찮다는 소리를 하려는 게 아니다. 적어도 '삼프터'를 연애의 정석으로 받아들여서는 안 된다는 이야기다. 어느 시인의 말대로 '자세히 보아야 예쁘고, 오래 보아야 사랑스러운' 사람도 있다. 처음부터 내 마음이 전혀 움직이지 않았다면 모를까 단지 상대가 에프터 신청을 안 한다고 해서 포기하면 그 뒤에 찾아오는 아쉬움과 후회는 어찌 감당할 것인가. 상대가 안 하면 내가 하면 된다. 내 마음만이라도 솔직하게 표현해본 뒤에 관계를 접어도 늦지 않다. 단 상대가 정중히 거절하면 아무리 아쉽고 미련이 남더라도 깨끗하게 돌아서야 한다. 그냥 '시절 인연'이 닿지 않은 것이다. 상대의 거절에도 불구하고 일방적으로 좇아다니거나 사귐을 강요하는 것은 '찌질한' 짓을 넘어 명백한 폭력임을 잊어서는 안 된다. 결국 좋은 사람을 알아보는 것도 내 능력이고, 거절에 대한 두려움에도 불구하고 고백하는 것도 능력이며, 상대의 답이 기대와 달라도 화내거나 집착하지 않는 것이야말로 사랑 앞에서 우리가 갖추어야 하는 기본적인 능력이다.

이제 어떤 사람이 사랑하기 좋은 대상인지도 생각해 보자. 매력적인 외모에 친절하고 상냥하고 귀엽고 착하고 유머 넘치고 따뜻하고 애교 많고 용기 있고 건강하고 섹시하고 나만 바라보는 그런 사람? 이미 알겠지만 세상에 그런 사람은 없다. 설령 있다고 해도 그 사람이 나와 같은 시간에 감정이 촉발되지 않으면 아무런 의미가 없다. '날이 좋아서 날이 좋지 않아서 날이 적당해서 너와 함께 한 모든 시간들이 눈부셨다'는 고백이 감동적인 이유는 그 말을 하는 900살 넘은 도깨비가 '김신'이라서, 아니 좀 더 정확하게는 '공유'라서 찬란했던 것이다. 도깨비의 가슴에서 검을 뽑을 수 있는 이는 '도깨비 신부'뿐이다(〈쓸쓸하고 찬란하神 도깨비〉, tvN, 2016). 그러니 김비서의 마음을 이해하는 일은 '부회장님'의 몫으로 남겨주자(〈김비서가 왜 그럴까?〉, tvN, 2018). 우리가 해야 할 일은 완벽한 대상이 나타나기를 기다리며 멍 때리는(?) 대신에 나 혼자서도 행복할 수 있는 방법들을 고민하는 것이다. 나 홀로 지내는 모든 시간들을 눈부시게 만드는 것이야말로 우리 시대의 청춘들이 익혀야 할 사랑의 기술이다. 애인이 없어도 씩씩하게 엠티를 가고, 해외 연수도 다녀올 수 있는 대학생들이 시절인연을 만나면 사랑도 잘하는 법이다. 그러니 좋은 스승을 찾고 친구들과 우정을 나누는 일상도 사랑과 연애 못지않게 중요한 내 삶의 한 부분임을 잊어서는 안 된다. 가끔 실연의 상처로 휴학을 하거나 모든 인간관계들을 끊어버리는 대학생들이 있다. 물론 이별 앞에서 아무렇지도 않기는 어렵다. 그러나 그 이별을 너무 오래 앓아서는 안 된다. 쉽게 잊는다고 해서 그 사랑이 의미 없어지는 것은 아니다.

간혹 커플이 같은 수업을 신청하기도 한다. 언젠가 한 학생이 여자 친구가 원하는 점수를 못 받아 우울해 하는데 그걸 지켜보는 자기 마음이 너무나 아프다고, 그러니 A+를 받은 자신의 점수와 여자 친구의 점수를 바꿔달라고 메일을 보내왔다. 다른 학생들에게 피해를 주는 것도 아니니 괜찮지 않느냐며 간곡히 부탁했지만 청을 들어줄 수는 없었다. 아마도 그가 내린 사랑의 정의는 자신이 흠뻑 비에 젖을지언정 여자 친구에게 우산을 씌워주는 것이었으리라. 하지만 여자 친구도 그것을 사랑의 선물이라고 여겨 기쁘게 받아 줄지는 생각해봐야 한다. 그녀가 애인에게 바라는 것은 따뜻한 격려와 응원이지 A+ 학점은 아닐 것이다. 어쩌면 아주 많이 자존심 상해할지도 모른다. 이를 두고 벨 훅스(Bell Hooks)는 다음과 같이 이야기한다.

> 펙은 그의 책에서 우리가 대부분 '카텍스시를 사랑과 혼동한다'고 강조한다. 우리는 이런 카텍시스 과정을 통해 어떤 사람과 연결되어 있다고 느끼는 사람이 정작 그들에게 상처를 주거나 무시를 하면서도 그들을 사랑한다고 우기는 일이 얼마나 자주 일어나는지 안다. 그들의 느낌이 카텍시스의 느낌이고, 그래서 그들은 자기들이 느끼는 게 사랑이라고 우긴다(Hooks, 2015: 36).

여기서 스캇 펙(Scott Peck)이 '카텍시스(cathexis)'라고 부르는 것은 '사랑하는 사람을 향해 자신의 모든 감정을 투사하는 현상'을 말한다. 상대를 보호하고 보살피는 것은 사랑이 가진 많은 요소들 중 하나임에는 틀림없다. 하지만 '보호와 보살핌=사랑'은 아니다. 상대에 대한 존중보다는 자신의 감정이 더 앞서고 있을 위험이 크기 때문이다. 그러니 내 마음이 간절하다고 해서 무작정 뭔가를 해주면서 사랑이라고 우기면 안 된다. 자신의 일은 자신이 해결하는 것이야말로 연인들이 갖추어야할 능력이다. 나 대신 문제를 해결해 주기를 상대에게 기대해서도 안 되고 사랑이라는 이름으로 그 기대를 채워주려 해서도 안 된다. 그래야 두 사람이 함께 성장할 수 있다. 그 학생도 학점을 바꿔주기보다는 여자 친구에게 먼저 물었어야 한다. "내가 뭘 해주면 너의 하루가 조금 더 행복해지겠니?"라고 말이다.

사랑의 기술 셋, 최초의 경험과 사랑에 '머물러' 있는 상태를 혼동하지 말라!

사랑하면 마냥 좋을 것 같지만 설렘과 황홀감은 사랑을 고백하고 승낙하는 바로 그 순간이 최고의 절정일 수도 있다. '우리 오늘부터 1일이다!'를 선언하는 그 순간부터 새로운 문제들이 생겨나기도 하고 그동안 애써 덮어놓았던 문제들이 터져버리기도 한다. 상대에 대한 기대가 커지는 만큼 실망감도 커지고 언젠가 다가올지도 모르는 헤어짐에 대한 두려움까지 슬금슬금 똬리를 튼다. 그런데 연인과의 갈등과 고통은 서로의 사랑이 식었을 때 생기는 것이 아니라 사랑 그 자체가 갖고 있는 속성이다. 황홀감, 편안함, 따뜻함 같이 밝고 행복한 모습도 있지만 불안, 질투, 슬픔, 권태, 미움, 짜증처럼 고통스럽고 끔찍한 모습도 사랑이 가진 속성들이다. 에리히 프롬이 사랑을 '하게 되는' 최초의 경험과 사랑에 '머물러' 있는 상태를 혼동하지 말라고 이야기하는 이유도 여기에 있다. 프롬에 따르면 사람들이 서로에게 미치도록 빠져들거나 죽음도 두려워하지 않는 순간들을 열정적인 사랑의 증거라고 여기지만 그것은 기껏해야 두 사람이 그동안 얼마나 외로웠는가를 보여주는 증거일 뿐이다. 결국 누군가를 온전히 사랑한다는 것은 그 많은 감정들을 인정하는 과정에서 좀 더 나은 모습으로 자신을 바꿔나가는 작업이기도 하다.

이런 사실을 모른 채 폭풍처럼 몰아치는 열정만이 사랑이라고 확신하는 이들은 그 뒤에 찾아오는 달라진 사랑의 모습을 낯설어하고 불안해한다. 하지만 연애 과정에서 상대방이 이전과 같은 방식과 강도로 사랑을 표현하지 않는다고 해서 사랑이 끝났다고 생각할 필요는 없다. 실제로 연애를 오래 하다 보면 '꽁냥꽁냥'하는 시간만큼 싸움도 잦아진다. 카톡에 답이 없어도 서운하고, 전화를 안 받아도 화가 나고, 맛집에 빈자리가 없으면 미리 예약 안 한 상대에게 자꾸 짜증이 난다. 그렇게 사랑은 천천히 변해간다. 아니 사랑의 모습이 변하지 않으면 오히려 그게 더 이상하다고 과학자들은 입을 모은다. 코넬 대학의 신시아 하잔(Cynthia Hazan) 교수는 더 많이 눈을 마주치고, 더 많은 대화를 나누고, 더 많은 애교를 부리고 더 많은 섹스를 하는 사랑의 시간을 일컬어 '900일의 폭풍'이라고 부른다. 뇌 회로에 불이 켜진 연인들은 처음의 뜨거운 감정이 앞으로도 영원히 계속되리라 확신하지만 그 기간은 평균 18~30개월 정도며 시간 속에서 열정은 천천히 식어가기 때문이다(송웅달, 2007: 70). 하긴 보기만 해도 가슴이 두근거리고, 애인의 말 한마디 몸짓 하나에 숨이 막히고, 흥분으로 잠도 못자고, 만나기만 하면 섹스에 몰두하는 시간이 10년이고 20년이고 지속된다면 아마도 인류는 벌서 망했을 것이다. 그렇다고 너무 실망할 필요는 없다. 900일 만에 사라지는 것은 뜨거운 열정일 뿐 사랑 그 자체는 아니기 때문이다.

오랫동안 '사랑에 빠진 뇌'를 연구해 온 헬렌 피셔(Helen Fischer)는 사랑은 'chemistry(화학적 반응)'라고 정의한다. 흔히들 마음이 잘 맞는 두 사람을 두고 '케미가 좋다', '케미가 폭발한다'고 할 때의 그 케미다. 피셔의 주장에 따르면 남녀 간의 사랑은 3단계를 거치면서 변해 가는데 매 단계마다 뇌 속에서 분비되는 화학물질도 다르다고 한다. 사랑의 처음 시작은 성적 희열에 대한 '갈망(lust)'단계로 성호르몬인 테스토스테론과 에스트로겐이 불출되는 시기다. 이어서 '끌림(attraction)'의 단계로 넘어가는데 이 시기에는 쾌감을 느끼게 하는 도파민, 심장을 뛰게 하고 땀이 나게 하는 노르에피네프린 그리고 사람을 일시적으로 미치게 하는 세로토닌들이 뇌를 지배하기 때문에 식욕도 없고 잠도 못자고 온통 연인에 대한 생각뿐이다. 여기까지가 바로 낭만적이고 격정적인 사랑의 모습이다. 안타깝게도 사랑에 빠진 뒤 1년이 지나면 열정의 50%가 감소하고 많은 연인들이 이 기간에 이별하게 된다. 하지만 이 때 헤어짐 대신 관계를 지속할 수만 있으면 사랑의 폭풍이 멈춘 자리에는 잔잔한 사랑의 파도가 물결치게 된다. 때로는 다투기도 하지만 다시 사랑을 느끼는 관계가 오랫동안 지속되는 것이다. 피셔가 말하는 사랑의 세 번째 단계인 '애착(attachment)'이 형성되는 시기다. 이때는 뇌에서 옥시토신과 바소프레신이 분비되고 두 사람 사이의 감정도 안정되면서 친밀한 유대감이 지속된다(송웅달, 2007: 36-37). 요약하면 사랑이 사라지는 것이 아니라 사랑의 종류와 방식이 달라지는 것이다. 물론 사랑은 몸의 문제인 동시에 마음의 문제이기도 하니 사랑이 변해가는 이유를 오로지 호르몬에만 기대어 설명할 수는 없다. 그럼에도 불구하고 우리의 감정도 몸을 기반으로 한다는 점에서 뇌과학자들과 생리학자들의 설명도 우리가 만들어 나갈 새로운 사랑에 좋은 재료가 되어줄 것이다. 자 이제 서서히 이야기를 마무리해 보자.

새로운 자유를 찾아 새롭게 사랑하라!

지금까지 우리는 사랑이 무엇인지 정의 내리기 위해 먼 길을 걸어왔다. 무한한 자유를 허락받은 신자유주의시대 대학생들이 무엇을 불안해하는지 살펴보았고, '연애 권하는 사회' 속에서 연애불능을 호소하는 청년들의 모습도 들여다보았다. 그리고 에리히 프롬을 길라잡이 삼아 사랑에 관한 여러 이론들을 접하면서 어떻게 사랑해야 할지에 대해서도 오랜 시간 고민해 보았다.

그런데 어쩌면 우리는 가지 않아도 되는 길을 애써 돌아왔는지도 모르겠다. 사랑과 연애에 서툰 이들이 흔히 "제가 사랑과 연애를 글로 배워서 그래요"라고 하는데 괜한 변명만은 아닐 것이다. 사실 사랑과 연애는 글로 배울 수도 없고 말로 가르칠 수도 없다. 사랑의 기쁨도 이별의 상처도 오직 경험해 본 자들의 몫이다. 하지만 막상 끊임없이 사랑과 연애를 하는 사람들도 그것이 무엇인지 잘 모르겠다며 어려워한다. 우리말에서 사랑은 '사랑에 빠진 것 같아요'할 때는 뜨거운 '감정'을, '사랑하는 사이에요'라고 할 때는 친밀한 '관계'를, '앞으로도 오래오래 사랑할게요' 할 때는 굳은 '약속'과 '결심'으로 쓰인다. 서양에서도 사랑은 '명사'이면서 '동사'라고 하니 도무지 종잡을 수가 없다. 이렇게 모르면 몰라서 어렵고, 알면 알수록 헷갈리는 것이 바로 사랑이고 연애다. 그러니 이제 사랑이 무엇인지 20자로 정의하는 일 따위에 더 이상 시간을 낭비하지 말아야 한다.

지금부터 우리가 해야 할 일은 선입견 없이 사람을 만나고, 솔직하게 마음을 고백하고, 진심을 담아 표현하면서 온 몸으로 사랑과 마주하는 것이다. 쉽게 말해 사랑이 두렵고 연애가 겁나더라도 그냥 해 보라는 소리다. 기쁠 때는 마음껏 기뻐하고, 행복할 때는 한없이 행복해 하고, 아플 때는 비명도 지르고, 지겨울 때는 떠났다가, 후회하며 돌아오기도 하면서 말이다.

그리고 이제 다시 사랑을 새롭게 만들어 가는 과정에서 우리가 반드시 기억해야 할 것이 있으니 바로 다른 이들의 사랑과 연애를 함부로 무시하거나 비난해서는 안 된다는 점이다. 내 사랑이 소중하고 존중받기를 원한다면 다른 사람의 사랑도 그렇게 대해야 한다. 사랑은 어렵고 그래서 아무나 하는 것이 아니라고 말했지만 반드시 꼭 해야 하는 것은 아니며, 모두가 똑같은 모습으로 사랑할 필요도 없다. 세상에는 '단 하나의 사랑(The love)'이 아니라 '수많은 종류의 사랑(many kinds of love)'이 존재한다. 나이 차이가 많이 나는 이를 사랑할 수도 있고, 다른 피부색의 사람을 사랑할 수도 있고, 다른 종교를 가진 이와 사랑할 수도 있으며, 같은 성을 사랑할 수도 있다. 사랑이 반드시 핑크색이어야 할 이유는 없다. 사랑은 무지개 색깔로도 존재할 수 있고 그 또한 누군가에게는 귀하고 뜨거울 수 있음을 우리는 잊어서는 안 된다.

이제 사랑에 대한 우리의 긴 이야기도 마쳐야 할 것 같다. 그대가 여전히 사랑이 무엇인지 답할 수 없다고 해도 너무 실망하지 말기 바란다. 지금 답을 몰라도 괜찮다. 언젠가는 그대 스스로 답을 찾을 것이다. 언제나 그랬듯이.

◆◆◆ 읽을거리 볼거리

- **사랑과 연애의 달인 호모 에로스**(고미숙, 2016): 많은 공감을 불러일으켰던 고미숙의 2008년 동명저서 개정증보판. 사랑과 연애가 대상이나 매뉴얼의 문제가 아니라 '삶의 기술'에 대한 문제임을 현 세태를 통해 살피면서, 서양과 동양의 철학과 의학을 넘나드는 인문학적 성찰로 '사랑'이 곧 '운명애'임을 강조한다.
- **내가 연애를 못하는 건 아무리 생각해도 인문학 탓이야**(김만석·신현아 외, 2014): '연애 담론의 홍수'라고 할 만한 우리 시대의 다양한 연애 풍경들을 짚어보면서, 관계의 미로 속에서 길을 잃지 않도록 연애를 성찰한다.
- **이토록 두려운 사랑**(김신현경, 2018): 여성학자이자 문화연구자인 김신현경이 드라마 〈응답하라 1988〉과 〈청춘시대〉, 영화 〈연애의 목적〉 등 한국의 대중문화를 텍스트로 삼아 멀게는 신여성부터 가깝게는 87년 민주화 이후로 사랑과 연애에 무슨 일이 벌어졌는지 살펴본다.
- **그들이 썸만 타는 이유**(EBS 지식채널e, 2015.2.17.)

◆◆◆ 생각해 볼 문제

1. 요즘 시대에 무엇인가를 소비하지 않는 즉 돈 안 쓰는 연애는 애초에 불가능한 것일까? 최소한의 비용으로 연인과 함께 의미 있는 하루를 보낼 수 있는 창의적인 데이트 코스를 고민해 보자.

2. 우리 시대에 통용되고 있는 '연애의 각본'에는 어떤 항목들이 있는지 구체적으로 찾아 발표해 보자.

3. 다자연애, 폴리아모리(polyamory)란 두 사람 이상을 동시에 사랑하는 관계의 형태를 일컫는 말로, 파트너와의 합의와 동의가 전제된다는 점에서 '양다리'나 '문어발'연애와는 다르다. 아직은 실험적인 연애형태로 소수의 주장이지만 배타적 독점관계로 인한 질투심과 그로인한 구속이나 통제와 같은 문제들을 해결할 수 있는 대안으로 제시되기도 한다. 나의 파트너가 다자연애를 제안한다면 어떻게 할 것인지 생각해 보자.

◆◆◆ 참고문헌

고미숙 (2008). 사랑과 연애의 달인 호모에로스. 서울: 그린비.

송웅달 (2007). 900일간의 폭풍 사랑. 파주: 김영사.

양동욱, 김경례 (2017). 대학생들의 '썸문화'에서 나타나는 전략적 선택과 양가적 행위성. 젠더와문화, 10(1).

엄기호 (2009). 아무도 남을 돌보지 마라. 서울: 낮은산.

오찬호 (2013). 우리는 차별에 찬성합니다. 고양: 개마고원.

조한혜정 (2009). 교실이 돌아왔다. 서울: 또하나의문화.

파이낸셜뉴스 (2015. 5. 13.). 우리나라 대학생 1회 평균 데이트 비용. 男 5만4400원. http://www.fnnews.com/news/201505130914307819에서 인출.

한병철 (2012). 피로사회. 서울: 문학과지성사.

헤럴드경제 (2012. 6. 6.). '하늘보리' 광고 논란 '날은 더워 죽겠는데 남친은 차가 없네' …네티즌 발끈. http://news.heraldcorp.com/view.php?ud=20120605001310&md=20120617061002_BL에서 인출.

황진규 (2017). 철학보다 연애. 고양: 인간사랑.

Beck, U., & Beck-Gernsheim, E. (1999). 사랑은 지독한 그러나 너무나 정상적인 혼란. 강수영 외 공역. 서울: 새물결.

Fromm, E. (2016). 사랑의 기술. 황문수 옮김. 서울: 문예출판사.

Hooks, B. (2015). 올어바웃러브. 이영기 옮김. 파주: 책읽는수요일.

Norwood, R. (2011). 너무 사랑하는 여자들. 문수경 옮김. 서울: 북로드.

07

CHAPTER

Women's study

변화하는 사회, 변화하는 가족

김혜정

부산여성가족개발원 부연구위원이며, 여성정책 및 가족 분야에 대한 정책 연구를 하고 있다. 여성가족부 여성친화도시 컨설턴트, 한국양성평등교육진흥원 성별영향평가 전문 강사로 지정되어 있으며 관공서를 비롯한 민간단체에서 성평등 인식 및 정책과 관련한 교육 강사로도 활동하고 있다.

Introduction

가족의 전형으로 인식되었던 자녀와 부모로 구성된 4인 가족은 이제 더 이상 전형적이지 않다. 소위 '나홀로족'이라는 1인 가구는 네 집 중 한 집(28%)으로 크게 증가했다. 이처럼 가족의 전형성은 사라지고 1인 가족, 미혼모 가족, 한부모 가족, 공동체 가족, 동성 가족 등 가족은 다양해지고 있다.

개개인의 가치관과 삶의 형태가 다양해지면서 가족에 대한 가치관도 변화하고 있다. 결혼은 필수가 아닌 선택으로 인식되고 있으며 비혼의 비율은 지속적으로 증가하고 있다. 그러나 그 변화의 이면에 가족을 둘러싼 전통적 이데올로기 역시 공고하게 유지되고 있다는 사실은 아이러니하다.

이혼과 재혼은 증가하고 있지만 이를 둘러싼 사회적 편견은 여전히 존재한다. 1인 가구가 증가하면서 혼밥, 혼술이 우리 사회 트렌드가 되기도 하지만 한편, 저출산 문제와 결합하면서 사회적 고립과 빈곤의 상징으로, 하나의 사회문제로 인식되기도 한다. 졸혼 역시 부부가 이혼하지 않은 상태에서 서로 일정기간 떨어져 자유롭게 살아가는 것으로, 결국은 결혼제도를 유지하고자 하는 대안에 불과하다는 비판도 있다.

뿐만 아니라 변화하는 가족 안에서 여성의 역할에 대한 부담은 오히려 가중되면서 여성은 일을 하면서도 가정과 양육에도 소홀하지 않은 슈퍼맘이 될 것을 요구받고 일을 하지 않는 여성은 마치 남편 월급만 축내며 집에서 노는 소위 '맘충'으로 인식된다.

이처럼 이분법적이고 생물학적인 성에 입각해 '양성'의 혼인으로 가족이 구성되고 유지되어야 한다는 전통적 가족에 대한 이데올로기는 가족을 둘러싼 정상성과 위계, 불평등한 젠더체계를 유지시키고 가족 내 차별과 폭력을 은폐하는 기제로 작동할 수밖에 없다.

가족은 변화하고 있고 향후 지속적으로 변화해 갈 것이다. 가족의 변화에 따라 가족을 둘러싼 가치관의 변화도 함께 이루어져야 한다. 혼인과 혈연관계 중심의 정상가족 규범에서 벗어나 개인의 존엄과 평등을 기반으로 한 공동체로서의 가족으로, 인식의 확장이 필요하다.

점점 더 작아지는 가족

현대사회 가족의 특징을 한마디로 이야기하라면 단연 '소인화'라고 말할 수 있다. 가족의 전형으로 인식되었던 자녀와 부모로 구성된 4인 가족은 이제 더 이상 전형적이지 않으며 '전형적 가족'이라는 말은 이제 옛말이 되었다. 핵가족은 가족의 최소 단위라고 인식되었으나 현대사회에서 가족은 더욱 세분화되고 있다. 가족의 크기는 작아지고 구조는 단순해지고 있을 뿐만 아니라 개인의 이해와 욕구에 기반한 가족이 구성되고 있다.

통계청 자료에 따르면, 2000년 2세대 이상 가구는 69.1%로 10가구 중 7가구는 부모와 자녀 등으로 구성된 2세대 이상 가구였다. 그러나 2017년 2세대 이상 가구는 52.2%로 전체 가구의 절반에 불과하다. 이는 부산도 마찬가지이다. 2000년 2세대 이상 가구는 73.9%였으나 2017년에는 51.5%로 전체 가구의 절반만이 2세대 이상 가구로 급격히 감소하였다. 평균 가구원수 역시 2000년 3.1명에서 2017년 2.5명으로 감소하고 있어 가족의 소인화, 소가족화 현상이 뚜렷이 나타나고 있다. 이러한 2세대, 3세대 가구의 감소와 함께 한국 사회 가족의 가장 주목할 만한 변화가 바로 1인 가구의 증가이다.

1인 가구는 2000년 15.5%에서 2017년 28.6%로 10가구 중 3가구가 1인 가구이며 이는 지속적으로 증가할 것으로 예상된다. 이러한 1인 가구의 급격한 증가는 특히, 미혼과 비혼의 증가, 이혼 및 별거, 사별로 인한 가족 구조의 변화와 연계되어 있다. 미혼 1인 가구는 본인의 직업과 학업, 혹은 결혼 연기로 인한 생애 과정에서 발생하는 반면, 노인 1인 가구의 증가는 배우자의 사별이나 부모-자녀 관계의 변화 등에 기인한다.

〈표 7-1〉 세대별 가구 구성 및 가구원 수 (단위: 가구, 명)

구 분		전체	1세대가구	2세대가구	3세대가구	4세대 이상 가구	1인 가구	비혈연 가구	평균 가구원수
2000	전국	14,311,807	2,033,763	8,696,082	1,176,337	21,961	2,224,433	159,231	3.1
	부산	1,120,186	130,368	735,489	91,698	1,174	154,237	7,220	3.2
2005	전국	15,887,128	2,574,717	8,807,326	1,092,562	15,902	3,170,675	225,946	2.9
	부산	1,186,378	170,735	699,525	82,836	826	222,515	9,941	2.9
2010	전국	17,339,422	3,027,394	8,892,224	1,062,607	12,769	4,142,165	202,263	2.7
	부산	1,243,880	208,241	658,845	75,826	619	290,902	9,447	2.7
2017	전국	19,673,875	3,470,070	9,320,588	946,500	9,381	5,618,677	308,659	2.5
	부산	1,354,401	251,258	634,011	62,832	423	388,899	16,978	2.4

출처: 통계청 KOSIS. 인구총조사.

1인 가구, 낭만과 외로움 사이

최근 1인 가구 증가에 따라 소비 트렌드를 1인 가구가 주도하고 있다는 기사들을 종종 보게 된다. 4인 가족 중심이던 주택시장은 1~2인 가족 중심으로 소형화되고 있으며 1인용 세탁기, 1인용 밥솥 등 소형 가전제품도 늘어나고 있다. 더불어 혼밥, 혼술 등 혼자서 하는 것이 하나의 유행으로 자리 잡고 있으며 1인 가구를 대상으로 하는 방송들도 속속 등장하고 있다. 대표적인 방송이 〈나 혼자 산다〉이다. 혼자서도 잘 사는 현대인들의 모습을 보여주고 있지만 한편, 1인 가구를 지나치게 낭만화시킨다는 우려 또한 지울 수 없다. 1인 가구는 과연 〈나 혼자 산다〉에 나오는 사람들처럼 자유롭고 행복한가?

혼자 사는 것에는 자발성과 비자발성이 동시에 존재한다. 이는 연령별 1인 가구의 증가 현상을 통해 발견할 수 있다. 1인 가구의 증가를 연령별로 살펴보면, 청년층과 고령층에서 뚜렷하게 나타난다. 이러한 현상은 2045년으로 가면 더욱 심해진다.

청년층의 1인 가구 증가는 본인의 학업이나 취업으로 인한 타 지역으로의 이동과 관련이 있다. 문제는 이러한 과정적 1인 가구가 지속되는 현상에 있다. 취업난으로 직장을 구하기 어려운 20~30대들은 가정을 꾸릴 경제적인 여건이 되지 않아 결혼을 포기하거나 미루는 현상이 나타나고 있다. 스스로의 선택에 의해 결혼하지 않는 사람들도 있지만 결혼 비용의 부담 때문에 결혼할 엄두를 내지 못하는 사람들도 20~30대에서는 어렵지 않게 발견할 수 있다. 미혼 및 비혼, 만혼에 따른 1인 가구의 증가는 '화려한 싱글', '골드 미스'로 명명되는 자유롭고 풍요로운 삶에 대한 개인의 자발적 선택이라기보다 오히려 '삼포세대', '오포세대'로 상징되는 20~30대의 열악한 경제적 상황, 절망과 연결되어 있다고 보는 것이 더욱 합리적이다.

70대 이상의 고령층 1인 가구의 증가는 더욱 문제이다. 노인 1인 가구의 증가는 배우자의 사별이나 가족의 해체, 부모-자녀 관계의 변화 등에 기인하는 경향이 있다. 따라서 돌봄에서 배제된 노인 1인 가구의 증가는 '고독사'와 연결되어 있다. 홀로 외롭게 맞이하는 죽음을 의미하는 '고독사'는 1인 가구 증가 속에서 사회적 이슈로 떠올랐다.

무엇보다 이러한 고독사는 만성적 빈곤 상태에 있는 고령층을 넘어, 가족의 해체를 경험한 중장년층, 취업이나 학업으로 인해 타 도시에서 혼자 외롭게 살고 있는 청년층으로까지 확대되고 있다.

1인 가구의 증가는 가족보다는 개인적 삶의 추구, 자율성과 유연성을 내포하고 있지만 한편 정서적 결핍, 경제적 빈곤과도 연결되어 있다. 따라서 가족 구성원의 사회적 고립을 예방하고 가족의 기능을 회복하기 위한 마을단위 공동체 가족을 비롯한 사회적 가족, 대안적 가족에 대한 욕구는 지속적으로 증가할 것이다.

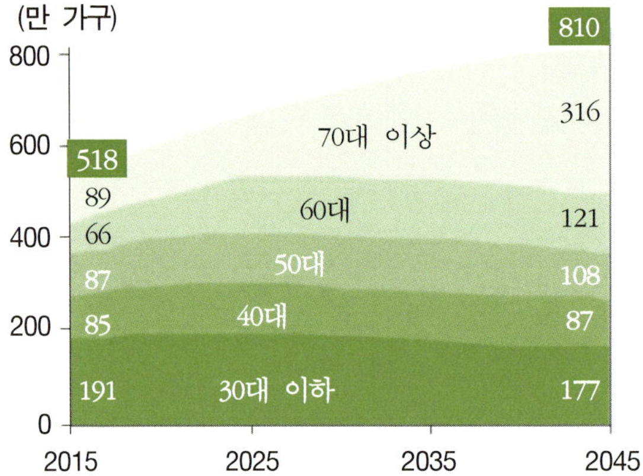

[그림 7-1] 1인 가구 연령별 규모(2015~2045)

출처: 아시아경제(2017. 4. 13.).

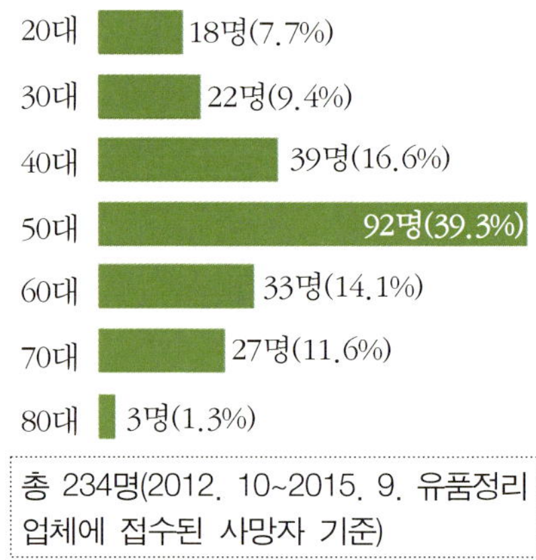

[그림 7-2] 연령대별 고독사 현황

출처: 매일신문(2015. 12. 5.).

다양한 가족의 등장

가파르게 상승한 이혼율과 저출산, 고령화 등 인구학적 변화는 가족의 다양성으로 나타나고 있다. 한부모가족, 다문화가족, 1인 가족, 조손가족, 동거가족 등 전통적인 가족관계 외에 다양한 가족유형이 나타나고 있다. 이러한 다양한 가족의 등장은 개인의 존엄과 평등을 바탕으로 가족의 개념과 인식을 확장하고 있다. 사실 이러한 가족은 새롭게 등장했다기보다 우리 사회에 이미 존재하고 있으나 인정되지 않고 있었던 여러 가지 형태의 가족들에 대한 수용성이 증가했다고 보는 것이 더 맞는 것인지도 모른다.

그중에서도 한부모가족는 2000년 전체 가구 대비 7.9%에서 2010년 9.2%로 지속적인 증가 추세이다. 한부모가족의 형성요인을 살펴보면, 2000년 사별이 44.7%로 가장 높았으나 점점 사별의 비중이 줄어들어 2010년에는 29.7%로 낮아졌다. 반면,

2000년 이혼으로 인한 한부모가족은 21.9%였으나 2010년 32.8%로 높아졌다. 부산 역시 한부모가족의 비율은 2000년 10.0%에서 2010년 11.2%로 증가하고 있고 전국에 비해서도 높게 나타나고 있다. 이혼이 지속적으로 증가하고 있는 추세로 볼 때 이혼으로 인한 한부모가족의 증가 또한 예상할 수 있다.

이혼의 지속적 증가와 가족의 경제적 기반 약화는 부모세대의 부양은 물론 자녀 돌봄 기능 또한 위축시키고 있다. 이에 따라 자녀 돌봄을 부모세대로 전가시키는 사례도 증가하면서 손자녀와 동거하는 조손가구 또한 증가하고 있다. 통계청 자료에 따르면, 2000년 45,225가구였던 조손가구는 2017년 112,578가구로 급증했고 부산지역 역시 2000년 2,658가구에서 2017년 7,688가구로 증가했다. 조손가구는 경제적 어려움과 손자녀의 양육부담을 동시에 안고 있어 돌봄 공백을 메우기 위한 지역사회 기반의 돌봄 네트워크 형성이 필요하다.

〈표 7-2〉 한부모가구 형성요인별 현황 (단위: 천 가구)

구분		총 가구수	한부모가구				
			계	사별	이혼	미혼	유배우
2000	전국	14,312	1,124(100)	502(44.7)	246(21.9)	123(10.9)	253(22.5)
	부산	1,120	112(100)	54(48.2)	25(22.3)	11(9.8)	22(19.6)
2005	전국	15,887	1,370(100)	501(36.6)	399(29.1)	142(10.4)	328(23.9)
	부산	1,186	130(100)	53(40.8)	39(30.0)	12(9.2)	26(20.0)
2010	전국	17,339	1,594(100)	474(29.7)	523(32.8)	185(11.6)	413(25.9)
	부산	1,244	139(100)	49(35.3)	45(32.4)	14(10.1)	31(22.3)

출처: 김혜정(2017). 2017 부산여성가족통계연보, 부산여성가족개발원; 여성가족부(2018). 2018년 한부모가족 지원사업 안내.

또한, 다문화가족의 증가 또한 가족이 다양화되고 있음을 보여주는 중요한 지표 중 하나이다. 외국인주민현황조사에 따르면, 결혼이민자(한국국적을 취득하지 않은 결혼이민자와 혼인귀화자를 포함)는 2006년 90,489명에서 2016년 318,948명으로 증가했고 다문화가족 자녀 역시 2007년 44,258명에서 2016년 201,333명으로 크게 증가했다.

다문화가족의 증가와 함께 다문화가족 내 이혼·사별의 증가, 재혼가정의 증가 등 가족형태는 더욱 다양화되고 있으며 그 결과 가족원의 사회·경제적 어려움, 자녀양육 문제 등 다양한 과제들이 등장하고 있다. 또한 다문화가족 자녀들이 증가하면서 이들의 차별과 배제의 문제도 대두되고 있다.

결혼은 계약이다

가족구조의 변화와 더불어 여성의 고학력화, 경제활동의 증대, 정보화, 성평등 인식 확산 등의 사회적 변화는 전통적 가족에 대한 가치관에도 영향을 주었다. 가족주의 가치관이 점차 약해지면서 가족보다는 개인의 삶과 선택이 중요한 요소가 되었다. 결혼은 필수가 아닌 선택으로 인식되고 있으며 결혼연령이 높아지고 비혼의 비율도 증가하고 있다.

부계 혈연 중심의 가족주의 가치관이 지배적이던 한국 사회에서 결혼은 일반적으로 모든 사람들이 해야 하는 당위적인 것으로 인식되었고 결혼을 하고 자식을 낳아 길러야 완전한 성인이 된다고 생각했다. 따라서 소위 말하는 결혼적령기 이후에도 결혼하지 않고 있는 사람들은 문제가 있는, 비정상적 사람들로 간주되었다.

그러나 현대사회에서 개인들은 가족을 통한 결속과 유대의 욕구뿐만 아니라 독립성과 자율성의 욕구 또한 가지고 있다. 따라서 구속적인 결혼이나 혈연적 유대보다는 독신이나 동거 등 보다 유연한 결혼 및 가족관계를 선호하는 경향이 나타나고 있다. 한국 사회에서도 결혼과 가족은 선택의 영역으로 변화하고 있다.

통계청 '2017 통계로 보는 여성의 삶'에 따르면 '결혼을 해야 한다'는 인식은 미혼 남성이 42.9%인데 반해 여성은 31.0%에 그쳤다. 이는 2010년 '결혼을 해야 한다'는 인식이 남성의 경우 62.6%, 여성 46.8%였던 것에 비해 급격히 감소한 수치이다.

가족 구성과 해체에서 개인적 판단과 선택이 중요해지면서 초혼 연령 또한 지속적으로 상승하고 있으며 미혼 및 비혼의 비율도 동시에 증가하고 있다. 2000년 남성의 평균 초혼 연령은 29.3세, 여성의 평균 초혼 연령은 26.5세였다. 그러나 2017년 남성의 평균 초혼 연령은 32.9세, 여성의 평균 초혼 연령은 30.2세이다. 이는 결혼 연령대가 20대 후반에서 30대 초반으로 이동하고 있음을 의미한다. 이러한 결혼 연령의 상승과 미혼 비율의 증가는 특정연령대를 일컬어 '결혼적령기'라고 하던 사회적 관습이 변화하고 있음을 또한 보여준다.

이러한 현상은 2030세대의 결혼가치관의 변화와 함께 이들 세대가 가진 취업의 어려움, 고용의 불안정성, 결혼비용의 증가와도 연결되어 있다. 고용불안과 소득양극화는 개별가족의 경제적 기반을 약화시키고 있으며 특히, 청년층의 결혼을 미루게 하는 요인으로 작동하고 있다. 여기에 더해 주택비용 상승과 결혼비용의 증가는 결혼 자체를 어렵게 한다.

"집·결혼 포기하니 행복해요"... 미래보다 현재에 집중하는 2030

웨딩 컨설팅업체 듀오웨드에 따르면 지난해 기준 우리나라 평균 결혼비용은 2억3000여만 원. 이 중 주택자금인 1억6700만 원이 해결된다고 하더라도 결혼비용만 6200만 원 이상이다. 사실 결혼적령기라 불리는 초혼 연령은 남성 32.94세, 여성 30.24세로, '사회초년생'이기 때문에 이른바 '금수저'가 아니라면 자립으로 주택자금과 결혼자금 마련은 불가능한 현실이다.

출처: 아시아경제(2018. 8. 28).

가족에 대한 주관적인 의미 부여와 관계의 질이 결혼생활의 지속 여부를 결정하는 주요 근거로 작용하면서 이제 가족은 평생을 함께해야 하는 운명공동체라기보다 상호 신뢰와 배려를 바탕으로 한 관계 지향적 공동체로 변화하고 있다. 따라서 결혼과 이혼, 재혼 모두 개인의 선택이 보다 중요해지고 따라서 결혼관계를 지속하기 위해서는 서로의 끊임없는 노력이 필요하다. 결혼에 대한 서로의 만족감이 유지되지 않을 경우 관계는 단절될 수 있음을 인정할 필요가 있다. 따라서 결혼과 이혼 및 재혼은 전 생애 한 번 경험하는 생애사적 사건이기 보다 개인의 취향과 선택에 따라 언제든지 선택 가능한 삶의 방식으로 수용되고 있다(김혜영, 2008).

이혼인 듯 이혼 아닌 졸혼을 권하다[3)]

현대사회에서 결혼 및 가족에 대한 가치관은 끊임없이 변화하고 있지만 현재의 노년층에게는 이 변화가 아직 생소하다. 부부와 자녀로 이루어진, 소위 말하는 정상가족에서 벗어나는 것이 쉽지 않다. 따라서 불평등한 가족 관계, 만족스럽지 못한 부부관계를 변화시키지 못한 채 '자녀들 다 결혼시켜 놓고 이혼해야지'라는 말을 반복하며 관계를 지속하게 된다. 견고한 전통적 가족체계 속에서 생겨난 '과부', '애미 없는, 혹은 애비 없는 자식'이라는 편견과 낙인에서 자유로울 수 없는 것이다.

그러나 최근 들어 '해혼(解婚)', '졸혼(卒婚)'이라는 말이 심심찮게 나오고 있다. 결혼(結婚)이 부부의 연(緣)을 맺어주는 것이라면 '해혼'은 혼인관계를 푸는 것이다. 갈등과 불화로 부부가 갈라서는 것이 아니라 결혼 역시 하나의 과정으로 보고 그것을 완료하고 자유로워진다는 뜻의 '해혼'은 인도에서는 낯설지 않은 문화이다. 같은 현상으로 최근 일본에는 늘어나고 있는 '졸혼'은 부부가 이혼하지 않은 상태에서 서로 일정기간 떨어져 자유롭게 살아가는 것을 말한다. 부부는 시간을 정해 만나고, 나머지 시간에는 각자의 삶을 사는 것이다. 결혼의 틀은 유지하되 각자 자유롭게 사는

3) 본 저자(김혜정)의 경남도민일보 칼럼(2016. 7. 6.) '이혼인 듯 이혼 아닌 졸혼을 권하다'의 내용을 재구성함.

방식인 셈이다.

사실 우리가 '졸혼'이라고 명명하지 않았을 뿐 현실적으로 '졸혼'의 형태를 유지하는 부부는 주변에서 많이 볼 수 있다. 남편은 농촌에, 아내는 도시에 따로 거주하면서 평소 각자 생활을 하다 집안에 대소사가 있을 때만 보는 부부도 있고 손자 양육을 핑계로 아내가 자식 집에서 거주하는 부부, 한집에 살아도 서로 독립적으로 지내는 소극적인 '졸혼'도 적지 않다.

함께 살면서 서로의 생활에 깊숙이 개입하는 기존의 결혼에서 벗어나 자녀가 독립한 뒤 한 달에 한두 번 정기적으로 만나 안부를 묻는 '졸혼'은 가족이라는 관계망을 유지한 채 따로 각자의 삶을 향유하는 방법이기도 한 것이다. 이혼을 하기에는 그간의 정이 무섭고, 자식들도 있고, 이혼에 대한 사회적 통념이 여전히 신경 쓰인다면 '졸혼'이 그 대안이 될 수 있지 않을까?

〈디어 마이 프렌즈〉라는 드라마에 나오는 신구와 나문희의 삶이 '졸혼'의 한 방식이라고 본다면, 그렇게 떨어져 지내면서 서로를 이해하게 되고 오랜 삶의 방식을 변화시키는 계기가 될지도 모른다. 결국 이혼이라는 극단적 선택에 앞서 부부가 갈등을 해결하고 관계를 회복하는 좋은 계기가 될 수도 있다. 30~40년 살면서 결혼의무를 다한 부부가 각자 따로 살며 서로 친구처럼 지켜보는 것도 좋은 관계일 수 있다.

모성 이데올로기와 죄책감

'모성 이데올로기(motherhood ideology)'는 아이를 낳고 기르는 것이 여성의 본질적 정체성이며, 더 나아가 자녀의 성장에 대해 어머니가 일차적인 책임을 진다는 '엄마 역할'에 대한 사회적 신념체계이다(조숙 · 정혜정 · 이주연, 2015; Hattery, 2001). 모성 이데올로기는 출산이라는 여성의 생물학적 특성과 연결됨으로써 강력하고 근본적인 규범으로 작동해 왔다.

이러한 규범은 여성이 여성으로 존재하는 것이 아니라 어머니로 존재할 때 초인적인 힘을 발휘하게 되는 신화를 만들어냈고 신화적인 존재인 어머니, '모성'은 여성에 대한 억압의 기제로 작동해왔다. 모성의 이름으로 여성의 희생과 의무를 강요하는 논리는 현재도 유효하게 작동되고 있다.

『모성애의 발명』에서 엘리자베트 벡 게른스하임(Elisabeth Beck-Gernsheim, 2014)은 모성애가 근대 이후 산업현장과 분리된 가족제도 안에서 아동의 발달을 위해 인위적으로 만들어진 것이라고 주장한다. 여성만이 양육과 돌봄의 적임자라는 '모성 신화'는 남성이 노동에 몰입할 수 있도록, 또한 훈육된 노동자로 양성될 수 있도록 여성이 무상으로 돌봄을 수행해야만 자본주의가 원활히 돌아갈 수 있기 때문에 작동되는 것이라고 보았다.

그리고 이러한 모성 이데올로기는 여성의 사회적 참여와 연결되면서 '모성 박탈(maternal deprivation)'로 확장되었다. '모성 박탈'은 어머니가 부재하거나 어머니와 보내는 시간이 부족할 경우 자녀, 특히 영유아기 아동의 정서적, 심리적 발달에 문제가 발생한다고 보는 것이다.

『아내가뭄』의 저자인 애너벨 크랩(Annabel Crabb, 2016)은 미국 여성을 대상으로 한 2006년 연구 결과, 전일제 근무를 하는 엄마들이 1976년 전업주부 엄마들보다 아이와 일대일로 보내는 시간이 더 많음에도 불구하고 시간이 부족하다는 죄책감을 가지게 된다고 지적했다.

실제로 오늘날 엄마들은 다양한 이유로 자녀에게 죄책감을 느끼며 살아간다. 일하는 엄마는 자녀와 함께 보내는 시간이 부족하다는 생각에 죄책감을 느끼고, 비취업 엄마는 하루 종일 자녀와 지내지만 질적으로 좋은 양육을 하지 못한다는 생각에 자신을 책망한다.

여성들이 직업을 가지고 사회로 나가기 시작하면서 한편에선 여성들이 사회로 나가면 안 되는 이유를 만들어냈다. '모성 이데올로기'와 '모성 박탈'은 어쩌면 여성도 남성과 같이 직업을 가지고 사회적 활동을 하는 사회에서 여성에게 가할 수 있는 또 다른 구속으로 작동한 셈이다.

슈퍼맘과 맘충

버틀러(Butler, 2010)는 한국에서 강력하게 작동하는 모성 이데올로기가 여성이 자신의 영역을 가정으로 한정시키거나 노동시장에 진입한 경우에도 '수퍼우먼 신드롬'에 스스로를 가둘 가능성을 배제할 수 없다고 하였다.

이러한 우려는 현실로 나타나고 있다. 이 시대 엄마들에겐 '모성애'와 '자기개발'이라는 두 가지 과제가 주어져 있다. 자기 성장을 해야 하는 동시에 아이가 훌륭하게 성장할 수 있도록 서포터 해야 한다. 각종 TV 프로그램과 육아서는 여성들에게 '프로맘(Pro Mom)', '슈퍼맘(Super Mom)'이 될 것을 요구한다. 여성에게 자신의 일을 하는 전문가로서의 엄마를 요구하면서도 아이의 욕구와 심리를 정확하게 파악하고 발달단계에 맞춰 완벽한 지원을 해주는 엄마도 동시에 요구하고 있다. 이 두 가지를 동시에 잘 할 수 있을까? 모성 이데올로기는 이 두 가지를 동시에, 그리고 완벽하게 할 수 있다고 말하고 있다. 그리고 그 과정에서 여성들은 '이러다 사회에서 도태되는 것은 아닐까?' 안절부절하고 '아이를 제대로 키우고 있는 것일까?', '내가 너무 이기적인 엄마는 아닐까?' 죄책감에 시달린다.

지난 대선에서 심상정 의원은 '슈퍼우먼 방지법'을 공약으로 제시하고 2017년 6월 이 법을 발의하였다. 이 법의 핵심은 남성의 사용률이 현저히 낮은 현재의 육아휴직이나 일가정 양립 정책은 여성에게 부담을 가중시키는 것으로 남성의 육아휴직 의무화를 통해 이를 어느 정도 해소하고자 하는 취지이다. 여성이 집중적으로 사용하는 성별화된 육아휴직 제도는 오히려 가족 내 성역할 분업을 강화하고, 여성으로 하여

금 직장 내 불이익을 감수하도록 하는 요인이 되며(원숙연 · 김예슬, 2017), 결국 일하는 여성에게 슈퍼우먼을 정당화하는 기제로 활용될 수 있다.

심상정 슈퍼우먼 방지법 발의… 이행 기업엔 조달청 입찰 가산점 검토

심상정 정의당 상임대표가 11일 '슈퍼우먼 방지법'을 대표 발의했다. 육아휴직 기간 확대와 부부의 육아휴직 의무화, 육아휴직 급여액 상향 조정 등을 골자로 하고 있으며 지난 대통령 선거 당시 정의당이 발표한 6대 약속 법안 중 하나다.
심 대표는 이날 국회에서 기자회견을 갖고 "맞벌이 시대는 왔지만 맞돌봄 시대는 따라오지 않았다. 대한민국 국민은 가족 없는 노동으로 내몰리고 있고 여성들은 슈퍼우먼이 될 것을 강요받고 있다"며 입법 배경을 밝혔다.

출처: 여성신문(2017. 6. 12.).

이러한 우리 사회 모성 이데올로기가 가져온 '슈퍼우먼 콤플렉스'는 아이러니하게도 '맘충'이라는 또 다른 엄마의 정체성을 만들어냈다. '맘충'이란 단어는 자녀 사랑을 핑계로 몰지각한 행동을 하는 엄마를 비하하는 뜻으로, 엄마를 뜻하는 '맘(Mom)'과 '벌레 충(蟲)'자가 결합된 것이다. 문제는 이러한 맘충이라는 명명이 특정 엄마에 한정되는 것이 아니라 자녀를 동반한 엄마 모두를 지칭하는 단어가 되어 가고 있다는 것이다.

『82년생 김지영』이라는 소설에서 김지영은 유모차를 끌고 커피 한잔 들고 공원에 갔던 날 서른 전후의 직장인 일행으로부터 '나도 남편이 벌어다주는 돈으로 커피나 마시면서 돌아다니고 싶다. 맘충 팔자가 상팔자야'라는 말을 듣는다. 아이 양육을 위해 직장을 포기해야 했던 김지영은 졸지에 남편이 벌어다주는 돈으로 커피나 마시는 '맘충'이 되어 버린다.

김지영이 직장을 포기하지 않았다면, 워킹맘의 삶을 살았다면 그때는 '슈퍼맘'이 되지 못하는 자신을 자책해야 했을 것이고 '어린 아이를 떼어놓고 자기 발전을 위해 살아가는 이기적인 엄마'라는 욕을 듣게 되었을 것이다. 한국 사회 모성 이데올로기는 여성에게 슈퍼맘이 되거나 맘충이 될 것을 요구하고 있는 셈이다.

> "죽을 만큼 아프면서 아이를 낳았고 내 생활도, 일도, 꿈도, 내 인생, 나 자신을 전부 포기하고 아이를 키웠어. 그랬더니 벌레가 됐어. 난 이제 어떻게 해야 돼?"(82년생 김지영 중에서)

가족 내 권력과 불평등의 문제, 가정폭력

일반적으로 가정폭력은 가족 내에서 발생하는 모든 형태의 폭력과 방임, 유기를 포함한다. 남편과 아내, 부모와 자녀, 형제자매 및 기타 동거가족을 포함한 가족구성원 중 한 사람이 다른 가족구성원에게 의도적으로 물리적 힘을 사용하거나 정신적 학대를 통하여 고통을 주는 행위를 말한다. 다시 말해, 가정폭력의 개념 속에는 신체적, 성적 상해를 가하는 학대 행위 및 심리적, 정신적 고통을 주는 비신체적 학대, 자아존중감을 해치는 언어폭력, 그리고 적극적으로 부양의무를 이행하지 않는 방임과 유기까지 포함된다.

이러한 가정폭력은 일반적으로 배우자에 대한 폭력, 아동에 대한 폭력이 다수를 차지하고 있다. 대부분의 가정폭력 행위자는 남성이며 남편에 의한 아내의 폭력은 자녀에게 동시에 가해질 수 있다는 점에서, 폭력에 대한 학습을 통해 재생산된다는 점에서 더욱 문제시된다.

그러나 가정폭력은 생각보다 우리 주변에서 흔하게 발생한다. 실제로 2016년 전국 가정폭력실태조사 결과에 따르면 지난 일년 동안 배우자로부터 어떤 유형의 폭력이든 하나라도 경험한 비율이 41.5%로 나타났다. 또한, 대검찰청 자료에 의하면 가정폭력사범은 4년 동안 17배 이상 증가해 가정폭력이 지속적으로 증가하고 있음을 보여준다.

가정폭력사범 4년 새 17배 이상 폭증

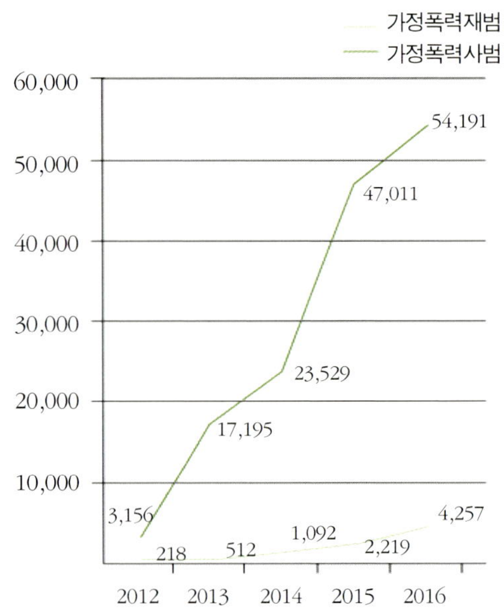

국회 법제사법위원회 박주민 더불어민주당 의원이 대검찰청으로부터 제출받은 가정폭력사범 현황에 따르면, 가정폭력범죄로 입건된 인원은 2012년 3,156명에서 2013년 1만7,195명, 2014년 2만3,529명, 2015년 4만7,011명으로 꾸준히 늘어 2016년 5만4,191명을 기록했다. 가정폭력사범 중 과거 5년 이내 가정폭력으로 기소유예 이상 처분을 받은 전력이 있는 인원도 2012년 218명, 2013년 512명, 2014년 1,092명, 2015년 2,219명으로 해마다 2배 이상 늘어 지난해 4,257명을 기록했다.

출처: 여성신문(2017. 10. 6.).

가정폭력의 원인으로 가해자의 성격적 특성이나 알코올 및 약물 중독, 가해자의 아동기 폭력 경험, 경제적 어려움 등 다양한 요인이 거론되고 있으나 여성주의자들은 본질적으로 가정 내 권력(power)과 불평등(inequality)이 주요하게 영향을 미치고 있다고 보고 있다.

가정은 작은 사회체계 중 하나이며 구성원들이 상호작용하는 장이다. 따라서 가족 구성원 간의 상호작용 속에서 권력의 불균형, 불평등의 현상은 발생할 수밖에 없다. 특히, 남성 중심의 가부장적 가족 규범이 강하게 작동하는 한국 사회에서 가족 내 권력의 불균형, 젠더 불평등 현상은 뚜렷하게 나타난다.

한국 사회의 가부장적인 태도와 남성 중심적 사고는 배우자를 동등한 개체로서 인식하고 존중하는 것이 아니라 소유물로 인식하고 가해자 자신의 통제에 따라야 한다고 믿는다. 따라서 자신의 통제에서 벗어난다고 인식하기 시작하면 손쉽게 가정폭력으로 이어지게 된다.

또한, 가정폭력은 사회 전반적인 여성 인권 수준, 성평등 인식, 관련 법·제도 등과 연관되어 있다. 여성이나 아동에 대한 인권 의식이 낮은 사회, 가부장적 문화가 지배적인 사회, 폭력에 대한 법·제도가 마련되어 있지 않은 사회에서 가정 폭력은 증가하게 된다.

사회적인 권력구조나 의사결정 등에서 소외되어 있는 장애 여성, 다문화가정 여성이 배우자로부터 폭력을 경험할 가능성이 더 높다는 사실은 가정 내 폭력이 가정 내 권력의 집중과 사회구조의 문제와 어떻게 연결되어 있는지 잘 보여준다. 결국, 가정폭력은 단순히 개인적 요인이나 특성에 기반한 현상이라기보다는 권력과 불평등이라는 구조적인 성격을 내포하고 있다.

따라서 가정폭력은 더 이상 사적인 문제가 아니라 공적인 개입이 필요한 사회적 문제이다. 그러나 우리 사회에서 가정폭력은 여전히 사적인 문제로 인식되고 있다. 현행 가정폭력처벌법은 가해자를 형사 처벌하기보다 보호 처분함으로써 가정폭력에 대한 강력한 방지 효과를 가지지 못하고 있으며 무엇보다 피해자를 제대로 보호하지 못하고 있다. 대검찰청 자료에 따르면 2012년 14.8% 수준이던 가정폭력 사범 기소율은 2016년 8.5%까지 떨어졌다. 신고된 가정폭력 사건 대부분이 불기소처분을 받거나 상담 위탁 등 보호처분으로 종결됐다. 경찰청에 따르면 가정폭력 사건에서 접근금지 등 긴급 임시조치가 취해진 비율은 10건 중 1건에 불과하다. 가정폭력 피해자 10명 중 9명은 가해자의 위협에 지속적으로 노출되고 있는 셈이다.

가족의 구조와 가치관이 달라지고 있고 집안일은 집안 내에서 스스로 해결해야 한다는 전통적 가족주의 관념 또한 변화하고 있다. 여성은 더 이상 남성의 소유가 아니며 부부간의 평등한 의사결정과 상호존중, 배려와 신뢰를 토대로 하지 않고는 더 이상 가족이 유지될 수 없다. 따라서 폭력에서 벗어나고자 하는 개인의 노력과 함께 이웃과 지역사회가 방관하지 않고 적극적으로 개입하고 공공 기관의 도움을 요청해야만 가정폭력의 문제는 해결될 수 있다. 가정폭력은 가족 내 문제가 아니라 학습되고 다음 세대로 전이된다는 점에서 사회와 연대하여 이를 해결해 나가는 노력이 필요하다.

대안가족을 꿈꾸며

인터넷으로 세상 어디든 갈 수 있는 지금, 우리는 세상의 다양한 문화를 공유하고 나와는 다른 방식으로 살아가는 다른 나라 사람들의 이야기를 쉽게 접하며 살아간다. 그 덕에 사람들은 다양한 가족의 형태가 있을 수 있다는 것을 알게 되었다. 양부모와 자녀로 구성되어 있지 않은 가족이라 할지라도, 더 나아가 반드시 혈연으로 구성되어 있지 않은 가족이라 할지라도 가족이 될 수 있고 이러한 가족의 테두리 안에서 가족의 정을 충분히 나눌 수 있다고 생각하게 되었다. 이러한 가족을 '대안가족'이라고 한다. 대안가족은 혈연, 결혼, 입양을 기반으로 한 전통적인 가족의 개념에서 벗어나 사회적 관계 또는 이웃 등 사회적 신뢰를 기반으로 한 사회적 가족의 일종이라 할 수 있다.

앞서 언급한 것처럼 가족 규모의 축소, 세대 구성의 변화, 가족의 소인화 등 가족 구조가 단순화되면서 가족 내 돌봄, 교육, 정서적 지지 등 가족기능은 점차 약화되고 있다. 가족 가치관도 함께 변화하면서 가족구성원 개인의 자율성과 독립성이 증가하는 만큼 개인의 고립과 정서적 결핍도 동시에 경험하게 된다. 특히, 노인 1인 가구의 증가는 노인 돌봄 부담이 심각한 가족문제뿐만 아니라 사회문제로 대두될 가능성을 내재하고 있다.

이러한 문제에 대한 하나의 대안이 바로 '대안가족'이 될 수 있다. 최근 등장하고 있는 셰어하우스, 소셜다이닝, 공동부엌 등 공동체 형태의 사회적 가족 또한 대안가족의 모습이라 할 수 있다. 셰어하우스는 거주하는 사람들이 개인적인 공간은 별도로 사용하고 공동의 공간을 함께 쓰는 방식이다. 공동의 공간을 중심으로 거주하는 사람들의 교류가 자연스럽게 이루어진다. 소셜 다이닝 역시 대학생, 청년, 1인 가구 등 관심사가 비슷한 사람들끼리 만나 함께 밥을 먹으며 관계를 형성하는 방식이다. 혼자 밥 먹는 것보다 함께 요리하고 저녁을 들면서 자연스럽게 서로를 이해하며 소통하는 과정이다. 특별한 날 혼자일 때, 아프거나 급하게 누군가의 도움이 필요할 때, 이러한 공동체 형태의 사회적 가족은 대안이 될 수 있다.

서울시에서 실시한 '한지붕 세대공감(홈셰어링)'도 이런 시도로 볼 수 있다. '한지붕 세대공감' 사업은 주거공간을 보유한 독거노인과 서울에 살며 있을 곳이 필요한 대학생 청년 세대를 연결해 함께 살게 하는 프로그램이다. 이는 노년층의 고립 문제와 대학생의 주거 문제를 동시에 해결하는 대안이 될 수 있다.

이러한 대안 가족으로서 공동체는 '끈끈한 가족애'를 갖고 살아가기보다는 필요에 의해 모인 공동체에 더 가깝다. 가족이 하나의 공동체가 아니라 개인이 공동체를 이루었기 때문에 가족이 되는 것이다. '한집에 사는 피로 이어진 사이'라는 전통적인 형태의 가족에서 벗어나, 조금 불편하지만 이러한 공동체를 형성하고자 하는 사람들은 점점 더 많아지고 있으며 변화하는 가족의 이면을 메워주는 대안이 될 수 있을 것이다.

◆◆◆ 읽을거리 볼거리

- **어느 가족**(고레에다 히로카즈 감독, 2018): 핏줄로 엮이지 않았지만 상호 배려하고 존중하며 살아가는 가족에 대해 생각해보게 한다.
- **디어 마이 프렌즈**(tvN, 2016): 노년의 친구들이 살아가는 이야기를 통해 연대와 가족 공동체에 대한 가능성을 보여준다.
- **가족의 탄생**(김태용 감독, 2006): 가족이 어떻게 새롭게 재편되고 구성되는지 보여주는 영화이다.
- **한국 영화에 재현된 가족 그리고 사회**(강성률, 2018): 가족과 여성, 젠더 그리고 세대의 문제를 영화를 통해 분석하고 있다.
- **이상한 정상 가족**(김희경, 2017): 가부장제를 근간으로 한 한국의 가족주의와 정상가족 이데올로기를 비판하고 있다.
- **모성애의 발명**(엘리자베트 벡 게른스하임, 2014): 결혼 파업, 임신 파업, 출산 파업, 모성애를 둘러싼 현대 가족의 문제를 이야기하고 있다.

◆◆◆ 생각해 볼 문제

1. 가족이 개별화되고, 1인가구, 한부모가구, 조손가구 등 다양한 가족의 등장이 한편, 정서적 결핍과 경제적 빈곤으로 이어지고 있다는 비판에 대해 생각해 보자.

2. 졸혼은 이혼으로 가는 하나의 과정에 불과한 것인지, 부부에서 친구로 새로운 관계를 형성하고 회복하는 과정이 될 수 있을지 토론해 보자.

3. 모성애는 태생적으로 여성에게 주어지는 것인지, 사회화된 것인지 토론해 보자.

4. 혈연으로 구성되지 않은 대안가족, 사회적 가족의 가능성에 대해 생각해 보자.

◆◆◆ 참고문헌

김복순 (2007). 근대 초기 모성담론의 형성과 젠더화 전략. **한국고전여성문학연구**, 14, 5-51.

김혜영 (2008). 한국가족의 다양성 증가와 그 이중적 함의. **아시아여성연구**, 47(2), 7-37.

원숙연, 김예슬 (2017). 성역할 인식의 영향요인과 정책적 함의. **페미니즘연구**, 17(2), 269-311.

조숙, 정혜정, 이주연 (2015). 취업모와 비취업모의 모성이데올로기 인식과 양육스트레스 및 결혼만족도의 관계 비교 연구. **한국가족관계학회지**, 20(1), 24-49.

Hattery, A. (2001). *Women, Work, and Family: Balancing and Weaving*. Thousand Osks. CA: Sage.

Butler, K. (2010). "Intensive Mothering in British Columbia: Understanding the Impact of an Inversting in Children Framework on Mothering Ideology", *International Journal of Canadian Studies, 42*, 243-253.

08

CHAPTER

Women's study

돌봄에도 민주주의가 필요하다

최희경

신라대학교 복지상담학부 교수이며, 여성노인과 노인 돌봄에 관심을 가지고 연구하고 있다. 저서로는 『노인에 대한 사회적 돌봄과 돌봄서비스의 질 보장』, 『새로 쓰는 여성복지론–쟁점과 실천』, 『변화하는 사회의 가족복지』 등이 있고, 「초기 치매노인의 경험과 사회복지 개입방안에 대한 연구– 주간보호센터를 이용하는 여성노인을 중심으로」, 「장기요양보험제도와 돌봄 정의」 등 다수의 논문이 있다.

Introduction

'혼자서 온갖 집안일을 담당하던 엄마가 어느 날 사라진다. "너희들은 돼지야"라는 메모만 남기고… 돌봄이 사라진 집은 돼지우리가 되고 남편과 아이들은 돼지가 된다….'

돌봄이 감당하는 무게와 중요성을 동화로 보여준 앤서니 브라운(Anthony Browne)의 『돼지책』이다.

인간의 모든 일상은 돌봄으로 지탱되지만, 알고 보면 돌봄은 여성이 '자연스럽게' 수행하는 수고와 노동의 다른 이름이다. 여성들은 돌봄과 동시에 경제활동을 하거나, 가족을 돌보기 위해 일자리를 포기하고, 노년기에도 돌봄 책임을 감당한다. 전 세계적으로는 노인을 비롯하여 돌봄을 받아야 할 사람들은 많아지는데, 돌봄의 자원은 점점 적어져서 돌봄은 사회문제가 되었다. 그 배경에는 평균수명 증가에 따른 인구 고령화, 가족 규모의 축소와 기능 변화, 그리고 여성의 노동시장 참여라는 세 가지 사회인구학적 변화가 존재한다. 전 지구적인 경기침체와 고용 불안정화에 따라 여성의 경제활동 참여가 증가하고, 여성이 담당하던 아동과 환자, 노인 돌봄은 보육과 요양, 각종 사회적 돌봄 서비스로 대체되기 시작하였다. 그러나 학대받거나 방치된 노인들, 부적절한 보육, 홀로 돌봄에 지친 사람들의 우울과 동반자살은 나날이 늘어나고 있다. 우리 사회의 저출산 문제는 돌봄 위기가 사회의 존속 자체를 위협할 수 있음을 경고하는 신호이다. 돌봄의 부족으로 사회의 존속이 위태로워지는 한편, 여성은 돌봄의 과중한 책임으로 불평등과 차별을 겪어야 하는 오늘날의 현실은 돼지책의 모습과 겹친다. 우리는 돼지책의 엔딩처럼 돌봄 문제를 잘 해결할 수 있을까?

우리 삶을 이루는 돌봄의 조각들

돌봄이라는 단어를 들었을 때 우리는 무엇을 떠올릴까? 아마도 의존적인 사람의 욕구를 충족시켜주는 행위(예를 들면 밥을 먹이고, 부축하여 이동하고, 잠자리를 챙겨주고 목욕을 시키는 등)가 가장 먼저 떠오를 것이다. 좁은 의미의 돌봄이란 돌봄 제공 행위를 의미한다. 돌봄은 영어의 케어(care)를 우리말로 옮긴 표현으로, 여기에는 ① 걱정이나 근심, ② 관심이나 염려, 주의, 배려, ③ 간호, 보호, 보살핌 등 세 가지 의미가 포함된다. 그러나 돌봄에 대해 명확하게 합의되거나 확립된 개념이 없으며 각 사회의 문화적 차이와 가치에 따라 돌봄을 다르게 정의한다. 일반적으로 돌봄이란 '다른 사람의 욕구를 충족시키기 위하여 필요한 도움을 제공하는 신체적, 정신적 수고'라고 할 수 있다(최희경, 2009).

인간은 취약하고 의존적인 존재로, 태어나는 순간부터 죽는 순간까지 돌봄을 필요로 한다. 누군가에게 돌봄을 받지 않아도 되는 시기에는 더 어리고 약한 구성원을 돌보아야 한다. 그렇게 인간은 서로 돌봄을 주고받으며 타인과 연결되고, 특히 인간이 경험하는 가장 최초의 사회인 가족은 돌봄을 매개로 하여 세대와 세대가 연결된다. 따라서 돌봄은 굳이 의존자만을 대상으로 하지 않으며 사회구성원 모두의 삶과 생애 전체에 걸친 보편적인 개념이다.

트론토(Tronto)에 의하면 인간사회를 지탱하는 넓은 의미의 돌봄에는 직접적인 돌봄 제공(care-giving)뿐만 아니라 타인의 돌봄 욕구에 대한 관심(caring about), 돌봄에 대한 책임(taking care of), 돌봄받음(care receiving)이 모두 포함된다(Tronto, 2014). 누군가를 돌보려면 먼저 돌봄을 필요로 하는 사람에 대해 관심을 기울여야 하고, 그 사람을 돌보아야 한다는 의무감과 책임감을 느끼고, 실제 돌봄을 제공하는 행위로 이어지는 과정을 거친다. 그리고 본질적으로 모든 인간은 생의 어떤 시기에는 의존적이고 취약하기 때문에 돌봄을 받는 것도 돌봄 개념에 포함된다. 결국 모든 인간은 돌봄의 제공자이자 수혜자이며, 돌봄을 필요로 하는 인간에 대한 관심과 책임, 돌봄 주고받기는 돌봄이라는 전체를 구성하는 네 가지 중요한 부분들로, 서로 밀접하게 관련되어 있다.

돌봄의 책임과 권리

현대 자본주의 사회에서 인간의 본질인 의존은 부정적으로 인식되고 의존자는 차별의 대상이 된다. 신체적 독립성과 이를 기반으로 한 노동을 통해 경제적 독립성을 갖춘 성인만이 온전한 시민으로 인정받는다. 신체적, 경제적 독립성을 갖추지 못한 사람들은 다른 시민들에게 의존하거나 종속될 수밖에 없다. 아동을 비롯하여 성인이면서도 신체적, 경제적으로 의존적인 장애인이나 노인, 경제적 자립이 어려운 청소년이나 전업주부는 사회에 기여할 생산적 능력을 가진 온전한 시민으로서 인정받지 못하며 사회적으로 동등한 권한과 발언권을 행사하기 어렵다. 그러나 모든 인간이 돌봄을 필요로 한다는 사실을 인정하지 않으면, 돌봄의 필요는 당연한 권리로 받아들여질 수 없고 인간의 상호의존에 기반을 둔 돌봄의 평등을 이루기 어렵다.

한편, 모든 인간은 돌봄을 필요로 하고 사회는 돌봄을 통해 지탱되지만, 돌봄에 대한 관심과 책임, 제공은 모든 사회구성원이 같이 분담하지 않으며, 모든 사람이 동등하게 돌봄을 받지 않는다. 우리 주변을 살펴보면 가족 안에서 아동이나 노인, 환자를 돌보는 역할은 당연히 여성의 역할로 인식되고, 실제로 주로 여성들이 담당한다는 것을 알 수 있다. 사회적 돌봄 서비스 영역에서 보육, 요양, 간병 등의 이름으로 돌봄을 담당하는 것도 대부분 여성이다.

세계적 차원에서 보면 본국 주민이 아닌 이주민이나 임시체류자 여성들이 주로 돌봄 서비스노동을 담당한다. 산업화가 진전된 선진국에서는 여성의 경제활동 참여율이 높기 때문에 개발도상국 여성들이 선진국으로 이주하여 낮은 임금으로 가사와 육아 등의 돌봄 서비스노동을 담당하는 이른바 '지구화의 하녀' 현상이 나타난다(황정미, 2015). 우리나라에서도 맞벌이 가정의 자녀 양육이 조모를 비롯한 친척 → 한국인 중년여성 → 조선족 여성 → 동남아시아 여성 순으로 선호된다는 점은 이미 잘 알려져 있다. 개별가족 안에서 여성이 담당하던 돌봄이 지구적 차원에서 재편되면서 젠더, 계급, 국가와 인종 등에 근거해서 더 낮은 지위의 사람들이 돌봄의 책임과 제공을 더 많이 떠안는 경향이 나타나고 있는 것이다.

반면에 젠더나 계급, 인종적으로 우위에 있는 사람들(남성, 상류층, 백인, 교육수준이 높은 사람 등)은 돌봄의 의무와 제공행위에서 면제되어 '돌봄 특권'을 행사한다. 돌봄의 책임을 더 많이 떠안는 사람들은 정작 돌봄을 필요로 할 때는 돌봄을 받기 더 어렵다. 예컨대 노년기에 남편을 아내가 돌보는 것은 당연시되지만, 평생 가족을 돌본 여성노인이 남편으로부터 돌봄을 받는 경우는 많지 않고, 아내를 돌보는 남편은 주변에서 '대단하다'는 칭찬을 받는다. 이와 같은 돌봄을 둘러싼 무임승차와 불평등을 트론토는 '돌봄 민주주의의 부재 상태'라고 규정하였다(Tronto, 2014).

남자는 돌보지 않는다, 다만 돌봄을 받을 뿐이다?

과거 가족 안에서만 이루어지던 아동과 노인에 대한 돌봄은 점차 사회적 서비스로 대체되고 있지만 여전히 가족 내의 돌봄은 여성들이 주로 담당한다. 젊은 여성의 '독박육아'와 경력단절부터 중노년기의 배우자 돌봄과 손자녀 돌봄까지, 여성의 돌봄 역할은 전 생애에 걸쳐 이어진다. 우리나라의 돌봄 실태를 통해 돌봄의 여성화를 구체적으로 확인해 보자.

- 5세 이하의 자녀를 가진 전체 임금근로자 중 육아휴직을 사용하는 경우는 모(母)가 42.9%, 부(父)는 1.0%이고, 전체 육아휴직자 중 여성 비율은 91.5%, 남성은 8.5%이다(통계청, 2017).
- 여성취업자의 경력단절 사유는 육아(32.1%), 가족 돌봄(16.9%), 자녀교육(7.1%) 등으로 대부분이 돌봄 역할과 관련된다(통계청, 2017).
- 5세 이하 아동의 보육실태조사 결과에 의하면 만 1세 이하의 조모 양육비율은 57.0%에 달한다. 손자녀를 돌보는 여성노인의 약 1/3이 하루 평균 약 7~8시간을 돌보며, 주당 평균 약 41시간동안 손자녀를 돌본다(최인희 외, 2012).
- 산모신생아 돌봄 인력의 100%, 보육교사의 99.2%, 초등돌봄전담사의 99.6%가 여성이다(송다영, 2018).
- 노인의 주돌봄자 중 여성(아내, 딸, 며느리)의 비율은 81.0%이다. 몸이 불편한 남자노인의 주돌봄자는 76.5%가 아내지만, 여자노인의 주돌봄자는 딸이나 며느리가 44.7%, 남편은 11.2%, 주돌봄자 없음이 11.3%다(정경희 외, 2015).
- 노인 돌봄 인력인 요양보호사 중 여성은 94.9%이며 연령별로는 50대가 44.7%, 60대가 35.4%, 40대 12.2%이다(국민건강보험공단, 2017).

〈표 8-1〉 돌봄 서비스노동자의 여성화와 열악한 노동조건

	보육교사	요양보호사		사회서비스 바우처			
		재가	시설	노인 돌봄	가사 간병	장애인 활동	산모 신생아
인원(명)	229,116	148,974	57,370	9,700	2,809	25,347	3,192
여성종사자(명) (비율)	227,219 (99.2)	141,857 (95.2)	53,847 (93.9)	9,633 (99.3)	2,799 (99.6)	22,356 (88.2)	3192 (100.0)
월임금	184.3만 원	96.9만 원	135.9만 원				
근무시간	193.2시간	124시간	206시간				
시간당 임금	9,539원	7,814원	6,598원	최저임금 6,000원대			
급여형태	월급	시급	월급	시급	시급	시급	일급

출처: 송다영(2018). p. 13.

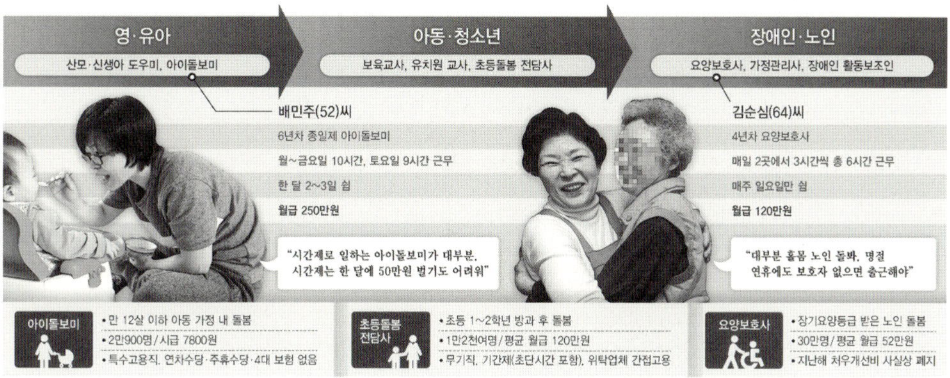

[그림 8-1] 생애주기에 따른 돌봄 직종

출처: 한겨레신문(2018. 3. 3.).

돌봄 서비스노동자들의 월평균 급여는 대부분 최저임금 수준이거나 그 이하이며, 그나마 시급이나 일급 방식으로 지급되는 경우가 많다. 월급제인 경우 근무시간이 매우 길고, 시간제로 일하는 경우 근무시간이 적어서 임금 수준이 낮다. 고용형태도 사회보험가입이나 수당, 퇴직금을 적용하지 않는 기간제 근로나 초단시간 노동으로 '쪼개기 계약'을 강요하고 노동자로서의 특성(근로자성)을 인정하지 않는다. 그 결과 돌봄 서비스노동은 나쁜 처우와 힘든 노동이 공존하는 질 나쁜 일자리의 대명사가 되었다. 돌봄 서비스노동자 중 저임금(월소득이 중위소득의 3분의 2 미만) 노동자 비중은 70%(2016년 기준)이고 평균시급은 7,196원으로 비돌봄 노동자의 절반 수준, 월평균소득은 111만 원으로 비돌봄노동자의 절반도 되지 않았다. 돌봄 서비스노동자의 3분의 2는 임시직과 일용직이다. 이런 열악한 일자리에는 사회에서 취업이 어려운 50~60대 여성이 저임금과 나쁜 처우를 감수하고 들어가게 되고, 돌봄 서비스노동은 '엄마들의 용돈벌이'로 여겨져 더욱 질 낮은 일자리로 굳어지는 악순환이 이어진다(한겨레신문, 2018. 3. 18.).

가족 돌봄과 돌봄 노동은 동전의 양면

가정과 사회에서 돌봄과 돌봄 서비스 노동을 주로 여성이 담당하고, 돌봄 서비스 노동이 저임금, 불안정 고용, 높은 이직률의 질 나쁜 일자리가 되는 현상은 정도의 차이는 있지만 전세계적으로 보편적이다. 이것은 돌봄을 여성의 특성으로, 여성이라면 누구나 할 수 있는 일로 구조화하는 돌봄의 여성화(feminization of care) 현상이다(Cancian & Oliker, 2000; Daly & Lewis, 2000; Glenn, 2010). 그렇다면 왜 돌봄은 여성의 일로 자리 잡았을까? 그리고 돌봄은 우리 삶에서 필수적이고 중요하고, 힘든 노동인데 왜 전문적인 일로 인정받지 못할까? 이 두 가지 질문은 서로 연결되어있다.

돌봄의 여성화는 돌봄을 집안에서 여성이 사랑과 희생으로 행하는 자연스러운 일로 인식하는 성별분업(gender division of labor)을 기반으로 한다. 즉, 경제나 정치와 같은 공적 영역은 남성이, 사적 영역인 가족 영역은 여성이 담당한다는 이분화된 성별분업 논리에 기반해서 돌봄은 여성의 역할로 주어진다. 돌봄을 여성의 역할로 할당하는 것은 출산행위에 기반하여 모성을 여성의 자연적 본성으로, 돌봄을 모성 역할의 연장으로 보기 때문이다. 여성이 수행하는 돌봄은 어머니가 자녀를 먹이고 입히고 씻기고 재우고 달래는 행위의 연장이 되는 것이다. 여성들은 성장과정에서 남동생이나 오빠를 돌보고, 어머니의 일을 돕도록 요구받는 과정에서 더 잘 돌보는 법을 배우고 훈련을 거듭한 결과, 자연스럽게 가정과 사회에서 돌봄 역할을 자신의 일로 받아들인다. 예를 들어 가족 중 노인이나 환자를 누가 돌봄 것인가 결정할 때 여성들은 대부분 '자신이 감당해야 하는 일'로 당연하게 수용하는 경향이 있다. 즉, 돌봄자 결정에 가장 큰 영향을 미치는 것은 젠더 요인이다(Arber & Ginn, 1999; Ware et al., 2003).

가족 내 돌봄을 여성이 주로 담당하는 또 다른 이유는 여성들의 노동 참여율이 남성보다 낮고 노동시장에서 저임금이나 시간제 고용 등 불리한 여건에 있어서 경제활동을 포기하기 쉽기 때문이다. 맞벌이 부부의 경우 육아를 위해 대부분 여성이 경제활동을 포기하는 동기에는 어머니로서의 돌봄 역할 수행과 더불어 노동시장에서의 여성의 불리한 위치도 작용한다. 여성에게 돌봄과 노동은 동등한 선택사항이라기보다 돌봄 역할이 우선적인 기준이 된다. 특히 50~64세의 기혼여성은 가족 돌봄에 대한 선택권이 가장 제한되는 대표적인 집단이다(Arber & Ginn, 1999).

한편, 여성은 성역할 학습과 지속된 돌봄 경험 때문에 돌봄과 관련된 직업을 선택할 가능성이 더 크다. 그러나 돌봄은 가정이 아닌 사회적 영역에서 수행되더라도 제대로 된 일이라기보다는 가정 내 무급 가사노동과 돌봄의 연장선상에 있는 주변적이고 하찮은 일로 여겨져 비전문적인 저임금 일자리로 남는다. 돌봄 서비스노동이 나쁜 일자리로 고착되면 노동시장에서 불리한 위치에 있는 인력(중년여성, 이주민, 교육수준이 낮은 미숙련 인력)이 점점 더 돌봄 서비스노동에 유입된다. 저임금 미숙련 인력이 제공하는 돌봄 서비스의 질은 떨어지게 되고 돌봄 서비스가 발달하지 못하면 결국 돌봄은 다시 가족 안의 여성에게 돌아간다.

결국 모성을 매개로 한 성별분업 → 여성의 가족 내 돌봄 노동 전담 → 가족 내 돌봄 전담을 매개로 사회적 돌봄 서비스 노동이 여성의 노동으로 고착 → 사회적 돌봄 서비스 노동의 평가절하와 비전문화로 이어지는 연쇄고리가 만들어진다. 가족 내 여성의 돌봄 역할은 여성이 사회적 노동에 참여하거나 지속하기 어렵게 만드는 한편 돌봄 서비스 노동 영역의 일자리를 여성에게 할당함으로써, 가족 내부와 돌봄 서비스 노동의 양쪽 영역에서 선택적인 통합과 배제의 요인으로 작용한다(Lewis & Giullari, 2005).

출처: (좌) 효나누미 요양보호사 로고송 화면; (우) 이건복(2017).

정부는 노인장기요양보험제도를 "자식이 못하는 효도를 국가가 대신한다"라고 설명하고 '효보험'으로 지칭한다. 국민건강보험공단은 2015년에 요양보호사를 상징하는 심벌마크와 네이밍을 선정하였는데, 요양보호사를 '효나누미'로 제시했다. 효는 감사의 마음이며 가족이 가져야 할 근본으로써 요양보호사도 돌봄 서비스 이용자인 노인의 가족이 되어 효를 실천하는 사람으로 설명하고 있는 것이다. 국민건강보험공단의 장기요양보험제도 홍보영상에서 효나누미는 요양보호사가 돌봄을 받는 노인의 아들과 딸이 되는 대상으로 의미화된다. 요양보호사를 노인의 가족으로 표상하는 것은 돌봄 서비스 노동을 가족 돌봄과 동일시하고, 여성의 자연스러운 특성으로 고착화하는 것이다. 요양보호사의 돌봄 노동을 효도로 인식하면, 이들의 노동은 지식이나 기술이 아닌 '마음'으로 상징됨으로써, 전문적 일이 아니라 '사랑과 정성'만 있다면 수행가능한 일로 여겨지게 된다(류임량, 2017: 200-201). 그러나 요양보호사들은 엄연히 임금을 받고 일하는 노동자이며 정당하게 일한 댓가를 받고 사회적으로 존중받으며, 전문성을 키워가고자 조직을 만들고, 목소리를 내면서 다방면으로 노력하고 있다.

평생 돌봄의 결과는 빈곤과 의존

돌봄의 여성화에서 또 한 가지 눈여겨볼 것은 여성이 가정과 사회에서 돌봄 역할을 담당함으로써 초래되는 결과이다. 취업이나 소득 면에서 이미 불리한 위치에 있는 여성들이 가족 돌봄 책임을 맡을 경우 상황은 더 나빠진다. 즉, 가족의 돌봄을 담당한 여성은 취업을 영구적으로 포기하거나 노동 시간과 사회 참여가 감소되어 경제적으로 어려워질 뿐 아니라 이후 다시 취업하기도 더 힘들어진다. 여성이 돌봄 책임 때문에 취업을 포기하거나 중도에 사직, 조기퇴직한다면 단기적으로 수입 감소와 소득 상실, 장기적으로 경력 단절과 노동시간 단축에 따른 연금 기여기간 감소와 노후 빈곤 위험의 증가로 나타난다. 실제로 가족을 돌보는 직장인의 소득 수준은 돌봄 책임이 없는 직장인보다 현저히 낮으며, 돌봄 시간과 소득 수준은 반비례한다. 돌봄 책임으로 인한 경제적 손실은 '소득 불이익(wage penalty)과 연금 불이익(pension penalty)'이라는 이중의 불이익으로 표현된다(Arksey & Kemp, 2006).

이처럼 여성은 중년기 이전에는 자녀 돌봄, 중년기와 노년기에는 배우자와 부모, 손자녀에 대한 돌봄 역할을 지속함으로써 노후의 건강과 경제적 대비를 하지 못하여 자녀와 주변인들에게 여생을 의존할 가능성이 더 커진다(Hooyman, Brown, Raye, & Richardson, 2002). 우리 사회는 가족 안에서는 여성의 대가 없는 돌봄에, 사회적으로는 여성들이 수행하는 저임금 돌봄 서비스노동에 의존해 지탱되고 있다. 그러나 댓가 없는 돌봄과 저임금 돌봄 서비스 노동은 여성에게 노후 빈곤과 의존이라는 결과로 돌아갈 뿐이다. 이를 정리하면 [그림 8-2]와 같다.

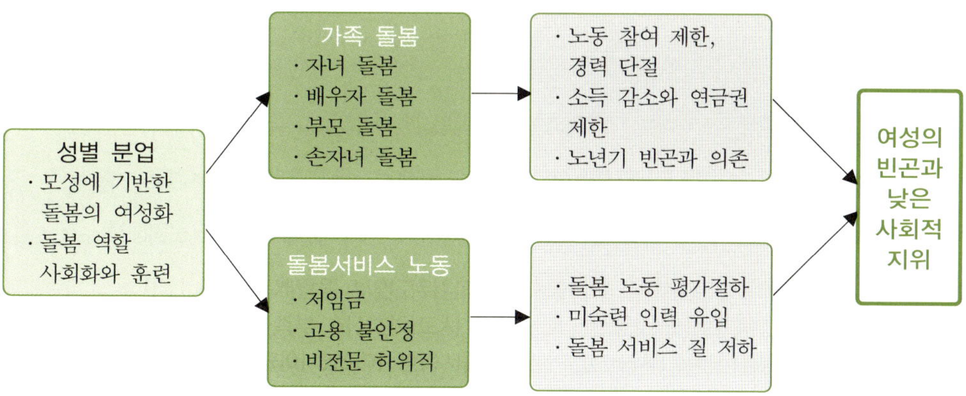

[그림 8-2] 성별분업과 돌봄의 여성화의 관계

출처: 최희경(2009). p. 80.

돌봄에도 민주주의가 필요하다

사랑이라는 이름으로 여성에게 부여된 평생에 걸친 돌봄이 노후에 의존과 빈곤이라는 대가로 돌아오는 현실은 돌봄 민주주의의 부재 상태를 나타낸다. 트론토(Tronto)는 이러한 돌봄의 불평등을 해결하기 위해 '돌봄의 무임승차'를 없애고 남성과 여성, 부유한 사람과 가난한 사람, 독립적인 사람과 의존적인 사람이 모두 동등한 돌봄 책임과 권리를 누리는 돌봄 민주주의를 달성해야 한다고 주장하였다. 돌봄 민주주의가 달성된 사회에서는 돌봄의 가치와 의미를 높이 평가하고 돌봄이 사회의 중요한 가치이자 조직 원리로 작동한다. 돌봄을 받는 상태를 비정상이 아닌 정상으로 인식하고, 성별이나 나이에 상관없이 모든 시민이 '좋은 돌봄'을 주고받을 수 있는 사회를 지향하는 것이다.

그렇다면 돌봄 민주주의를 실현할 수 있는 방법은 무엇일까? 노동과 돌봄 중 어느 하나를 포기하지 않아도 되는 권리, 혹은 둘 중 어느 한 가지를 선택하더라도 불이익이나 불평등하지 않을 권리, 사회적 노동과 가족 돌봄 사이에서 삶의 다양한 선택을 할 수 있는 권리가 전 생애주기 전체에 걸쳐 모든 사회구성원에게 보장되어야 한다. 모든 사람이 지속적으로 돌봄과 노동의 양립을 적절히 수행하기 위해서는 기업의 노력과 사회정책 차원의 지원이 결합되어야 하며, 가족 돌봄을 지원하고 가치를 인정하는 사회전반적인 환경과 문화가 조성되어야 한다. 이를 위해 실천해야 할 세 가지 차원의 대안은 다음과 같다.

첫째, 돌봄의 탈여성화를 극복하고 남성의 돌봄 참여를 촉진하는 정책을 실행해야 한다. 현재 일-가족 양립정책에서 규정하고 있는 육아휴직과 가족돌봄휴가뿐 아니라, 남성의 배우자 출산 휴가 실시, 육아휴직에서 일정기간 이상은 남성이 담당하도록 의무화한 아버지 할당제(papa's quata) 등을 통해 남성의 돌봄 참여를 적극적으로 촉진할 수 있다(송다영, 2015).

둘째, 돌봄에 대한 사회적 보상을 제공한다. 내 자녀, 내 부모, 내 배우자를 돌보거나 자발적으로 타인을 돌보더라도 돌봄 자체가 사회적으로 필요하고 중요한 기여이고, 돌봄자는 자신의 시간과 노력을 투여하므로 이에 대한 사회적 보상이 필요하다. 돌봄을 위해 휴직을 하거나 일을 중단한 경우 국가가 돌봄자의 노후를 보장하고, 가족 돌봄자를 지원하며, 지역사회에서 이웃과 타인을 돌보는 사람들에게 각종 인센티브와 혜택을 제공하여 사회구성원들의 돌봄 참여를 촉진한다. 우리 사회에서 논의되고 있는 군 대체복무에서 돌봄 영역을 활성화하는 것도 남성의 돌봄 참여를 증대하는 방안이 될 수 있다.

셋째, 돌봄 서비스노동을 괜찮은 일자리로 만들고 고용 안정과 전문화를 추진해야 한다. 돌봄은 아무나 할 수 있는 일이 아니라 고도의 감정노동과 세심함, 돌봄 대상에 대한 이해와 경험에 기반한 숙련성을 필요로 하는 일이며, 앞으로 더 많은 수요를 가지고 있다. 그러나 지금과 같은 저임금과 장시간, 불안정 고용의 나쁜 일자리 상태가 지속되면 아무도 직업으로 선택하지 않을 것이고, 돌봄 서비스의 질도 발전할 수 없다. 임금수준을 높이고 공공고용을 통해 일자리를 안정화하여 처우를 개선하면, 돌봄 서비스노동 종사자의 보람과 만족도가 증가하고 돌봄 서비스의 질도 좋아질 뿐 아니라 보다 많은 양질의 인력이 돌봄 서비스직에 유입될 것이다. 이를 통해 돌봄에 대한 사회적 인식과 가치관도 긍정적으로 변화할 수 있다.

① 돌봄의 탈 여성화를 위한 정책

- 가족돌봄휴가: 가족이 아프거나 돌봄을 필요로 할 경우 일정기간(예: 6개월) 이상 유급휴가 보장
- 유급 육아휴직: 육아기 자녀를 둔 근로자에 대한 유급 육아휴직과 휴직 후 복직 보장
- 노동시간 단축 및 유연 근무제: 미성년 자녀를 둔 경우 노동시간을 단축하거나 근무시간을 조정하도록 함

- 아버지 출산휴가: 배우자의 출산시에 아버지가 의무적으로 돌봄을 제공하도록 함
- 의무적 아버지육아휴직제도: 육아기 자녀를 둔 아버지의 유급 육아휴직을 의무화하여 남성의 양육 참여 활성화

② 돌봄에 대한 사회적 보상

- 돌봄 크레딧 제공: 아동, 노인, 환자 돌봄 기간에 대해 국가가 연금보험료 지원
- 가족 돌봄자 지원서비스: 가족 돌봄자에게 교육, 상담, 정보제공, 건강검진 및 의료지원, 재취업 지원
- 군 대체복무자가 아동과 노인, 환자 돌봄을 선택하여 수행하도록 함
- 자원봉사 및 지역사회 자발적 돌봄 지원: 자발적 지역사회 돌봄에 대한 수당, 세금공제, 세금감면 등 혜택 제공

③ 돌봄 서비스 노동을 양질의 일자리로 만들기

- 돌봄 노동자의 임금 인상 및 월급제와 공공 고용을 통한 고용 안정
- 돌봄 서비스 노동의 전문화와 돌봄의 사회적 가치 제고

결론 및 요약: 돌봄공동체를 향하여

앞에서는 돌봄의 개념과 네 가지 구성요소(돌봄 제공, 관심, 책임, 돌봄 받음)를 통해 돌봄이 인간의 삶에 필수적인 요소이며 모든 인간의 생애가 의존과 돌봄의 순환 속에 있음을 살펴보았다. 그러나 돌봄은 모성에 기반한 성별분업 논리에 의해 여성들에게 맡겨지고 있으며, 여성들의 전 생애에 걸친 가족 돌봄 부담은 경력단절과 노후 빈곤으로 연결된다. 돌봄의 사회화가 진행되고 있지만, 돌봄 서비스노동은 가족 내 돌봄의 연장 차원에서 중년여성이 담당하는 나쁜 일자리로 고착되고 돌봄의 사회적 가치를 인정받지 못하고 있다. 돌봄의 여성화 문제를 해결하고 모든 사회구성원이 동등한 돌봄 책임과 권리를 누리는 돌봄 민주주의를 달성하기 위한 대안으로 성평등적 돌봄 정책과 돌봄에 대한 사회적 인정과 보상, 돌봄 서비스노동의 양질화가 필요하다.

그러나 돌봄은 인간과 인간의 접촉과 교감, 친밀한 관계를 포함하기에 돌봄 민주주의는 제도와 정책으로만 완성될 수 없다. 돌봄 민주주의는 단순히 돌봄의 책임을 분담하여 잘 해결하는 차원을 넘어서 인간과 인간이 어떤 방식으로 연결되고, 어떤 삶이 바람직한가에 대한 근본적인 도전과 변화를 필요로 한다. 지금까지와 같은 경쟁과 성장, 발전 중심의 사회에서는 신체적으로나 정신적으로 의존적인 구성원을 차별하고, 사회적으로 불리한 위치에 있는 사람들이 돌봄의 부담을 감수할 수밖에 없다. 돌봄을 사회적으로 가치 있게 여기며 사회구성원 다수가 함께 돌봄을 나누고, 돌봄 받는 것을 부끄럽게 여기는 것이 아니라 인간의 기본 권리로 실현하기 위해서는 근본적으로 사회적 발전 방향 자체를 전환해야 한다.

혹실드(Hochschild, 2003)는 사회의 돌봄 유형을 다음과 같은 네 가지로 구분하였다. ① 여성이 돌봄을 전담하는 전통적 모형(traditional model), ② 취업한 여성이 유급노동과 가족 돌봄을 동시에 수행하는 이중부담을 안는 후기 현대적 모형(postmodern model), ③ 자녀는 보육시설, 노부모는 요양시설에서 돌봄을 받고 가족의 돌봄 공유가 없는 냉혹한 현대모형(cold modern model), ④ 사회화된 돌봄 서비스를 이용하면서 남녀가 시간을 나누어 돌봄을 평등하게 공유하는 따듯한 현대모형(warm modern model).

우리 사회는 과연 어떤 돌봄 유형에 해당하며, 앞으로 어떤 돌봄 사회를 지향해야 할까? 무엇보다 여성이 돌봄과 사회적 노동이라는 이중 부담 상태를 벗어나는 것이 우선적 과제일 것이다. 그렇다면 사회적 서비스를 통해 돌봄을 해결하고, 사회구성원들은 사회적 노동에 대부분의 시간과 에너지를 집중하는 방식이 바람직할까? 그렇게 될 경우 누군가는 돌봄을 전담해야 하고, 누군가는 사회적 노동에 전념하여 번 돈으로 돌봄 서비스를 구입하거나 세금을 통해 돌봄 서비스 혜택을 받을 것이다. 그 결과 구성원들은 돌봄에서 면제될 수 있겠지만 돌봄은 해결해야 할 골칫거리가 되고, 돌봄을 받는 사람들은 의존자로서 사회적 부담으로 여겨질 것이다. 편리할 수는 있겠지만 친밀성이 없는 냉혹한 사회가 될 가능성이 크다.

근래 우리 사회에서 자주 등장하는 '워라밸(work-life balance)', '저녁이 있는 삶' 등의 표현은 많은 사람들이 사회적 노동과 개인적 삶, 일과 가족이 공존하는 따뜻한 삶을 바라고 있음을 보여준다. 모든 시민이 사회적 노동에 참여하면서 자녀와 노부모를 돌보며 집안일을 함께 수행하는 방식을 보다 전문적 용어로 보편적 돌봄자 모델(universal caregiver model)이라고 한다(Lewis, 2006). 이러한 삶은 인간의 삶을 경제적 가치가 아닌 돌봄의 가치를 중심으로 재조직하여 시간과 에너지, 자원을 돌봄을 중심으로 배분하는 사회이다. 인간과 인간의 관계가 서로에 대한 돌봄을 매개로 이어지고, 약하고 늙고 병들어도 당당하게 돌봄을 받을 수 있으며, 남녀가 함께 일하고 함께 돌보는 돌봄 공동체야말로 인간이 가장 인간답게 살 수 있는 사회일 것이다.

◆◆◆ 읽을거리 볼거리

- **보이지 않는 가슴**(낸시 폴브레, 2007): 우리 사회가 가족의 안과 밖에서 여성들이 사랑의 이름으로 행하는 돌봄에 얼마나 의지하고 있는지, 돌봄이 사회적으로 가치를 갖는지 보여주는 책
- **돼지책**(앤서니 브라운, 2009): 엄마가 집을 나갔다. 돌봄이 멈춘 후 집은 돼지우리로, 가족들은 돼지로 변해가는 내용을 담은 아이와 어른 모두를 위한 유쾌하면서도 섬뜩한 동화
- **똥꽃**(전희식, 2008): 치매에 거린 어머니를 돌보며 새로운 삶을 깨달은 농부 아들 전희식과 어머니의 이야기
- **미씽: 사라진 여자**(이언희 감독, 2016): 이혼한 워킹맘과 조선족 아이돌보미 여성이 육아로 만나 겪게 되는 사건에 대한 영화

◆◇◆ 생각해 볼 문제

1. 돌봄의 네 가지 구성요소인 관심, 책임, 돌봄 제공과 돌봄 수혜를 현재 나 자신과 가까운 사람들, 혹은 미래의 나와 나의 주변 사람들에게 적용시켜 생각해 보자.

- 가까운 이들 중 돌봄을 필요로 하는 누군가에게 관심을 가지고 있는가?
- 누군가를 돌보아야 할 나의 책임이 있다면 그것은 누구이며 그 책임을 어떻게 실천할까?
- 과거나 현재 누군가를 직접 돌본 경험이 있는가? 있다면 그 경험을 함께 공유해 보자.
- 누군가로부터 돌봄을 받은 나의 경험은 무엇인가? 앞으로 언제 어떤 돌봄을 받게 될까?

2. 현재 우리나라에서 자녀나 부모를 돌볼 경우 활용할 수 있는 제도적 지원은 무엇인지 조사해 보고 어떤 지원이 더 필요한지 생각해 보자.

3. 모든 사람이 다른 사람을 돌보는 데 동등하게 참여하는 돌봄 민주주의가 달성된 사회에서는 어떤 변화가 일어날지 상상해 보자.

◆◆◆ 참고문헌

국민건강보험공단 (2017). 2016 노인장기요양보험 통계연보. 국민건강보험공단.

김은지, 김소영, 선보영, 성경, 양난주, 김수정, 김혜영 (2017). 지속가능한 돌봄정책 재정립방안 연구: 여성 · 가족 관점의 진단과 정책과제. 한국 여성정책연구원.

류임량 (2017). 제도화된 돌봄노동자의 역할 구성과 직업지위 - 재가 요양보호사의 사례를 중심으로. **페미니즘연구**, 17(2), 189-231.

선우덕, 강은나, 황주희, 이윤경, 김홍수, 최인덕, 한은정, 남현주, 서동민, 이선희 (2016). 노인장기요양보험의 운영 성과 평가 및 제도 모형 재설계 방안. 한국보건사회연구원.

송다영 (2015). 돌봄은 누구의 책임인가. 한국 여성연구소 편. **젠더와 사회-15개의 시선으로 읽는 여성과 남성**, 417-445. 서울: 동녘.

송다영 (2018). 돌봄민주주의와 '함께 돌봄' 정착 방안. 여성가족부 제1차 가족정책포럼 자료집, 2-16.

이건복 (2017). 요양보호사가 바라본 노인장기요양보험 10년 평가와 개선요구. 노인장기요양보험 전면개혁을 위한 대토론회 발표문.

정경희, 오영희, 강은나, 김재호, 선우덕, 오미애, 이윤경, 황남희, 김경래, 오신휘, 박보미, 신현구, 이금룡 (2015). 2014년도 노인실태조사. 보건복지부 · 한국보건사회연구원.

최인희, 김영란, 염지혜 (2012). 100세 시대 대비 여성노인의 가족돌봄과 지원방안 연구. 한국 여성정책연구원.

최희경 (2009). **노인에 대한 사회적 돌봄과 돌봄 서비스의 질 보장**. 서울: 집문당.

통계청 (2017). 2017 일 · 가정 양립지표.

한겨레신문(2018. 3. 18.). 값진 돌봄 값싼 노동(상) 돌봄노동이 엄마의 용돈벌이? 정부는 '악덕사용자', http://www.hani.co.kr/arti/society/labor/835117.html에서 인출.

황정미 (2015). 지구화시대의 이주와 젠더. 한국 여성연구소 편. **젠더와 사회-15개의 시선으로 읽는 여성과 남성**, 205-235.

Arber, S., & Ginn, J. (1999). "Gender differences in informal caring". In Allan, G. ed. *The sociology of the family: A review*(pp. 321-39). Oxford: Blackwell.

Arksey, H., & Kemp, P. A.(2006). "Carers and employment in a work-focused welfare state". In Glendinning, C. & Kemp, P. A. eds. *Cash and care: Policy challenges in the welfare state*(pp.111-124). Bristol. UK: Policy.

Cancian, F. M., & Oliker, S. J. (2000). *Caring and gender*. Oxford: Altamira Press.

Daly, M., & Lewis, J. (2000). "The concept of social care and the analysis of contemporary welfare state". *British Journal of Sociology, 51*(2), 281-298.

Glenn, E. N. (2010). *Forced to care: Coercion and caregiving in America.* Cambridge: Harvard University Press.

Hochschild, A. R. (2003). *The commercialization of intimate life.* Univ. of California Press.

Hooyman, N., Brown, C., Raye, R., & Richardson, V.(2002). "Feminist gerontology and the life course: Policy, research and teaching issues". *Gerontology and Geriatrics Education, 22*, pp. 3-26.

Lewis, J. (2006). "Care and gender: Have the arguments for recognizing care work now been won?" In C. Glendinning & P. A. Kemp eds. *Cash and care: policy challenges in the welfare state.* Bristol, UK: Policy.

Lewis, J., & Giullari, S. (2005). "The adult worker model family, gender equality and care: the search for new policy principles and the possibilities and problems of a capabilities approach". *Economy and Society, 34*(1), pp. 76-104.

Tronto, J. C. (2014). **돌봄 민주주의.** 김희강, 나상원 공역. 서울: 아포리아.

Ware, T., Matosevic, T., Hardy, B., Knapp, M., Kendall, J., & Forder, J. (2003). "Commissioning care services for older people in England: The view from care managers, users and carers". *Ageing and Society, 23*, pp. 411-428.

09

CHAPTER

Women's study

평등하게 일하기

안미수

박사논문을 뒤로 하고, 여성단체 활동가, 여성학 강사, 여성정책 연구자 등의 명함으로 여러 직장들을 기웃거리다 현재는 여성인력개발센터에서 일하고 있다. 페미니즘의 부흥기라고 하는 요즘, 페미니즘에 대한 이야기를 하는 것이 제일 어렵다. 그래서 가장 공부가 많이 필요한 시기이기도 한데, 몸이 너무 빨라서 영혼이 못 따라올까 봐 가던 길을 잠시 멈추고 영혼을 기다린다는 인디언들의 지혜에 위안을 삼는다.

Introduction

#1. 사회인류학자 크리스토퍼 한은 이러한 결론을 이끌어 낸다. "개인에서 가계, 공동체, 국가 나아가 세계적 관계에 이르기까지 어디를 보더라도 똑같은 사실이 드러난다. 많은 비판에도 불구하고 안정된 생계노동은 긍정적인 사회적 정체성을 형성하는 데 기여하며, 이 모델에 없다면 그런 정체성을 이처럼 형성해낼 수는 없다는 사실 말이다. 소외된 실업자로 사는 것보다는 소외된 노동자로 사는 것이 낫다."

토마스 바세크(Thomas Vasek, 2014)

#2. 카메룬의 베티족의 농촌에서 남성은 1일 7시간 30분 동안 일을 한다. 식량생산 1시간, 코코아 재배 2시간, 맥주와 포도주 생산, 가옥건조 및 수리, 시장 판매용 가재도구 및 소상품 생산, 파트타임 임금노동 4시간. 이에 비해 여성은 하루에 11시간 일을 한다. 식량 생산 5시간, 식품가공 및 요리 3-4시간, 물 긷기, 땔감 노우기, 세탁, 가사일, 환자 돌보기 등 2시간 이상. 그러나 국제노동기구(ILO)는 베티족 남성만이 노동자라고 간주한다. 시장 판매용이 아닌 가족을 위한 생산과 가사노동을 수행하는 베티족 여성은 경제활동인구에서 제외된다.

메릴린 워링(2015: 47)

나에게 '일'이란?

#1에서 보듯이, 생계노동은 생계를 위한 것인가? 자아실현을 하는 도구인가?, 아니면 '소외된 실업자'보다는 '소외된 노동자'가 더 나을까? 나는 먹고 살 수 있다면, 흔히 비유하듯 복권에 당첨된다면 직장을 그만둘까 하는 생각을 한 번쯤을 해보았을

것이다. 다음과 같은 설문조사 결과를 보면서 답을 생각해 보자.

7천여 명의 근로자 대상으로 '일자리의 어떤 면을 중요하게 생각하는가?' 하는 질문을 던졌는데, 예상되는 바와 같이 고정적인 소득(92%), 직장의 안정성(88%) 순이었다. 바로 다음이 "노동은 재미있어야 한다"(85%), "노동은 의미 있게 느껴져야 한다"(73%)였고 76%의 응답자들은 노동이 동료들 사이의 협력을 촉진해야 한다고 대답했다. 또한 전체의 73%는 자신의 노동에 대해 자부심을 느낄 수 있는 것이 중요하다고 했고, 66%는 노동을 하면서 자신의 능력을 발전시킬 수 있기를 바란다고 대답했다(Vasek, 2014: 17-19).

노동은 생계를 위한 수단이기도 하지만, 우리에게 재미와 의미, 자부심을 제공하고 사람들과 연결해 주기도 하는 나의 정체성의 일부이다. 그래서인지, 우리는 처음 만나는 사람과 인사 나눌 때, 자신의 직장과 이름을 함께 제시하는 경우를 흔히 볼 수 있다.

#2에서 보듯이, 이 사회에서는 '노동'으로 보이지 않지만 '먹고 살기' 위해서는 거의 모든 사람이 해야 하는 노동도 있다. 주로 가정 내에서 행해지는 청소, 빨래, 요리 등의 일상적인 노동이 있어야 우리의 일상이 유지되는데, 경제적으로 보상이 주어지지 않는 노동이므로 이들 가사노동은 '비경제활동'으로 분류된다. 그리고 우리 사회에서 이러한 노동을 주로 담당하는 여성들은 집에서 '노는 사람'으로 인식되고, 국가 공식 통계에서는 '비경제활동인구'로 범주화된다. 그러나 이 모든 것들은 우리의 삶을 유지시켜주는 노동이다. 한나 아렌트에 의하면 노동은 자연의 일부인 인간이 자연과 소통하는 필연적인 활동이다. 그러나 자본주의 사회에서 노동은 경제적 보상이 주어지는 부분을 중심으로 재정의되어 '임금노동이 곧 일'이라는 등식이 성립되었고, 이러한 노동을 그 내용으로 구분한 것이 직업이다(강이수 외, 2015).

[용어정의]

비경제활동인구: 15세 이상 인구 중 취업자, 실업자가 아닌 사람. 즉 주부, 학생, 군인, 종교인, 연로자 등이 포함됨.

근대화 초기까지 주로 유흥업에 종사하는 여성을 가리키는 용어였던 '직업여성'의 의미를 생각한다면, 우리 사회에서 여성이 일을 가진다는 것에 대한 긍정적 인식은 오래되지 않았다. 그 당시는 여성이 있을 곳은 가정이라는 생각이 지배적이었기 때문에 직장을 가진 여성들은 그다지 편한 삶을 영위하지 못하는 사람으로 보였다. 그러나 반대의 경우, 즉 남성이 가정에 있고 직장이 없었다면 편한 삶을 사는 사람처럼 보이기보다는 무능한 사람으로 보였기 때문에 취업을 둘러싼 우리 사회의 성별화된 인식이 드러나는 지점이기도 하다.

그렇다면, 현재 우리 사회에서 여성이 직업을 가진다는 것은 어떠한가? 여성 취업에 대해 긍정적으로 생각하는 여성은 90.2%이고 여성취업에 대하여 남녀 모두 50% 이상이 '가정 일에 관계없이' 직업을 가지는 것이 좋다고 생각한다는 조사 결과를 보면(2018 통계로 보는 여성의 삶), 취업에 대한 성별화된 인식이 줄어든 것은 확실해 보인다. 그러나 '워킹대디'라는 단어는 생소하지만 '워킹맘'이라는 단어는 많이 사용되는 것처럼, 아직도 여성들 특히 기혼여성들이 일을 하는 것은 남성과는 다른 상황에 처해진다. 그 이유는 여성들은 일을 하면서도 가사노동과 아이 돌보기 등을 잘해낼 것이 기대되고, 직장생활을 하면서도 명시적 또는 암묵적으로 일과 가정 중 하나를 선택해야 하는 상황에 더 자주 놓이기 때문이다. 이로 인해 여성들은 '슈퍼우먼'이 되거나 '앵그리맘'이 되거나 아니면, 소위 '경력단절' 대열에 들어설 가능성이 크다.

그러나 앞서 보았듯, 일이 나의 정체성을 드러내고 일을 통해 타인과 소통할 수 있다면 우리가 일하는 현실에 대해 더욱 적극적으로 고민할 필요가 있다. 당연한 말이지만, 한 개인이 직업을 가진다는 것은 한 개인으로서 자신의 삶에 대한 권리와 책임을 가진다는 의미이고 독립적인 삶을 영위할 수 있도록 선택의 폭을 넓혀 인생에 더 많은 자유를 제공할 가능성이 있다. 이 글은 우리가 앞으로 '일'하면서 경험할 수 있는 상황들에 대한 예상이자 고민지점이다.

나의 희망 직업: 성별화된 교육과의 상호 영향

어렸을 때 한 번쯤은 들어봤을 법한 질문, '커서 뭐가 될래?'에 대해 어떻게 답했는지 기억하는가? 모두 기억이 나지 않을 정도로 다양한 직업들이었을 것이다. 우리나라 교육부와 한국직업능력개발원이 초 · 중 · 고학생, 학부모, 교사 등 5만여 명을 대상으로 '2017년 초중등 진로교육 현황조사'를 실시한 결과, 희망직업 1위는 초 · 중 · 고를 막론하고 2007년부터 11년째 '교사'였다고 한다. 이를 성별로 살펴보면 〈표 9-1〉과 같다.

〈표 9-1〉 초·중·고등학생의 희망직업: 상위 10개 직업(2017)

	초등 여성	중등 여성	고등 여성	초등 남성	중등 남성	고등 남성
1	교사	교사	교사	운동선수	교사	교사
2	의사	의사	간호사	경찰	운동선수	기계공학기술자 및 연구원
3	가수	간호사	승무원	프로게이머	경찰	군인
4	제빵원	경찰	경찰	의사	요리사	프로게이머
5	요리사	승무원	의사	요리사	군인	경찰
6	만화가	뷰티아티스트	미용/헤어 디자이너	과학자	프로게이머	건축가
7	경찰	일러스트레이터	심리상담/치료사	법조인	의사	요리사
8	작가	공무원	건축가	교사	건축가	교수/학자

9	법조인	요리사	군인	프로게이머	기계공학기술자 및 연구원	의사
10	뷰티아티스트	미용/헤어디자이너	사회복지사	군인	공무원	생명자연과학자 및 연구원

출처: 한국직업능력개발원(2018). 초중등진로교육 현황조사(2017): 기초통계표.

〈표 9-1〉에 의하면, 여학생들의 희망직업에서는 교사, 의사, 경찰, 뷰티업계 종사자(뷰티아티스트, 미용/헤어디자이너) 등이 공통적이었고 이외에도 간호사, 승무원, 요리사 등이 등장한다. 남학생들의 희망직업에서 공통적인 직업은 교사, 의사, 경찰, 프로게이머, 요리사, 공학계열 연구원(과학자, 기계공학기술자 및 연구원, 생명자연과학자 및 연구원) 등이고 이 외에도 운동선수, 건축가, 군인 등이 선호되었다. 교사, 의사, 경찰 등 남녀 공통적으로 선호되는 직업을 제외하고 성별로 선호되는 직업들은 사회적으로 남성 또는 여성에게 더욱 부과되는 특성, 즉 성역할들과 연결된다는 측면을 알 수 있다.

'프랑스 사람이 동경하는 직업 10선'이라는 조사(오리앵테숑, 2014)에서는 프랑스 인기직업이 다음과 같이 나타났다(이쿠지마 아유미, 2018).

1위 사진작가	2위 건축가	3위 요리사
4위 수의사	5위 의사	6위 외과의사
7위 인테리어디자이너	8위 여행플래너	9위 언론인
10위 스타일리스트		

우리는 자신의 선호도와 능력, 직종의 특성 등을 감안하여 희망직업을 선택하는 편이다. 그러나 프랑스의 인기 직업과 우리나라의 희망직업을 비교해 보면, 그리고 시대에 따라 희망직업의 순위가 달라지거나 갑자기 등장하는 희망직업들을 보면 우리의 희망직업에는 사회가 바람직하다고 생각하는 직업의 가치가 반영된 것이라 짐

작할 수 있다. 그리고 그러한 사회의 기대에는 성역할에 대한 기대 또한 포함되어 있는 것으로 보인다. 우리 사회에서는 신체적 능력이 필요하다거나 리더십이 필요한 곳에는 남성이 더 적합하다고 생각하고, 정서적 능력이나 가사노동과 비슷한 업무에는 여성이 더 적합하다고 생각하는 경향이 있다. 어린 시절 우리의 희망직업은 사회적으로 부여되는 '여성다움'과 '남성다움'에 적합한 직업이 더 많지 않았는가 생각해 보자.

또한, 우리나라의 대학진학률은 여학생의 대학진학률(72.7%)은 남학생(65.3%)보다 높다(2017). 그러나 남성은 자연이공계열, 여성은 인문사회계열 등 성별로 대학 계열 선택이 구분되어 있고 이는 성별로 다른 직업, 다른 근로조건, 다른 승진코스 등으로 이어진다.

〈표 9-2〉에서 보듯이, 취업률에서는 의약계열, 공학계열, 예체능계열 등의 순으로 높고, 공학계열과 의약계열 졸업자의 월평균 소득이 많은 편이었다. 성별로는 대부분의 전공계열에서 남성의 취업률과 남성의 임금이 여성의 그것에 비해 높은 것으로 조사되었다. 계열에 따라 다른 취업률과 임금 수준을 보면, 성별로 분리된 계열 선택에서부터 고민의 지점이다.

〈표 9-2〉 졸업대학 특성별 취업률(2016년 2/2분기) 및 월평균 근로소득(2016)

구분	취업률* (%)			근로소득** (단위: 만 원)		
	전체	여자	남자	전체	남자	여자
인문계열	57.5	56.8	59.0	185.1	206.2	175.2
사회계열	62.9	61.7	64.2	203.4	227.7	183.4
교육계열	49.3	49.8	48.1	193.6	223.1	185.8
공학계열	69.4	66.0	70.4	226.6	233.2	195.5
자연계열	60.7	59.0	62.8	188.9	201.2	179.2
의약계열	83.9	83.9	84.1	218.0	227.4	215.1
예체능계열	62.5	60.3	66.8	169.2	203.5	151.3

주: 취업률=취업자/{졸업자-(진학자+입대자+취업불가능자+제외인정자+외국인유학생)}×100

* 취업률 출처: 한국교육개발원. 취업통계연보; 성인지통계(2016. 2/2분기).

** 근로소득 출처: 한국고용정보원(2018). 2016 대졸자직업이동경로조사 기초분석보고서. p. 138.

차별의 개념: 직접차별과 간접차별

> 30대 미만 경리직 급 모집(여)
> 알바 급 모집(여, 용모단정)
> 생산부 사원 모집(남)
> 23-34세 신체건강한 남자
> 병역필 남자

위와 같은 구인공고를 본 적이 있는가? 이러한 공고가 차별적으로 보이는가? 사실 이것이 차별이라고 생각하기에는 주위에서 너무 흔하게 볼 수 있는 공고이다. 그러나 이것은 고용노동부가 실시하는 '성차별적 모집 · 채용 광고 모니터링'에서 제시된 성차별적 구인공고의 사례들이다. 여기서 알 수 있는 것은 성별이 꼭 구분되어야 하는 특정 상황(목욕탕 등 BFOQ 진정직업자격으로 「남녀고용평등과 일 · 가정양립지원에 관한 법률」 차별 정의 1항의 '가'에 해당됨) 이외에 성별을 구분하는 경우는 차별을 의심할 수 있다는 것이다.

「남녀고용평등과 일 · 가정양립지원에 관한 법률」에서 정의하는 차별은 직접차별과 간접차별로 개념화된다. 위의 구인공고에서와 같이 여성 또는 남성을 합리적 이유 없이 명시하는 것은 아래 참고자료와 같이 성별의 사유로 합리적 이유 없이 채용의 조건을 다르게 하는 경우로 직접차별에 해당된다고 볼 수 있다.

위의 채용공고에서와 같이 명시적으로 드러나지 않지만, 즉 중립적인 기준을 적용하였지만 차별적인 결과를 가져오는 것은 간접차별로 의심할 수 있다. 예를 들어 A기업에서 경영난 악화로 인한 구조조정의 기준을 '사내부부 중 1인'으로 제시했을 경우, 이 기준이 성별을 명시하지는 않았지만 사회적으로 부부 중 1인이 직장을 그만 두어야 할 때 '가장'인 남성이 남을 확률이 크고 실제로 결과적으로도 그러했다면

'특정 성에게 불리한 결과를 초래'하여 간접차별로 의심할 수 있는 것이다.

「남녀고용평등과 일·가정양립 지원에 관한 법률」 제2조 차별의 정의

1. "차별"이란 사업주가 근로자에게 성별, 혼인, 가족 안에서의 지위, 임신 또는 출산 등의 사유로 합리적인 이유 없이 채용 또는 근로의 조건을 다르게 하거나 그 밖의 불리한 조치를 하는 경우[사업주가 채용조건이나 근로조건은 동일하게 적용하더라도 그 조건을 충족할 수 있는 남성 또는 여성이 다른 한 성(性)에 비하여 현저히 적고 그에 따라 특정 성에게 불리한 결과를 초래하며 그 조건이 정당한 것임을 증명할 수 없는 경우를 포함한다]를 말한다. 다만, 다음 각목의 어느 하나에 해당하는 경우는 제외한다.
   가. 직무의 성격에 비추어 특정 성이 불가피하게 요구되는 경우
   나. 여성 근로자의 임신·출산·수유 등 모성보호를 위한 조치를 하는 경우
   다. 그 밖에 이 법 또는 다른 법률에 따라 적극적 고용개선조치를 하는 경우

또한 2006년부터 최근까지 법정에서 논리를 다퉜던 KTX '여'승무원 사례 또한 간접차별 혐의를 받은 사례이다. KTX는 열차팀장과 검표원 등 (남성)직종은 '안전'을 담당한다고 하여 KTX의 정규직으로 고용하고, 승무원 등 (여성)직종은 '고객서비스'를 담당한다고 하여 자회사의 계약직으로 고용하였다. 길게는 18량이나 되는 열차 내에서 열차팀장 등 1~2명만 '안전'을 담당한다는 것은 고객의 입장에서 보아도 위험한 일일 뿐 아니라, 업무를 구체적으로 구분할 때 '안전'과 '고객서비스'업무를 정확하게 구분하기 어려우므로 이는 여성과 남성의 업무를 나눈 것과 다름없다는 비판을 받았던 사례이다. 이처럼 동일한 직장 내에서 업무에 따른 정규직 · 비정규직 구분과 성별 구분의 경계가 비슷하다는 연구 결과는 간접차별 사례가 더욱 많을 수 있음을 암시한다.

간접차별 사례: '지상의 스튜어디스' KTX '여'승무원

2004년 우리나라 최초로 개통된 고속철도 KTX에서는 '지상의 스튜어디스' 채용이라는 과대 홍보를 냈고, 이에 실제 스튜어디스 경력자나 석사학위자 등 많은 여성들이 1기 13대 1, 2기 136대 1의 경쟁률을 뚫고 400여 명이 KTX의 '여'승무원이 되었다. 코레일(당시 한국철도공사)은 대부분 남성인 열차팀장, 검표원 등은 정규직으로 직접 고용하였으나, '여'승무원만은 직접고용하지 않고 자회사인 홍익회에 위탁하였다. 이후 이들은 여러 차례 소속이 바뀌게 되는데, 첫 번째로 홍익회의 일부 수익사업을 인수한 철도유통(2007 코레일유통으로 사명변경)으로, 두 번째는 KTX 관광레저(현 코레일관광개발)로 소속이 변경된다.

승무원들은 월 급여 130~150만 원(실제 철도공사로부터 철도유통으로 지급된 임금은 250여만 원이었음)을 받는 등 열악한 근로조건을 참고 있었지만 채용 뒤 1년이 지나면 정규직으로 고용하겠다는 철도공사의 약속을 믿으며 참고 일했다. 그러나 2005년 11월 한국철도공사가 철도유통에서 철도관광레저로 위탁업체를 바꾸었고 이에 반발하는 승무원들을 해고하는 상황이 발생하자, 승무원들은 코레일과의 근로계약관계임을 증명하기 위해 법적 다툼을 시작하였다. 2010년 1심, 2011년 2심 재판부들은 코레일과 승무원들의 묵시적 근로관계를 인정했지만, 2015년 대법원 판결에서는 묵시적 근로관계를 모두 인정하면서도 원고 승소 판결을 한 원심결정을 파기 환송했다. 2018년 사법부 재판거래 의혹 속에 'KTX 승무원 사건' 문구가 발견되며 상황이 급반전되어 2018년 7월 코레일과 철도노조는 해고승무원 중 일부인 180여 명의 복직에 합의했다.

최초의 여성 ○○○들, 유리천장은 깨졌는가?

1946년 문을 연 서울대 경제학부에 72년 만에 처음으로 한국인 여성 교수가 '탄생'할(연합뉴스, 2018.5.8.) 것이라는 신문기사가 있었다. 이 또한 '양성평등'을 위한 '적극적 고용개선 조치'로 인한 것이다(「남녀고용평등과 일 · 가정양립지원에 관한 법률」 1항의 다). 언젠가부터 '최초의 여성○○○'이 화제가 되었고 이는 그만큼 여성의 지위가 향상되었다는 것을 보여주는 바로미터처럼 여겨지기도 했다.

2018년 기준 7급 공무원 필기 합격자 중 여성은 38.7%, 9급 필기 합격자 중 여성 53.2%로 각각 5년 내 최고, 역대 최고를 기록했다는 신문기사를 쉽게 찾아볼 수 있다. 5급 공채 중 행정직 여성비율도 40.5%이다. 이렇듯 공공부문에서의 여성비율이 높아져, 국가직 공무원 중 여성공무원은 2017년 처음으로 50%를 넘었다고 한다(50.2%). 그러나 4급 이상 일반직 공무원 중 여성의 비율은 2017년 기준 13.2%, 3급 이상 6.2%로 높은 직급으로 올라갈수록 여성의 비율이 낮아지는 수직적 직종분리가 나타난다.

〈표 9-3〉 일반직 국가공무원 4급 이상 여성 관리자 비율 (단위: %, %p)

	2007	2010	2011	2012	2013	2014	2015	2016	2017	증감
4급 이상*	4.5	6.3	7.3	8.2	8.8	9.7	10.6	12.1	13.2	1.1
고위공무원	1.0	2.4	3.2	3.7	3.7	3.4	3.7	4.9	5.2	0.3
3급	4.1	4.7	4.0	5.0	5.2	5.3	6.3	6.6	6.2	-0.4
4급	5.2	7.2	8.4	9.4	10.1	11.3	12.4	14.1	15.5	1.4

* 행정부 소속 일반직 국가공무원으로 연구 · 지도 · 우정직 · 전문직 · 외무 · 별정 · 일반임기제 제외.
출처: 인사혁신처(각 연도). 통계연보; 통계청(2018). 2018 통계로 보는 여성의 삶.

여성가족부가 2016년 기준으로 500대 기업의 여성임원 수를 조사한 결과 406명으로 전체 임원 중 2.7%였다. 또한, 금융감독원 전자공시시스템에 따르면, 2017년 9월 기준으로 4대 시중은행의 대리 · 행원급 여성 비율은 46.5~69.3%로 남성과 대등했으나 책임자(차장 · 과장)급 34.8~46.1%, 부지점장급에선 11.5~21.1%, 지점장급에선 10%에 미치지 못했다(뉴시스, 2018. 4. 5.). 이렇듯 여성의 노동시장 참여가 증가하고 있지만 그 양적 확대에 비해 질적 수준이 담보되는가에 대해서는 아직 회의적인 시각이 많은데, 이러한 근거가 되는 것 중 하나가 승진에서의 장벽, 즉 '유리천장'이다.

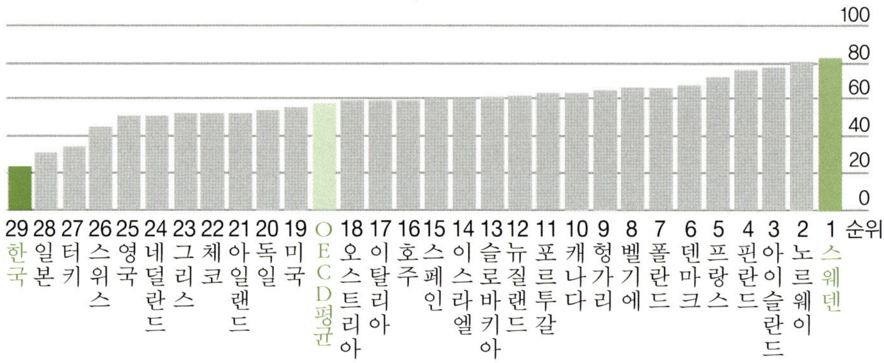

[그림 9-1] OECD 주요국 유리천장지수

출처: 이코노미스트.

> **[용어정의]**
>
> **유리천장지수**: 대학졸업률 격차, 경제활동참가율 격차, 임금격차, 관리직비율격차, 여성임원비율 격차, 여성의 경영대학원 응시율, 국회의원 비율 격차, 순자녀보육비용, 여성의 육아휴직기간, 남성의 육아휴직기간 등 총 10개의 통계치를 가중 평균한 것으로 직장 내에서 동등한 대우를 받을 기회를 평가하는 지표

[그림 9-1]에서 보듯이, 우리나라의 유리천장지수는 선별된 29개국 중 가장 낮은 수치를 기록하고 있고 이는 2013년부터 꾸준히 이어지고 있는 실정이다. 대부분 기업들은 특정 성별을 채용하거나 승진시키는 데 경영진의 자율적 판단에 일임하고 있어 사회적 인식 변화나 다양한 성평등정책이 실효성을 거두는 데 어려움이 있다.

성별임금격차, 능력차이일까? 성차별일까?

우리나라의 성별임금격차는 OECD 주요국가들과 비교되면서 세계에서 낮은 수준으로 알려져 있다. 2018년 발표된 OECD 국가들의 성별임금격차(표)를 보면, 우리나라는 2015년 말 기준 37.2%로 이는 남성이 100만 원의 임금을 받는다고 가정했을 때, 여성은 62만 8천 원을 받는다는 의미이다.

[그림 9-2] OECD 주요 회원국의 성별 임금격차(%, 2015년 기준)

* OECD의 성별 임금격차 분석기준은 우리나라의 고용형태별 근로실태조사와 차이가 있음(우리나라는 평균값, OECD는 중간값으로 비교).

출처: OECD(2017). Employment Outlook 2017.

우리나라의 성별 임금격차를 논할 때 평균적인 수치 자체를 단순하게 받아들이면 안 된다고들 한다. 직급 차이나 경력, 정규직/비정규직 등 모든 면에서 성별 차이가 있기 때문에 그것이 단순히 성차별 요인으로 설명하기 어렵다는 말이다. 근로자 간 임금격차는 단순하게 성별 요인만으로 발생하는 것이 아니라, 직위, 근속연수, 직종, 교육정도 등 다양한 요인이 존재한다. 경력단절로 인한 임금격차도 있다. 성별 임금격차에서 주목하는 바는 단순히 같은 직장에서 나란히 같은 일을 하는 남성과 여성에게 다른 임금을 주는 방식으로 발생하는 것은 아니다.

예를 들어, [그림 9-3]에서 보듯 100인 이상 기업 종사근로자의 전체적인 성별임금격차는 33.3%이지만, 사원급(24.4%)에서는 큰 격차가 보였지만 직급이 높아질수록 격차가 낮아져 과장급에서는 2.6%까지 떨어져 거의 격차가 없다. 그러나 차장급부터 다시 벌어져 분석 대상 중 가장 높은 직급인 부장급에서의 성별임금격차는 9.7%가 되는데, 이를 가장 단순하게 해석하면 남녀 임금격차는 경력이나 승진에 의해 해소되지 않는다는 것이다.

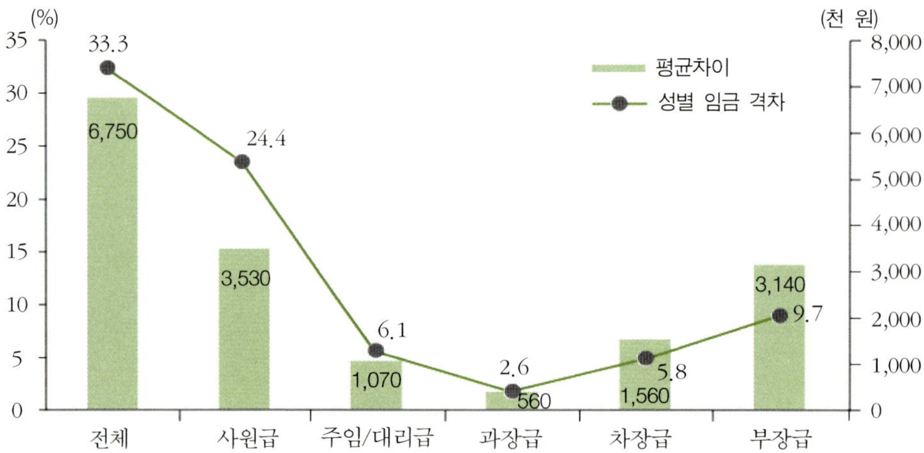

[그림 9-3] 직급별 성별 시간당 임금 격차(HCCP 1-6차 pooling)

출처: 한국직업능력개발원의 인적자본기업패널조사.

이렇게 복잡한 문제인 성별임금격차는 우리나라뿐만 아니라 다른 국가들에서도 나타나는데 이를 해소하기 위해 다양한 성평등임금정책이 시도되고 있다. 성평등임금이란 노동의 대가로 지급되는 임금에서 성별에 의한 차별이 발생하지 않은 공정한 임금으로(여성가족부, 2018), 2018년 포춘이 선정한 일하기 좋은 100대 기업 1위 기업인 세일즈포스(Salesforce)는 2015년에 성별임금격차를 해소하기 위해 300만 달러를 투자했으며, 최근에는 세일즈포스뿐 아니라 이베이, 애플, 인텔, 존슨&존슨, 페이스북 등의 기업들도 성평등임금을 보장하겠다고 밝혔다. OECD 국가 중에서도 최고 수준의 성별임금격차를 보이는 우리나라도 이제는 실질적인 성평등임금 정책이 필요한 시점이다.

성평등임금을 위한 노력들

- 아이슬란드: 종사자 25명 이상 기업과 정부기관 대상 동일임금 인증제(Jafnlaunavottun) 도입
- 독일: 임금공개법(Entgelt Transparenz Gesetz)
- 영국: 종사자 250명 이상 대기업 남녀근로자 평균임금 공개 의무화

경력단절은 왜 문제일까?

우리나라 여성들의 연령별 고용률은 출산·육아를 주로 담당하게 되는 여성들의 30대에 감소하고 그 시기가 지나면 다시 올라가는 'M자형 곡선'을 그리는 반면, 남성들은 20대 초반에 일을 시작하여 정년에 이르러 일을 그만두는 '역U자형 곡선'을 그린다. 이는 남성과 여성이 생애주기별로 다른 삶을 살아간다는 것이 고용의 측면에서도 반영되는 것이다.

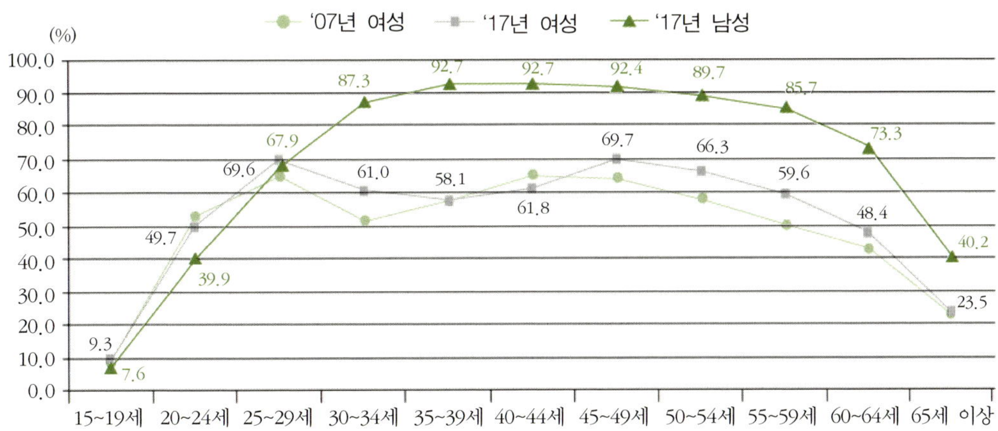

[그림 9-4] 성별 연령별 고용률(단위: %)

출처: 고용노동부(2017). 2017년 기준 통계로 보는 우리나라 노동시장의 모습.

일반적으로 여성의 M자형 곡선은 '경력단절'과 연결 지어 설명되는데, 경력단절의 원인 분석과 대책은 밀접한 관련을 가질 수밖에 없으므로 경력단절의 양상에 대한 논의는 지속되어 왔다. 최근 논의 중 일부는 '결혼 · 출산 · 육아로 인한 경력단절'이라는 인식 틀이 실제로 결혼이나 출산을 하지 않는 많은 여성들도 많은데 마치 모든 여성의 생애과정인 것처럼 당연시되는 측면에 초점을 맞춘다. 또한 근로조건의 열악함을 중요시하는데, 언제 그만두어도 아쉽지 않은, 언제라도 그만 둘 수 있는 보조적인 일을 수행하고 있거나, 아이 맡기는 비용보다 낮은 임금인 일자리라면 출산 · 육아는 회사를 그만 두는 원인 중 일부일 수 있다는 것이다. 실제로 공공부문 정규직에 종사하는 기혼 여성들이 출산 · 육아로 인한 경력단절이 적은 것을 보면 이러한 추측이 설득력을 가질 수 있다.

여성들의 경력단절은 근로조건의 하락을 야기하기도 하는데, 〈경력단절여성 등의 경제활동 실태조사〉(2016)에 의하면 경력단절여성의 경력단절 이전 평균 임금은 173.1만 원이지만 재취업 후엔 146.3만 원으로 26.8만 원 감소하고, 경력단절 없이 일하는 여성에 비해서는 약 76.3만 원(31.5%)의 임금이 낮아지는 것으로 나타났다. 이는 출산이 여성의 소득에 부정적 영향을 미치는 '모성페널티(motherhood penalty)'를 그대로 보여준다.

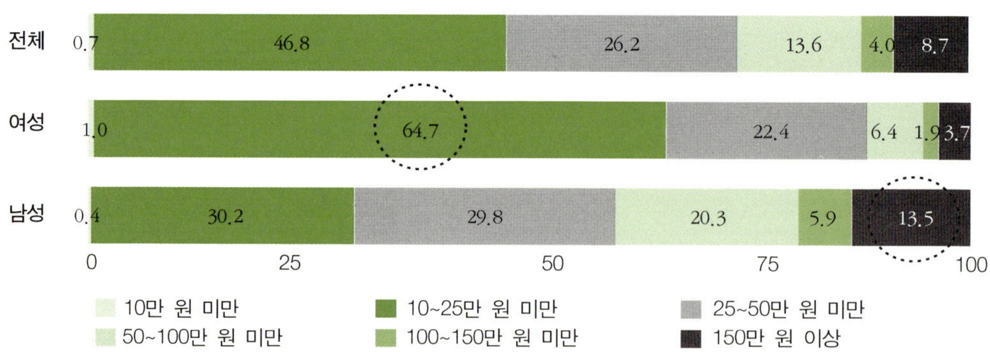

[그림 9-5] 55세~79세 금액대별 연금수령 현황

출처: 통계청. 경제활동인구조사 청년층 및 고령층 부가조사.

또한 여성의 경력단절은 임금 수준의 하락뿐 아니라 사회보험 가입률에서의 성별 격차로 이어진다. 이 중 국민연금 가입률은 남성 73.6%, 여성 64.4%(2017년 기준)로 여성이 낮은데 임금노동과 연계된 우리나라 국민연금체계에서는 임금이 낮거나 근속 연수가 낮으면 연금수령액이 적어질 수밖에 없다. 이를 반영하듯([그림 9-5] 참조), 남성의 연금액 분포는 '150만 원 이상' 13.5%이고 연금소득수준도 고른 분포를 보이는 반면, 여성은 '10만~25만 원 미만'이 64.7%로 저연금에 편중되어 있다. 55세~79세 고령자의 월 연금수령액은 여성이 34만 원, 남성이 69만 원으로 큰 차이를 보였다(여성신문, 2018. 8. 21.). 성별 임금격차는 연금격차로 이어졌으며, 결국 성별 노인 빈곤 격차에 영향을 미친다.

성평등 노동을 위하여

지금까지의 논의를 통해 우리 사회의 노동현실에 대해 가장 단순하게 정리하면 남성과 여성은 진로선택에서부터 근로조건의 차이가 발생하는 전공계열들을 선택하여 성별 직종분리가 나타나고, 취업을 해도 여성은 덜 중요하다고 여겨지는 업무 또는 비정규직에 배치되는 경향이 더 크므로 승진이 어렵고 이는 임금격차를 발생시키고, 근속연수에 비해 상대적으로 낮은 임금은 일과 가정을 양립해야 하는 여성들에게는 경력단절과 하향 재취업을 결과하게 되어 더 낮은 임금과 더 낮은 연금수령액을 받게 하여 노후에 있어서도 성별 격차로 이어진다.

이러한 현실을 개선하기 위한 방안 중 하나로, 고용노동부에서 2018년 3월부터 운영되었던 '성희롱 익명신고센터'를 확대 개편하여 2018년 9월부터 직장 내 "성차별 익명신고센터"를 운영한다는 보도자료를 발표했다. 익명으로 신고하도록 하여 근로자의 부담을 줄이되, 사업장 정보나 피해사실 등을 상세히 적어야 한다.

이제 우리 사회의 성별관계는 변화를 시도하고 있고, 이와 같이 노동현장에서도 차별적인 관행을 바꾸고 성별화된 노동시장을 인권친화적인 현장으로, 일하기 좋은 사회를 만들기 위한 노력을 하고 있다.

수원시의 '인권친화적 채용면접매뉴얼'

수원시는 2018년 8월 인권 친화적 채용면접매뉴얼을 제작하여 모든 부서와 산하기관에 배포하였다. 이에 따르면, 하지 말아야 할 질문은 ▲연령차별 ▲외모 · 장애 · 질병 등 신체조건 ▲가족 관계 등 사생활 ▲성차별 · 성추행 ▲학력차별 ▲종교 · 정치적 견해에 대한 발언 등이다. (중략) 사례로 제시한 질문은 "나이가 많은데 어린 상사와 일할 수 있겠어요?" "장애가 있는데 이 일을 할 수 있겠어요?" "일이 힘든데 여자가 할 수 있겠어요?" "성실하다면서 왜 대학은 그런 데를 갔어요?" "당신은 진보인가, 보수인가?" 등이다.

출처: 수원시 보도자료(2018. 9. 28.).

이러한 인권친화적인 노동현장은 성별로 인한 차별을 포함하여 연령, 혼인여부, 장애, 자녀유무 등 그동안 차별을 만들어 냈던 다양한 요인들이 단지 개인 간의 차이일 뿐이고 이러한 차이가 차별로 이어지지 않는 현장이어야 할 것이다. 이러한 출발점 중 하나는 일과 생활의 균형을 통해 개인의 삶을 누릴 수 있도록 하는 것이며 이는 노동시간에 대한 자유로운 선택, 노동시간 단축 등 노동시간과 관련된 사회적 합의가 필요하다.

이러한 노동시간 선택과 단축은 성인지적으로 개선되어야 하며, 기존에 해왔던 방식, 즉 여성 중심으로 시간제 또는 유연근무제를 활용하게 한다면 여성들은 여전히 짧은 시간 일하고 적은 임금을 받으며 집에 가서는 또 다른 가사 · 돌봄노동 등을 수행하게 될 우려가 있다.

"노동자의 안전과 건강을 보장한 경쟁력"을 추구하는 독일의 INQA(Initiative Neue Qualitaet der Arbeit)라는 조직에서부터 시작된 '좋은 노동' 개념은 인간성이 상실된 기존의 노동에 대해 인간적인 면을 부각시키고 작업장 안에서의 노동조건 향상과 노동자 만족도를 제고하고자 하는 개념이다(김미경, 2012). 독일의 노동조합총연맹(DGB)에서는 '좋은 노동'을 측정할 수 있는 15개 차원의 INDEX를 개발하였는데, 이는 전문성과 성장가능성, 창의성, 승진가능성, 경영참여가능성, 정보의 공유정도, 관리직의 전문성, 기업문화, 동료와의 친밀성, 노동의 의미, 노동시간의 유연성, 노동강도, 육체적 긴장도, 정서적 긴장도, 직업의 전망 및 안정도, 수입 등이다. 이렇듯, 좋은 노동은 근로자에게 자신의 노동에 대한 통제권을 높이고 노동의 진정한 의미를 통해 개인의 삶이 더욱 성장하고 창의성을 가질 수 있도록 하는 과정에서 찾아질 것이다. 그리고 좋은 노동을 고민하는 과정은 성평등노동 또한 함께여야 한다. 좋은 노동이 바로 성평등노동이고, 성평등노동이 바로 좋은 노동이 되어야 한다.

◆◆◆ 읽을거리 볼거리

- **여배우는 오늘도**(문소리 감독, 2017): 며느리, 딸, 아내 역할을 모두 해야 하는 '여배우' 문소리의 삶을 코믹하게 그린 영화
- **소공녀**(전고운 감독, 2017): 본인의 취향을 지키면서 가사노동자로 일하는 여성 청년이 집을 포기하고 쉴 공간을 찾는 과정에서 다양한 여성들을 만나고 그들의 현실을 보여주는 영화

◆◆◆ 생각해 볼 문제

1. 나의 어릴 적 꿈이 성역할과 연결되는지 생각해 보자.
2. 드라마 속 등장하는 남녀 주인공들의 직업을 생각해 보고, 주인공의 직업 내용이 잘 드러나는지 생각해 보자.

◆◆◆ 참고문헌

강이수, 신경아, 박기남 (2015). **여성과 일**. 서울: 동녘.

고용노동부 (2018). 2017년 기준 통계로 보는 우리나라 노동시장의 모습.

김미경 (2012). **여성노동시대: 일가족양립을 위한 여성주의적 사회복지**. 서울: 나눔의 집.

여성가족부 (2018). 성평등일자리, 차별 없는 임금이 만듭니다! 성평등임금실천을 위한 가이드라인.

이쿠지마 아유미 (2018). **프랑스 일하는 여성처럼**. 민경욱 옮김. 서울: 푸른지식.

Vasek, T. (2014). **노동에 대한 새로운 철학**. 이재영 옮김. 파주: 열림원.

10

CHAPTER

Women's study

젠더, 아레나가 아니라 아고라

백수진

부산대학교 여성학협동과정 박사과정을 수료했으며, 2007년부터 FEMICIDE(여성살해)에 관심을 가졌다. 2009년 '한국여성학회 제25차 추계학술대회'에서 「여성주의 관점에서 femicide 개념 구축하기」로 한국에서 처음으로 FEMICIDE의 개념을 발표하였다. 그후 2011년 『아시아여성연구』에 「친밀한 파트너 살해의 성별 특성: 1990년부터 2010년 내 신문기사를 중심으로」를 발표했다. FEMICIDE의 개념이 두각을 드러내고, 그 문제점이 화두가 되고 있는 현재까지 여성피해범죄에 대해 연구를 지속적으로 하고 있다.

Introduction

국민과의 소통을 약속하며 문재인 정부가 개설한 청와대 홈페이지 '국민청원 및 제안' 코너(http://www1.president.go.kr)는 대한민국 이슈의 바로미터가 되고 있다. 사회 각 분야의 의견들을 제안할 수 있고, 그중 20만 명 이상의 동의가 있는 안건에 대해서는 실제적 정책 수립에 들어가게 된다. 2018년 9월까지 47건의 청원답변이 이루어진 상태이다.

신경아의 논문 '젠더 갈등의 사회학'에서 2017년 10월 23일 오전까지 국민청원 코너의 13,650여 개의 글들 중에서, 1위부터 10위까지 높은 지지를 얻은 글들은 '청소년 보호법과 소년법 폐지', '여성의 국방의무 부과', '일간베스트 사이트 폐지', '군 의문사 진상조사', '기업에서의 성차별 시정', '자유한국당 해산 심판 청구', '여성 1인 가구 집값 지원 폐지', '낙태죄 폐지', 'BBK 이명박 재조사' 등이다. 범위를 15위까지 넓히면, '결혼한 여성의 친족 호칭 개선', '자녀의 어머니 성(姓)'도 포함된다. 얼핏 봐도 그동안 한국 사회를 달궈 온 젠더 관련 쟁점들이 총망라되고 있음(신경아, 2017: 16)을 보여주었다.

특히 2018년도는 '젠더'와 관련된 이슈가 단연 주를 이룬 한 해였다. 미투 운동, 테이트 폭력, 묻지마 살인(페미사이드), 일베·메갈·워마드 등 '나와 너'의 문제로 다루어졌던 일들이 '우리와 너희'의 문제가 되면서 논쟁은 개인의 차원을 넘어 사회문제로 대두되었다. 이러한 문제 인식은 갈등이라는 사회 현상을 낳았고, '혐오'라는 질병으로 사회 전체로 퍼져나가기 시작했다.

이번 장에서는 젠더의 갈등의 원인과 사례들을 알아보고, 앞으로 나아가야 할 방향에 대해 생각해 보자.

현대사회의 젠더는 왜 갈등하는가?

장희빈과 인현왕후는 왜 처절하게 싸웠을까? 우리는 장희빈이 악녀이기 때문이라고 배웠다. 그러나 정답은 한 남자가 여러 명의 여성과 혼인을 했기 때문이다. 사실 문제는 숙종이라고 할 수 있으며, 더 본질적으로 남성중심의 성차별적 문화라고 볼 수 있다. 그러나 장희빈과 인형왕후는 숙종에게 왜 다른 여자와 사느냐고, 이 잘못된 관계를 종식하라고 요구하지도 않는다. 왜냐하면 그 당시 중첩제도는 용인되는 일이었기 때문이다. 받아들이지 않는다면 장희빈처럼 죽음을 맞이할 수도 있었다. 장희빈은 남편의 사랑과 자식의 성공을 바랬던 평범한 여성이었는지 모른다. 일부일처제에 대한 욕심과 자식이 잘되기를 바랐던 것이 그녀를 죽음으로 내몬 것일수도 있다.

갈등을 논하기 위해서 우리는 먼저 갈등의 원인을 제대로 파악하는 능력을 키워야 하고, 성숙하고 합리적인 해결책을 모색할 수 있는 의지가 있어야 한다.

갈등이란 생물체 탄생 이후, 언제든, 어디든, 어떤 개체 집단이든 존재했을 것이다. 그러나 인류 외의 생물집단이나 문화를 가지기 전인 원시인 시대의 갈등은 갈등보다는 '경쟁'에 가까운 것으로 보는 것이 옳다. 왜냐하면 갈등은 경쟁보다 고차원적이고, 복잡한 양상을 띠기 때문이다. 문명사회에 들어서며 갈등은 경제, 정치, 인종, 계급 등 모든 분야에서 배제할 수 없는 핵심 요소가 된다. 젠더에서도 갈등은 당연한 현상이다. 역사와 함께 성폭력, 가정폭력, 여성 살인 등의 사건들은 끊임없이 행해졌다. 그러나 개인적인 사고(성폭력, 여성 살해)라든가 사회 분위기적(가정폭력)으로 용인될 수 있는 일들로 치부되면서 집단적 이슈를 만들어 내지는 못했다. 그저 범죄일 뿐이지, 해결해야 할 젠더 갈등의 문제라고는 인식하지 못하였던 것이다. 하지만 2000년 이후 젠더 갈등은 하나의 문화가 되었고, 이를 둘러싼 담론들은 젠더 관계의 지형을 서서히 바꾸고 있기도 하다.

그럼 현대에 와서 이런 젠더 갈등이 이슈화된 것은 무엇 때문일까? 젠더 갈등에는 복합적인 요인이 있겠지만, 그중 불평등에 대한 자각, 젠더 이분법과 힘의 균형이라는 세 가지 요소가 큰 작용을 한다.

첫째, '불평등에 대한 자각'은 더 이상은 불평등을 용인하지 않겠다는 결심이다. 1980년 이전까지 농경 사회였던 대한민국은 산업화 시대를 거치며 도시화/현대화로 급발전한다. 점차 여성들의 교육 정도도 높아졌고, 노동 시장 참여도 늘기 시작했다. 같은 학비를 내고, 같은 수업을 들었으며, 같은 공간에서 같은 시간을 일하면서, 여성들은 자신들에게 가해진 불평등을 피부로 느낄 수 있었다. '남아선호'나 '가부장제', '남존여비'와 같은 관념을 받아들이기를 거부하며, 자신들의 권리를 주장하기 시작한 것이다.

둘째, '젠더 이분법'은 여성의 불평등이 기득권을 놓지 않으려는 남성중심의 문화 때문이라고 생각한 것이다. 갈등이 되려면 갈등하는 주체가 있어야 하는데, 젠더 갈등의 주체는 여성과 남성이라는 두 축이 된다. 여성들은 한 가정에 속한 아내이자, 딸이라는 미시적인 위치에서 벗어나 다른 여성들과 연대를 하며 거시적인 존재가 되기를 선택했다. 자신들의 차별은 거대한 문화 때문이며, 이 문화는 지금까지 남성들이 만들어 낸 그들만의 철옹성이었다. 여성들은 개인적으로 아무리 외쳐도 해결될 문제가 아님을 깨닫고, 그럼 우리도 연대하여 대응하자는 생각을 가지게 된 것이다.

셋째, '힘의 균형'은 여성의 권력도 만만치 않게 강해졌음을 의미한다. 갈등은 비슷한 힘을 가진 주체들 사이에서 일어난다. 토론 배틀을 한다고 가정해 보자. 이때 대학생이 토론 참여자라면 비슷한 수준의 대학생과 토론이 이루어져야 한다. 대학생과 초등학생을 토론 참여자로 참여시킬 수는 없다. 무엇인가 논하고자 하려면 말이 통해야 한다. '여자가 뭘 안다고', '암탉이 울면 집안이 망한다' 식의 논리가 통하지 않을 만큼 여성들의 발언력이 강해졌다. 여자라는 이유만으로 입을 다물어야 하는 시대를 지나 자신의 생각을 표현하겠다는 의지는 여자들의 입을 열게 했고, 대적하지 못할 것 같았던 남성 주체들과도 기꺼이 반박과 주장을 하며, 힘의 줄다리기를 팽팽히 하게 된 것이다.

여성들의 불평등에 대한 제대로 된 인식과 나도 이제 할 말은 해야겠다는 의지는 젠더 갈등을 선명하게 드러내고, 문화를 재구성한다는 점에서는 매우 긍정적인 현상이다. 그러나 대응 방식은 성숙하고, 합리적이지 못한 부분도 있다. 그것은 바로 현재 한국 사회를 뒤덮고 있는 '혐오' 문화를 염두에 두고 하는 말이다. 이제는 뇌경색으로 마비가 된 손을 잘라내는 어리석은 짓은 하지 않는다. 메스는 뇌의 문제임을 인식하고 뇌로 향했다. 갈등의 원인을 제대로 직시한 것이다. 그러나 뇌경색이 일어난 부분만 건드려야 하지만, 뇌의 다른 부분을 조심성 없이 함부로 건드려 아예 환자를 죽음으로 이르게 하는 위험을 저질러서는 안 된다. 즉, '혐오'가 우리 사회를 좀먹게 해서는 안 된다는 것이다. '혐오'는 젠더만의 문제가 아니며, 한국만의 문제도 아니다. 그러나 지금 대한민국의 젠더는 그 어느 시대보다, 그 어느 사회보다 혐오에 시달리고 있다.

이제 한국 사회의 젠더 갈등은 어떻게 진행되어 왔는지 대략적인 흐름을 살펴보자. 젠더 갈등 시기의 시발점과 종결점을 명확하게 구분할 수는 없지만, 이번 장에서는 임의적으로 2000부터 2009년까지를 '한국 1차 젠더 갈등'으로 2010년부터 현재까지를 '한국 2차 젠더 갈등'으로 나누어서 흐름과 특성을 살펴보고자 한다.

한국 1기 젠더 갈등: 표현의 시대

한국에서 사이버 성폭력, 온라인 성폭력과 관련된 학술적 논의는 2000년을 전후로 집중적으로 나타났다. 즉 한국 인터넷 문화의 태동 시기부터 여성 배제 현상은 분명하였던 것이다. 인터넷 문화의 확산 과정에서 2000년대 중반 이후부터 안티-페미니즘 모임이 결집되어 나타나기 시작했고, 일간베스트 사이트의 문제가 사회 담론의 장에 전면적으로 등장하기 시작했다(김수아, 2015: 290).

2000년 이후 인터넷 보급률의 증가와 함께 한국 1차 젠더 갈등에 관한 담론은 수적으로 늘어났고, 갈등의 양상도 더욱 심화되었다. 1차 젠더 갈등의 시초는 1999년 군가산점 헌법 재판소 위헌결정이 아닐까 싶다. 군가산점 폐지는 1990년부터 불을 지피기 시작한 한국 사회의 '페미니즘'이 남성들을 '역차별'로 몰고 간다며 '반(反)페미니즘' 담론이 중심이 되면서, 여성과 남성의 성별 싸움의 성격을 띠었다. 1997년 IMF 이후 경제적으로 힘들어지면서, 공무원이 매력적인 직업으로 떠오르게 되고, 응시자 수도 기하급수적으로 늘게 된다. 이 시기와 맞물려 군필자들에게 주어지는 군가산점제도 또한 군미필자들에 대한 차별이라는 성토 이후 최종적으로 폐지된다. 이에 군필자 남성들의 분노는 극에 달했고 군미필자들, 특히 여성에 대한 비난이 인터넷을 통해 봇물 터진 듯이 쏟아졌다. 남성들은 아무 보상 없이 자신들만 2년 넘게 고생하는 것은 역차별이며, 이럴 거면 여성들도 징병제를 해야 한다고 소리 높였다. 이에 여성들은 임신과 출산이라는 생물학적 특성을 거론하며, 우리는 군대 대신 출산한다는 논리로 응수하였다. 인터넷 상의 내용들은 입에 담지 못할 단어들과 결론 없는 무의미한 행위만 반복되며, 서로의 감정만 충동질할 뿐이었다.

5년 뒤 이슈는 '된장녀'라는 여성 비하로 옮겨 간다. 남성들은 여성들이 모든 영역에서 양성평등을 외치면서 '왜 데이트 비용은 남성이 내야하는가? 얻어먹는 주제에 비싼 것 좋은 것만 따진다. 왜 결혼할 때 남성이 집을 준비해야 하는가? 자신의 처지는 생각하지도 않은 채 신데렐라가 되어 남성이 만들어 주는 아름다운 집과 환경들을 당연한 것으로 생각한다.'라며 남성들의 경제력에 대해 운운하는 생각 없는 여성들을 조롱하기 시작했다. 그 이후에도 '김치녀', '개똥녀', '똥습녀', '오크녀', '루저녀', '패륜녀' 등의 여성을 비하하는 '-녀'는 유행처럼 만들어졌다. 그중 '루저녀' 사건은 여성을 비하하는 다른 단어들과는 달리, 비하 대상이 남성이었다. '루저'라는 말을 쓴 여대생을 지칭하는 의미로 '-녀'가 달렸지만, 이 단어는 여성들이 루저라는 것이 아니라, 키가 작은 남자는 루저라는 의미였다. 방송에서 한 여대생의 '루저'라는 발언을 하여 사회적으로 큰 파장을 일으켰으며, 인신공격성 언사에 사람들은 분노/질타를 하거나, 패러디를 하며 자기 험담(셀프디스, 예: 전 180이 안 되는 루저이니까요.)으로 '루저녀'에 대한 반감을 비꼬기도 했다. 그러나 이러한 분노와 반감은 동시에 남성들에게 적지 않은 충격을 주기도 하였다. 지금까지 남성 자신들에게는 객체화/물상화해 왔던 여성들이 오히려 자신을 육체를 훑고, 그에 대한 평가를 하는 주체가 되었다는 사실이 생소하고, 받아들이기 힘든 현상이었을 것이다.

여기까지가 1999년 군사간점 폐지부터 2009년 '-녀'까지 1기 젠더 갈등의 큰 맥이다. 이 시기는 '여성은 여성이다, 남성은 남성이다'라는 인식의 틀에 대한 거부, '왜 너도 하는데 나는 왜 안 되냐'라는 불평등에 대한 자기표현의 시작이었다. 여성들은 지금까지 말하지 못한 (혹은 인식조차 하지 못한) 것들에 대해 목소리를 내기 시작하면서, 이전 세대에 존재했던 성불평등과 가부장적 문화들과의 결별을 선언했다. 남성들은 남성으로 짊어져야 하던 군의무와 경제적 부담감에 대해 토로하기 시작했다. '표현의 시대'는 2010부터 현재까지인 한국 2차 젠더 갈등인 '혐오의 시작'으로 이어진다.

한국 2차 젠더 갈등: 혐오의 시대

일부 국가에서는 혐오표현을 곧바로 차별행위로 간주한다. 혐오표현이 차별을 조장하거나 확산, 지시하기 때문에 그 자체로 차별행위가 성립한다는 것이다. 혐오표현이 곧 차별행위인 것은 아니라고 해도 혐오표현이 차별이나 폭력으로 이어질 수 있다는 점까지 부정하긴 어렵다. 차별이나 폭력은 명백한 불법이므로, 혐오표현은 최소한 불법의 전단계로 간주될 수 있다. 증오범죄가 발생했다면 그 사회에는 반드시 편견과 차별이 있고 혐오표현이 난무했을 것이다. 이러한 배경 없이 증오범죄가 갑자기 발생하는 경우는 없다(홍성수, 2018: 81-82). 혐오표현을 하는 사람이 증오범죄도 저지른다. 혐오가 있는 사회에서는 혐오표현도 나타나고 증오범죄도 빈발하기 마련이다. 혐오표현과 증오범죄는 표출 형태만 다를 뿐, 원인과 배경이 동일하기 때문에 같은 맥락에서 이해되어야 하며, 그 대응책도 겹치는 부분이 많을 수밖에 없다. 그래서 혐오표현과 증오범죄는 같은 맥락에서 다뤄져야 한다(홍성수, 2018: 97).

이에 젠더 혐오표현의 양상을 살펴보 위해 여성에 대한 혐오(여혐, misogyny), 여성 혐오에 대한 혐오(여혐혐), 남성에 대한 혐오(남혐, misandry)의 양상을 살펴보기 위해 '일간베스트(일베)'와 '메갈리아(메갈)', '워마드' 사이트와 관련시켜 그 흐름을 보고자 한다.

일베와 메갈은 그 시초는 디시인사이드이다. 일베는 디시인사이드 내 코미디 프로그램 갤러리에서, 메갈은 디시인사이드 내 메르스 갤러리에서 각각 2010년과 2015년에 분리되어 개설된 사이트이다. 일베는 코미디 프로그램 갤러리가 폐쇄되기 전 그 명맥을 이어가기 위하여 따로 개설되었다. 처음에는 전라도와 특정 정치인에 대한 혐오가 주를 이루었지만, 날이 지날수록 '남초'적인 성격을 보이며 반여성적, 반민족적 성격과 비이성적 반응을 보이는 유저 집단으로 심하게 변질된다. 그만큼 사이트에는 여성비하 표현인 '보슬아X', '보X(여성성기)'가 공공연하게 사용되고, 여아를 성적으로 표현하는 '로린이(로리타 + 어린이)'라는 용어도 함부로 사용되고 있다. 이들은 득세하던 2010년부터 현재까지 심각한 사회문제로 자리 잡고 있다.

'메갈리아'는 소설 『이갈리아의 딸들』의 제목과 '메르스' 질병의 합성어(메르스 + 이갈리아 = 메갈리아)이다. 메갈리아 시초는 2015년 질병 '메르스'가 전세계적으로 문제가 될 당시, 홍콩에서 메르스로 의심되는 한국 여성 2명이 격리조치를 거부하면서 시작되었다. 디시인사이드 사이트에는 이 두 여성들을 시초로 한국의 모든 여성들을 '김치녀'로 싸잡아 매도하는 글들이 판을 치게 된다. 끝내 언어차이로 인한 의사소통의 잘못으로 발생한 일이었고, 무슨 일인지 알게 된 두 여성은 메르스 검사에 흔쾌히 응하여 음성 판정을 받게 된다. 이 사건 이후, 사실의 전모를 알기도 전에 무조건 여성들을 이기적이고, 비이성적으로 몰고 가는 남성과 한국 문화에 불만을 느낀 유저들이 사태의 심각성을 느끼고 독립적으로 메갈리아라는 사이트를 개설하게 된다.

'메갈리아' 유저들은 '일베'들을 행위에 대해 반감을 드러내며 '미러링(여성혐오 발언을 되받아 반복하는 문법)'이라는 대응 방식을 꺼내 들고 본격적인 젠더 혐오 전쟁에 뛰어든다. '미러링'은 여성혐오에 대한 부정적 행위에 대응하여 여성혐오의 문제를 이슈화하고, 무턱대고 여성을 '김치녀'화하는 남성들과 더 넓게는 한국 문화에 충격을 주기 전략이다. 이러한 흐름은 지금껏 개인으로만 존재했던 여성들에게 우리를 둘러싸고 있는 젠더 차별을 인지하게 하고, 우리도 힘이 있으며, 우리는 이것을 해결해야 한다는 의지에 힘을 실어 주었다. 그러나 일부 불특정 남성들에게까지 무차별적으로 행해지면서, 오히려 여성에 대한 혐오를 키우는 부정적인 면이 발생하기도 하였다. 하지만, 정도의 문제만 지킨다면, 메갈리아의 미러링은 젠더에 관한 새로운 시각의 틀을 우리에게 제공했으며, 여성을 결집시키는 원동력을 제공하였다. 또한 비이성적 여성혐오 남성들에게도 거울 속에 비친 자신의 모습이 얼마나 추한지를 보여주기도 한 것이다.

'워마드'는 2016년 '메갈'에서 독립한 유저들이 개설한 사이트이다. 여성의 'WOMAN'과 유목민의 'NOMAD(No Mad)'를 합성한 용어로써, 이들은 양성평등을 넘어 '여성우월주의'와 '남성혐오'를 주장하며, 노골적으로 남성과 비이성애자들에 대한 혐오를 드러낸다. 사이트에는 자유게시판 '보X놀이터'라는 메뉴가 있고, '데스노트' 메뉴에는 혐오의 대상에 대한 실명과 간략한 인적 사항을 적어 놓고 제목에 'OOO 박제'라고 기입하여 게시물을 올린다. 대상은 남성들이 대부분이고, 여성에게 잘못한 행위를 한 사람들을 성토하기 위해 올리는 것이 목적이다. 대상에 대해 서로 분노와 조롱 그리고 악담을 퍼부음으로써 일종의 카타르시를 느끼며, 한풀이를 하는 행위인 것이다. '워마드'의 활동은 여성들의 반란을 과도한 방식으로 표현함으로써 지금까지 여성불평등에 관심이 없던 일반인들에게도 그들의 존재감을 확실히 각인시켰다. 심지어 성체를 훼손하여, 종교인들조차 저들이 누군가에 대해 관심을 가지게 했다. 문제는 워마드가 '여성우월주의'라는 명목하에 젠더 갈등을 심각하게 조장한다는 것이다. 이들은 남성은 물론, 자신들의 의견에 동의하지 않는 여성들을 '명예남성', '명예자X', '흉자(흉내+자X: 명예자X보다 더 비하적 표현)'로 비하하며 여성에게까지 칼날을 들이댄다. 사실 워마드는 페미니스트 사이에서도 고민거리이다. 이들이 여성성이라는 것을 '도구화'하고 있다는 우려까지 나오기도 했다. 지금도 편향성과 폭력성이 매우 높아 자주 거론되고 있다. 혜화역 농성, 홍대 누드모델 몰카 사건, 남자 목욕탕 사진, 성체 훼손 등의 사건을 일으켰다. 이에 질세라 일베도 '박카스남'이라는 유저가 70대 성매매 여성의 누드 사진을 유포하고, 조롱거리로 만든 사건으로 사회 전반에 충격을 주기도 했다. 이들의 행위는 젠더문제를 넘어서, 고귀한 인권에 대한 모독이라 할 수 있다.

젠더 갈등과 '강남역 살인 사건'

2016년 5월 17일 강남역에서 한 여성이 무참히 살해되었다. 우리가 잘 알고 있는 '강남역 살인 사건'이다. 피의자 김모씨는 상가 건물 화장실에 잠복하면서, 6명의 남성들은 그냥 돌려보내고, 그 후 화장실에 들어온 1명의 여성을 살해한다. 이후 피의자는 '사회에 대한 불만'을 이야기했고, 경찰 측은 '묻지마 범죄'인 우발 범죄, '조현병'이라는 병리학적 이유를 들어 개인화되고 비사회적인 사건으로 결론지으려 했다.

여성혐오를 부인하고 여성들의 '남혐 조장' 발화를 효과적으로 억압할 수 있게끔 해 준 개념은 명실공히 '묻지마 범죄'였다. 여성 피해 사건이 발생할 때마다 여성계에서는 '여성혐오'에 대해 설명하고 설득하려 노력했지만, 정신질환 혐오 정서를 대중에게 반복 주입함으로써 기존의 '여성혐오'적 사회를 은폐, 유지하는 데 일조하고 있다고 본다(김민정, 2017: 37-38). "여성혐오"라는 점을 인정하는 것은 남성중심적인 주류 문화에 길들여진 모든 이를 잠재적 범죄자로 취급해야 하는, 혹은 이를 상상해야 하는 불편함을 가져오기에 여성들의 목소리는 '위험한' 여론몰이로 일축되었다(김민정, 2017: 58).

이 관례대로 강남역 살인 사건도 얼렁뚱땅 넘기려 했지만, 행정 기관들은 예상치 못한 후폭풍을 맞게 된다. 여성들이 예전과 달리 강남역에 집결하여 여성들의 범죄에 대한 취약성을 문제 삼으며, 피해자 한 명의 문제가 아닌 '우리'의 문제임을 강하게 주장한 것이다. '왜 6명의 남성은 살았는가?', '조현병임에도 여성과 남성은 잘도 구분하여 타깃을 정하나?', '수사당국도 피의자와 똑같은 살해 공모자'라며 여성들은 지금까지 눌러 두었던 공포와 불만을 폭발시켰다.

피해자 추모운동이 벌어진 강남역 10번 출구는 공감의 거대한 물결이 거세지는 듯했지만, 얼마 안 가 반발과 반감의 기세가 부딪힌다. '내가 죽을 수도 있었다', '여성혐오는 사회적 문제'라고 말하는 쪽지와 발언이 연이어지자, '피해의식 있는 여성들이 사건을 지나치게 확대하고 있다', '남자라는 이유만으로 잠재적 범죄자 취급을 받아야 하나'라는 글이 SNS에 올라오고 급기야 '남자라서 죽은 천안함 용사들을 잊지 맙시다'는 말이 쓰인 일베 명의의 화환이 배달되기에 이르렀다. 언제라도 충돌이 일어날 듯한 언쟁과 긴장이 이어졌다(김수진, 2017: 170). 여성이기 때문에 살해당한 여성 피해자도, 남성이기 때문에 군복무 중에 순직한 남성들도 모두 아까운 젊은이들이다. 죽음에 경중이라는 것은 있을 수가 없다. 여성이기 때문에/남성이기 때문에 발생하는 범죄에 대해 성별을 넘어서 그런 안타까운 죽음이 생기는 문화를 개선하기 위해 손을 잡아야 하는 것이다. 하지만, 여성들의 목소리를 삐딱한 시선으로 바라보다 보니, 그만 좀 징징 거려라는 식의 행위와 표현들이 나오게 되는 것이다.

사건이 일어나고 10년이 지난 것도 아니고, 20년이 지난 것도 아니었다. 여성이기 때문에 당하는 불안과 부당함에 대해 입을 뗀지 한 달도 되지 않았으며, 속 시원한 해결 방안을 들은 것도 아니었다. 그러나 '그만큼 하면 됐다, 그만 하라'라는 식의 언사는 젠더 갈등을 촉발시키며, 사회를 분열시켰다. 그렇게 외쳤음에도 심한 것이 아니었다는 것은 강남역 살인사건 2년이 지난 2018년에도 여성들의 불안과 피해 건수는 나아진 것이 없다는 점에서 여실히 드러났다.

[그림 10-1] 강남역사건 1주기 추모제 포스터
출처: 중앙일보(2017. 5. 17.).

[그림 10-2] 강남역에 보낸 일베의 화환
출처: 스포츠조선(2016. 5. 16.).

2018년 5월 16일 연합뉴스에서도 강남역 살인 2주기를 추모제를 취재하며, 2년 전과 달라진 것이 없는 사회 구조에 대해 지적을 하였다. 강남역 사건으로 여성혐오에 대해 여성들이 목소리를 내기 시작했고, 이는 '미투운동'까지 이어졌다. 그러나 남성들의 '백래시(반격, backlash)'에 묻혔고, 여성대상 범죄는 되레 늘어나고 있음을 강조한다. 대검찰청 자료를 인용하여 여성 피해 사례가 2016년보다 2017년에 27,000건에서 32,700건으로 10% 가량 증가했음을 보여주었다. 전문가들은 서구의 18~19세기 여성 참정권 운동이나 1960~70년대 페미니즘 운동 등 여성권리 신장 운동들도 '백래시'를 피하지 못했다. 그러나 2018년 더 이상 여기에서 흐지부지 하게 가라앉는다면 젠더 갈등과 여성들의 안전의 선진화는 더욱 더 늦어지게 될 것이다. 건국대 윤김지영 교수는 '백래시를 극복하지 못하고 페미니즘 암흑기로 돌아가게 되면, 남성사회는 미투 등으로 인해 여성이 얼마나 분노할 수 있는지 목격했기 때문에 남성권력 구조를 더욱 강화할 것'이라고 우려했다. 우리가 여성 인권을 외칠 수밖에 없는 이유가 여기에 있다. 좀 더 명확하고, 실질적인 성과가 보일 때까지 나아가야 한다.

이렇게 '강남역 살인 사건'은 여성들의 실천성에 불을 지폈고, 더욱 명확하고 강도 높게 여성들의 인권을 울부짖게 만들었다. 그리고 이런 실천성은 '미투운동'과 '데이트폭력'에 대한 공론화와 사회화를 이루어 내었다. 여성들은 두려움에 떠는 존재에서, 두려움을 용기로 바꾼 존재로 돌아온 것이다.

젠더, 아레나가 아닌 아고라를 위해

앞에서 우리는 '일베', '워마드'에 관한 이야기를 하였다. 사실 우리 모두가 '일베'도 아니고, '워마드'도 아니다. 분명히 밝혔다시피, 두 사이트들의 유저들은 극우 성향의 존재들이다. 즉, 한쪽으로 너무 치우쳤다는 뜻이다. 하지만 그들의 활동이 현대사회를 살아가는 한국 청년들과 완전히 분리된 것은 아니다. 여성들은 곳곳에 도사리고 있는 범죄의 두려움에 촉각을 세워야 하고, 노동 시장에서 남성보다 적은 임금을 받고, 남성들은 군대를 가야하고, 돈 걱정을 여성보다 많이 하는 것은 여전히 사실이기 때문이다. 그들처럼 과격하거나, 저속한 방식으로 충돌하지는 않지만, 젠더 갈등은 살아오면서 겪었고, 앞으로도 겪게 될 것임을 우리는 알고 있다. 생물학적으로 성(sex)을 타고난 이상 갈등이란 피할 수가 없다. 가장 중요한 것은 갈등 자체를 없애는 것이 아니라, 지혜롭게 해결하는 방식이다. 감기에 한 번도 걸리지 않은 사람은 거의 없을 것이다. 혹 있다고 하더라도 그리 좋아할 일은 아닌 것 같다. 그동안 항체를 만들지 못한 신체는 막강한 병원균이 갑자기 침입했을 때, 작은 병치레로 면역체를 가진 사람보다 질병에 훨씬 취약할 수 있다. 갈등도 마찬가지이다. 백신을 맞듯이 준비하고, 감내할 만큼 그때그때 해결해 나가는 연습을 해야 한다. 이를 위해 필요한 것은 무엇일까?

첫째, 일반화의 오류를 멈추어야 한다. 혐오는 개인의 특성을 그와 비슷한 집단의 모든 존재들에게 무차별적으로 오명을 씌우는 것이다. 강남역 살해 사건 발생 당시 많은 남성들이 '모든 남자들을 범죄자로 만들지 마라'라고 외쳤다. 지금까지 여성의 인권을 존중하고, 여성 피해자의 죽음에 대해서도 충분히 애도하고 있는데, 느닷없이 너도 남자니까 여기에서 떠나 달라고 한다면 당연히 감정이 상할 것이다. 혹은 여성에게 '너도 어쩔 수 없는 김치녀다'라고 한다면 화가 날 것이다. 이런 행위들은 젠더의 갈등만 심화시킬 뿐, 어떠한 해결책을 제공해 주지 못한다. 모든 남성과 모든 여성에게 100% 공통적으로 적용되는 특성이란 없다.

둘째, 흑백논리의 집착에서 벗어나야 한다. 여자의 반대는 남자, 남자의 반대는 여자가 아니다. 우리는 여성, 남성이기 전에 모두 같은 인간이다. 강남역 사건으로 여성들은 하나로 뭉쳤다. 하지만, 이것은 한 여성 피해자의 처절한 희생이자, 젠더를 벗어나 모든 사람들이 개탄해야 할 사회문제였다. 군복무의 문제도 남성들만의 문제로 생각해서도 안 된다. 사실 군가산점 폐지 당시 여성들이 쌍수(雙手)를 들어 좋아했다는 것이 젠더 간의 분열을 심화시켰다. 청년들의 2년 고생에 대해 어떠한 보상도 없이 막무가내식으로 폐지한 것을 좋아만 할 일은 아니었다. 군가산점이 취업 시장에서 여성들에게 걸림돌이 된 것은 사실이었다. 하지만 아무런 대안책 없이 폐지만 한 것은 남성에 대한 '역차별' 역시 맞는 말이었다. 그 당시 불필요한 감정 싸움 대신 여성에게 차별인 군가산점은 폐지하되, 군복무에 대한 다른 보상책을 남성과 여성이 함께 고민하고, 정부에 요구했다면 얼마나 멋졌을까 상상해 본다.

셋째, 서로에 대해 공감해야 한다. '나는 남자니깐 안전해, 나는 여자니깐 상관없어'라는 협소한 인식에서 벗어나야 한다. 메갈리아의 '미러링' 기법을 상대방이 보여주는 거울이 아니라, 내가 상대방을 투영해 보는 거울로 생각해 보면 좋을 거 같다. 거울 속에서 모습은 나의 모습이면서, 상대방의 모습이기도 하다. 거울 속의 모습에서 두려움과 부담감, 슬픔, 불평등 등을 보려고 노력한다면, 서로의 진심은 통하게 될 것이다.

글을 마치면서

젠더 갈등이 심화되면서 '페미니즘', '페미니스트'에 대한 인식 또한 왜곡되어 가는 걸 보며 안타까움을 금치 못했다. 페미니즘에 대해 제대로 알지 못하는 사람들은 메갈과 워마드 유저들은 페미니스트라는 왜곡된 인식을 당연히 받아들이고 있다. 그로 인해 페미니스트들에 대한 혐오 또한 만만치 않다. 이는 이슬람인들은 모두 IS라고 매도하는 것과 동일한 논리라 할 수 있다. 누군가 '페미니스트들은 누구냐?'라고 묻는다면, 난 항상 이 세상에서 페미니즘과 페미니스트라는 용어를 없애기 위해 노력하는 사람들이라고 대답한다. 더 이상 젠더 불평등이 존재하지 않는다면, 페미니즘의 존재도 불필요해지기 때문이다. 노예제도가 존재하던 시대에는 계급제를 붕괴시키기 위한 많은 사람들의 헌신이 있었지만, 현대사회에서는 노예제 붕괴를 위해 헌신하는 사람들이 없는 것과 같다. 페미니즘은 일방적이지도, 여성우월주의를 찬양하지도 않는다. 성적 차별은 제거하되 성적 차이는 인정하는 문화를 만들고, 젠더 불균형의 격차를 줄이고, 권리를 유린당하고 있는 여성들의 처우를 개선하는 활동에 집중한다. 무턱대고 페미니즘과 페미니스트들을 혐오하는 시대에서, 페미니즘을 올바로 평가하는 사회가 되기를 고대해 본다.

한국의 100년은 참으로 갈등의 시대였다. 1910년부터 45년까지는 광복을 위하여 일본과 '민족적 갈등'을, 1950년부터 53년까지는 정부 수립을 위하여 북한과 '이념적 갈등'을, 1960년부터 90년까지는 민주화를 위하여 군부독재와 '정치적 갈등'을 지독하게 치렀다. 그리고 2000년부터 현재까지 우리는 '젠더 갈등'을 치르고 있다. 아쉽게 남북분단이라는 슬픔이 있기는 하지만, 우리는 광복을 이뤄냈고, 민주화도 이루었다. 그럼 지금 우리는 젠더 갈등을 통해 무엇을 이루어 내고자 하는가? 남성과 여성은 적이 아니다. 함께 사회를 이루고, 가정을 이루고, 미래를 만들어 가는 존재들이다. 서로에 대해 공감하고, 정의에 대한 열망을 위해 힘을 합친다면 우리 다음 세대들은 좀 더 달라진 사회를 살게 될 것이다. 이를 위해 본질을 꿰뚫는 명석한 두뇌와 성숙한 해결책을 이끌어 낼 수 있는 따뜻한 심성을 가진 사람들이 더 많아지길 기대해 본다.

여성과 남성들, 우리 모두는 싸움의 터인 아레나에 있는 것이 아니라, 서로 머리를 맞대고 상생의 길을 고민하는 아고라의 장에 서 있다는 것을 잊지 말아야 할 것이다.

◆◆◆ 읽을거리 볼거리

- **더 스토닝**(사이러스 노라스테 감독, 2012): 이란의 한 마을에서 발생한 '더 스토닝'이라는 관습에 관한 이야기이다. 더 스토닝은 말 그대로 돌팔매질이다. 주인공인 소라야가 남편과의 갈등으로 억울하게 죽음을 맞이하는 것이 큰 흐름이다. 영화 속에서 여성의 불평등이 어떻게 유지되며, 얼마나 빠져 나올 수 없을 만큼 공고한 것인지를 여실히 보여 준다. 그리고 이것이 실화라는 것은 더욱 충격을 준다.
- **82년생 김지영**(조남주, 2016): '2017년 올해의 작가상'을 수상한 소설이다. 30~40대 현대 여성들의 삶을 에피소드 위주로, 한 여성이 성장하는 동안 겪게 되는 성차별과 억압 등이 여성 독자들에게 공감을 이끌어 낸다.

◆◇◆ 생각해 볼 문제

1. 자신이 여성이라서 혹은 남성이기 때문에 차별을 당한 에피소드를 떠올려 보고, 당시 어떻게 대처했는지 말해보자.

2. 평소 일베, 메갈, 워마드에 대한 생각이 어떠했는지 말해 보자. 그리고 일베와 워마드 사이트를 방문해 보고 어떤 생각이 드는지 말해 보자.

3. 역할극 해보기

<상황>

남학생에게 질문: 30세 여성 A씨는 임신 8개월의 회사원이다. 7월, 8월의 폭염에도 무거워진 몸으로 근무를 해 왔지만 8개월이 들어서자 더욱 힘이 든다. 40세 직장 상사 B(성별은 상관없음)씨는 굼뜬 A씨가 회사 분위기를 망친다며, 노골적으로 짜증을 낸다. A씨는 그럴수록 더욱 의기소침해진다. 그러나 맞벌이 시대에 남편의 벌이만으로는 생활이 어렵기 때문에 함부로 쉴 수도 없다. 이럴 경우 A씨의 남편이 되어 아내의 상황을 이야기해 보자.

여학생에게 질문: 20대 남성 A씨는 군입대를 앞두고 마음이 복잡하다. 2년 정도의 시간을 어떻게 보낼지, 그곳의 생활은 어떨지 고민이 많다. 무엇보다 자신이 얻는 것이 무엇인가에 대한 회의감이 들고 있다. 이럴 경우 본인이 A씨가 되어 군복무에 대한 의견을 이야기해 보자. (단, 남성들은 군복무를 하지 않는 것으로 가정한다.)

참고문헌

김민정 (2017). '묻지마 범죄'가 묻지 않는 것: 지식권력의 혐오 생산. **한국 여성학**, 33(3), 33-65.

김수아 (2015). 온라인상의 여성 혐오 표현. **페미니즘연구**, 15(2), 279-317.

김수진 (2017). 여성혐오, 페미니즘의 새 시대를 가져오다. **교육비평**, 38, 163-188.

스포츠조선 (2016. 5. 16.). 진중권, 강남역 묻지마 사건 일베 화환에 격분 "정권 바뀌면 일베 털어보자". http://sports.chosun.com/news/ntype.htm?id=201605210100159740011084&servicedate=20160520에서 인출.

신경아 (2017). 젠더 갈등의 사회학, **황해문화**, 97, 16-35.

연합뉴스 (2017. 5. 16). 강남역 살인사건 2년…여성노린 강력범죄 되레 늘고 '여혐' 여전. https://www.yna.co.kr/view/AKR20180515176300004?input=1195m에서 인출.

중앙일보 (2017. 5. 17.). '강남역 살인사건', 벌써 1년. 전국 각지에서 추모제 열려. https://news.joins.com/article/21579120에서 인출.

홍성수 (2018). **말이 칼이 될 때**. 서울: 어크로스.

11

CHAPTER

Women's study

성평등과 여성정책

박해숙

강원도여성가족연구원에서 일하고 있으며, 하는 일의 특성상 성평등 정책을 고민하는 일에 많은 시간을 보내지만 성과는 늘 부족하다. 여성학의 부흥기라고도 하고 백래시가 극심하다고 하는 요즘 해야 할 일과 할 수 있는 일이 무엇인지 고민이 깊다. 『가족과 문화』, 『여성학-행복한 시작』 등에 공저자로 참여하였다.

Introduction

소저너 트루스(Sojourner Truth, 1797~1883)는 노예로 태어나 자신의 의사와 무관하게 여러 번 팔려 다녔으며 노예 신분에서 해방시켜 주겠다는 주인이 약속을 지키지 않자 어린 딸을 데리고 탈출하였다. 이후 스스로 원래의 이름을 버리고 '진리를 전하는 사람'이라는 의미를 가진 '소저너 트루스'라는 이름을 지어 불렀으며, 1851년 오하이오 여성인권 대회에서 다음과 같은 연설을 하여 성별에 대한 통념을 송두리째 흔들었다.

"저기 저 남성이 말하는군요. 여성은 탈것으로 모셔 드려야 하고, 개천은 안아서 건너드려야 하고, 어디에서나 최고 좋은 자리를 드려야 한다고 말입니다. 아무도 내게는 그런 적 없습니다. 나는 탈것으로 모셔진 적도, 진흙구덩이를 지나도록 도움을 받은 적도, 무슨 좋은 자리를 받아본 적도 없습니다. 그렇다면 나는 여자가 아닙니까? 나를 보십시오! 내 팔을 보십시오! 나는 땅을 갈고, 곡식을 심고, 수확을 해왔습니다. 그리고 어떤 남자도 날 앞서지 못했습니다. 그러면 나는 여자가 아닙니까? 나는 남성만큼 일할 수 있고, 먹을 게 있을 땐 남성만큼 먹을 수 있습니다. 남자만큼이나 채찍질을 견뎌내기도 했습니다. 그러면 나는 여자가 아닙니까?"

노예제 폐지와 흑인여성 참정권 운동가였던 그녀는 1997년 무인 화성탐사선 '소저너'에 이름을 빌려주었으며 2009년 미국 의회에 흉상이 세워진 최초의 흑인 여성이 되어 모두의 전설이 되었다. 그러나 그녀가 160여 년 전 던진 질문, "나는 여자가 아닙니까?"라는 물음은 오늘날에도 현재형이다. 성평등은 남성적 특징을 가진 남성 집단과 여성적 특징을 가진 여성 집단의 균형이 아니라 성차별을 만들고 유지하게 하는 구조와 관계에 관한 것임에도 이에 동의하지 않는 사람들이 많은 것 같기 때문이다.

나아진 듯 나아지지 않은 현실

세계경제포럼에서는 2006년부터 매년 국가별 성 격차지수(Gender Gap Index: GGI)를 발표하고 있다. GGI는 경제참여와 기회, 교육수준, 건강과 생존, 정치적 권한 4개 분야에서 국가별 성 격차를 점수화한 것인데, 한국은 2017년 기준 144개국 중 0.650점(1에 가까울수록 평등)으로 118위를 기록하였다. 정부는 GGI를 측정하는 지표가 각국의 정치·경제·사회적 수준(Level)을 고려하지 않고 남녀 격차(Gap)만 평가하기 때문에 우리나라 여성의 지위가 과거보다 상승하였음에도 점수가 낮게 나타나는 경향이 있다고 항변한다. GGI 지표 중 교육적 성취 분야에서 높은 점수를 차지하는 하위지표인 '문해율'의 경우 한국은 완전 평등에 가까우나 더 이상 공식 통계를 생산하지 않아 통계치 반영이 어려워 점수가 떨어지는 등 우리의 현실을 반영하지 못하고 있어 세계경제포럼에 지표 개선을 요청하고 있다고 발표하였다(여성가족부 공식블로그, 2017).

사실 정부 입장에서는 억울한 측면이 있다. 저개발국가의 경우 여성과 남성 모두 각 지표에서 상황이 열악하더라도 성 격차가 적다면 등수는 높아질 수 있는 것이다. 그리고 최종적인 성평등(gender equality)의 실현은 남성 대비 여성의 권한의 양(quantity)에 관한 문제가 아니라 여성이 자신의 삶에서 무엇이 되거나 무엇을 실현할 수 있는 역량에 대한 접근성(Nussbaum, M. C.)의 문제라고 볼 수 있다. 하지만 격차를 활용할 때 성별 간 차이가 쉽게 부각됨으로써 제도의 개선으로 이어져 여성의 현실을 조기에 개선할 수 있는 강점이 있으며, 성 격차 지표를 상호교차적으로 살펴보아 지표의 전 영역에서 평등으로 수렴되는지를 분석할 수 있어 매우 유용한 측정 도구라 하겠다. 가령, 여성 인적자원이 개발되었음에도 의사결정을 할 수 있는 고위직 승진을 가로막는 유리천장의 실재를 보여줄 수 있으며, 경제활동에 참여하고 있으나 가사노동을 전담하는 여성의 이중노동을 현실을 드러낼 수 있기 때문이다.

과거에 비해 우리 사회 성평등 정도는 상당한 수준으로 높아졌다고 할 수 있다. 특히 대학진학률, 석·박사 학위 취득자 등 인간개발 분야에서 성 격차가 완화되고 있으며, 남아선호사상은 찾아볼 수 없게 되었다. 그러나 여성의 현실이 그리 녹록하지 않다.

'남아선호' 풍조 깨졌다

호주제가 폐지됨에 따라 대물림을 위해 아들을 낳아야 한다는 강박으로부터 벗어나게 되면서 딸에 대한 선호가 높아지는 현상이 발견된다. 육아정책연구소가 2008년 태어난 신생아 2078명의 가족을 표본으로 조사한 결과에 따르면, 20~30대 '신세대' 아버지들은 아들보다 딸을 선호하는 것으로 나타났다. 부모 중 아버지들은 아들(28.6%)보다 딸(37.4%)이 태어나기를 더 바랐다. '아들, 딸 구별하지 않았다'는 아버지 비율은 34%였다. 어머니의 경우에도 딸에 대한 선호도가 37.9%로 아들 31.3%보다 높았다. 아버지의 여아 선호 현상은 주거 지역에 관계없이 고른 경향을 보였지만 연령대별로 차이가 났다. 선호하는 성별은 20대에서 딸 38.9%, 아들 26.2%, 30대에서 딸 37.8%, 아들 28.7%였으나 40대에서는 딸 27.9%, 아들 33.1%로 아들 선호도가 더 높았다

출처: 세계일보(2010. 1. 13).

2017년 고등학교 졸업자 대비 대학교 진학자 비율은 여자가 72.7%, 남자가 65.3%이다(한국교육개발원, 교육통계연보). 2009년 대학진학률에서 여성 82.4%, 남성 81.6%로 여성이 남성을 앞지른 이후, 그 격차가 점점 커지고 있다. 그러나 여성의 경제활동참여율은 증가하지 않고 있다(〈표 11-1〉 참조).

〈표 11-1〉 경제활동참가율 (단위: %)

구분	2010	2011	2012	2013	2014	2015	2016	2017
전체	61.1	61.3	61.6	61.7	62.7	62.8	62.9	63.2
여자	49.6	49.8	50.1	50.3	51.5	51.9	52.2	52.7
남자	73.2	73.4	73.5	73.5	74.4	74.1	74.0	74.1

출처: 통계청(각 연도). 경제활동인구조사.

특히 2018년 5월 기준 통계청의 「경제활동인구조사」 연령별 경제활동참가율을 보면 20~29세 여성 65.9%, 남성 63.8%로 여성이 다소 앞서는 것으로 나타나지만 결혼 · 임신 · 출산 · 양육으로 이어지는 시기인 30~39세에는 여성 63.5%, 남성 93.3%, 40~49세에는 여성 67.4%, 남성 94.4%로 나타나 여성 개인의 역량이 계발되었음에도 사회적으로 그 역량을 활용하지 못하는 현상을 볼 수 있다.

2016년 우리나라 임금근로자의 성별 임금격차는 36.6%로, 남성 대비 여성의 임금이 63.4%에 불과하다([그림 11-1], [그림 11-2] 참조). 2015년 기준 OECD 국가 평균 성별 임금격차 14.0%로, 한국은 OECD 국가 중 성별 임금격차가 가장 큰 나라일 뿐 아니라 2위인 에스토니아의 성별 임금격차 28.3%와 비교했을 때도 격차의 폭이 매우 크다.

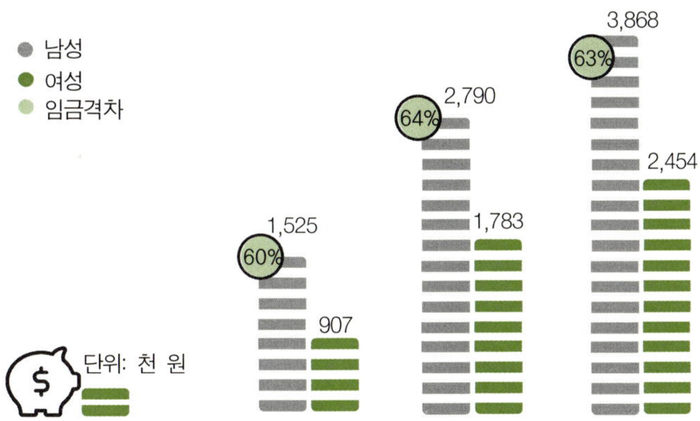

[그림 11-1] 성별 월평균 임금 및 임금격차

출처: 한국 여성정책연구원, 성인지통계(https://gsis.kwdi.re.kr).

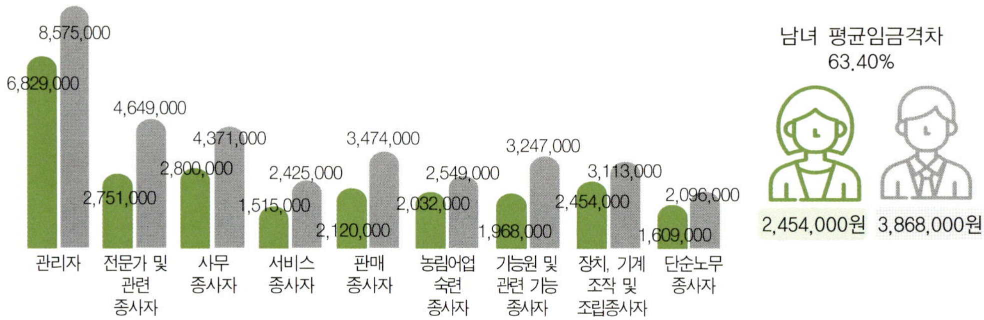

[그림 11-2] 직업별 남녀 평균임금과 성별 임금격차(2016)

출처: 한국 여성정책연구원, 성인지통계(https://gsis.kwdi.re.kr).

성별 임금격차가 크게 완화되지 않는 현상은 여성의 취업률이 크게 증가하지 않는 탓도 있으나 종사상 지위가 남성에 비해 비정규직 비율이 높다는 이유도 있다. 통계청의 「경제활동인구조사」에 따르면 정규직 비중은 남성이 73.6%인데 비해 여성은 58.9%로 나타났으며, 파트타임 종사자 비중은 여성이 21.6%, 남성이 6.8%로 조사되었다. 이처럼 여성의 경우 결혼 · 임신 · 출산 · 양육의 과정에서 경력단절을 경험하게 되고([그림 11-3] 참조), 이후 재취업 시 임시직 · 저소득 일자리로 취업하게 되는 경로를 통해 성별 임금격차가 개선되기 어려운 상황이 지속되고 있다.

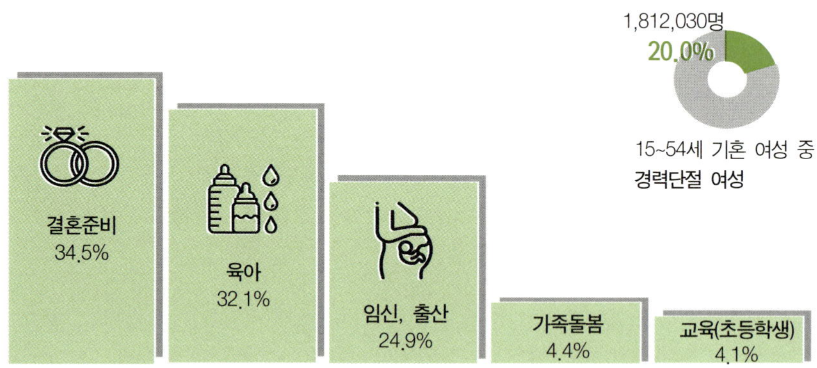

[그림 11-3] 경력단절여성 현황과 경력단절 사유(2017)

출처: 한국 여성정책연구원, 성인지통계(https://gsis.kwdi.re.kr).

여성정책, 현실에 등장하다

여성정책은 흔히 '여성의 지위와 권익 향상을 통해 남녀평등을 달성하고자 하는 국가정책'이라고 규정하지만, 여성정책을 통해 달성하고자 하는 성평등이 '여성의 지위향상'이라는 수단으로 달성될 수 있는 것인가라는 의문점이 생긴다. 여성 전체의 지위가 동일하지 않으며 개별 여성보다 낮은 지위에 있는 남성도 있기 때문이다. '여성의 지위와 권익 향상'은 여성정책의 일부일 수는 있으나 이것이 성평등을 달성하는 전부가 될 수는 없는 것이다. 여성정책은 남성과 여성의 권력 비대칭과 위계를 포함하는 가부장적 젠더 관계가 근본적으로 불평등과 부정의를 내포하고 있다는 점을 인식하고 그것에 개입하여 상황을 교정하고자 하는 정책이라고 재정의할 수 있다. 즉 여성정책은 '성평등(을 위한) 정책'이며, '젠더(를 다루는) 정책'이기도 하다(배은경, 2016: 12~13).

양성평등 vs 성평등, 어떻게 보아야 하나?

국민일보(2018.8.14.). 성평등으로 양성평등 가치 훼손

'국가인권정책 기본계획'(NAP)이 지난 7일 국무회의에서 통과돼 기독교인의 종교 양심 사상 표현의 자유를 침해하는 정책이 시행될 것이라는 우려가 있다. 기독교계 시민단체들은 곧바로 NAP 독소조항 개정운동에 착수했다. 교계와 시민단체가 NAP를 반대했던 이유는 '국가가 앞장서서 성(gender) 평등으로 양성(sex) 평등의 전통적 가치를 해체시킬 것'이라는 위기의식 때문이다. 이은주 전남대 교수는 "인간은 선천적으로 남녀라는 두 종류의 생물학적 성밖에 없다"면서 "그렇기 때문에 성을 임의로 바꿨다고 주장해도 DNA상으론 절대 불가능하다"고 설명했다. 이 교수는 "특히 생식기관은 남녀 간 결합을 통해 자녀를 낳을 수 있는 독특한 구조와 형태를 갖고 있다"면서 "만약 심리적 정신적 후천적인 젠더를 존중한다며 양성평등을 성평등으로 바꾼다면 기존 결혼과 가정의 의미는 물론 양성평등을 기반으로 한 전통적 가족제도는 해체될 수밖에 없다"고 우려했다.

한겨레(2017.12.18.). 성평등 vs 양성평등… 여성가족부, 어찌하오리까

"여성가족부는 출범 당시부터 부처의 영문 명칭에 영어 '젠더 이퀄리티'(gender equality)를 사용했고, 이를 번역한 용어인 '성평등'과 '양성평등'을 혼용해서 쓰고 있다. '성평등', '양성평등'은 양성평등기본법 등에서 혼용하고 있는 용어"라며 "이번 20일 발표할 2차 양성평등기본계획에서도 '양성평등'과 '성평등'을 혼용할 계획"이라고 밝혔다. 이어 "'성평등'은 새롭게 등장한 용어가 아니며 2008년 이명박 정부, 2013년 박근혜 정부 시절부터 정책에 꾸준히 써오던 용어"라며 어느 한쪽을 고집하지 않겠다는 입장을 밝혔다.

한국여성단체연합(2016.1.8.). '강은희 여성가족부 장관 후보자에 대한 입장' 성명서

현재 여성가족부의 정책은 '양성' 평등을 '젠더(gender)' 사이에, 혹은 젠더 내에 존재하는 차별과 권력의 문제를 해소하고 지향하는 것이 아니라 남녀 간의 생물학적 차이(sex) 위에서 관계를 조정하는 것으로 보고 있어 성평등 정책 후퇴와 현존하는 여성차별과 혐오에 대해 대응하지 못하고 있다.

한국의 여성정책은 크게 WID와 GAD 관점을 따르고 있다. 1975년 UN이 정한 '세계여성의 해'를 기점으로 여성발전을 위해 WID(Women-In-Development) 관점을 채택하게 된다. WID는 경제발전 과정에서 소외되어 온 여성의 역할에 주목하고, '여성을 대상으로 하는 정책이나 사업을 통하여 여성문제를 해결할 수 있다'는 가정에서 출발한다. 따라서 여성중심의 가족계획, 여성할당제, 모자가정 지원, 요보호 여성의 복지, 출산휴가 등 여성의 실제적인 요구를 충족시키는 데 초점을 두었다. WID 접근은 여성문제를 사회에 알리고 다소나마 차별을 경감시키는 효과와 함께 여성정책을 담당하는 국가기구를 설치하고 지역의 여성단체들을 결집하는 데 기여하였다. 그러나 WID 접근은 '남성=발전과정의 행위자', '여성=발전과정의 수혜자'로 간주하며 기존의 성별권력관계를 그대로 수용하였다는 비판을 받게 된다(배은경, 2016: 15~17). 즉 개발계획에 여성을 덧붙이는 방식으로는 여성의 현실이 개선되지 않는다는 것이다.

이후 1985년 나이로비 세계여성회의에서 여성들에게 분배에 대한 의사결정과 권력자원에 대한 접근권을 보장하는 것이 중요하다는 GAD(Gender-And-Development) 관점이 새로이 대두되었다. 여성의 지위를 남성과 동등하게 끌어올리는 것을 강조하면서 여성과 남성의 동등한 참여, 여성과 남성의 발전을 동시에 고려하게 된 것이다. GAD 접근의 정책은 여성과 남성 모두의 역할변화를 통하여 젠더 관계를 재편하고 여성의 지위를 향상시키기 위한 전략적 요구(strategic needs)를 증진시키는 데 중점을 둔다.

한국에서는 1990년대 말 GAD 관점의 여성정책을 추진하면서, 추진 전략으로는 '성 주류화(gender mainstreaming)'를 채택하였다(배은경, 2016: 27). 성 주류화는 1995년 베이징 세계여성대회에서는 본격적으로 여성정책의 새로운 전략으로 등장하였는데, 여성정책이 특정한 정책 영역에 고립되어서는 안 되며, 모든 정책에 젠더 관점을 포함시킴으로써 젠더를 정책 영역 안에서 주류로 만들고, 공공정책의 구조·과정·환경 모두에 젠더에 대한 감수성을 통합시켜야 한다는 것이다.

여성정책의 새로운 전략인 성 주류화는 집단으로서의 '여성'이 아니라 '젠더 관계'에 초점을 두고(김경희·나성은, 2017: 3981) 단순히 여성의 지위를 상승시키고 성별 불균형을 완화시키는 것이 아니라 사회 모든 영역에 성인지 관점을 통합하여 개인 및 조직 전체의 성인지 감수성을 높이며(황은정, 2018: 14), 여성의 사회 진입을 막아온 공적 영역에서의 차별을 제거하는 것과 사적 영역이 공적 영역의 활동을 위한 것으로 조직되어 있는 현재의 공사 영역의 관계 및 여성의 영역으로 성별화되어 있는 사적 영역을 해체 또는 재구성하는 것이다(허라금, 2005).

성별영향평가로 정책을 성 주류화하다

성별영향평가는 성 주류화를 실현하는 주요한 수단이다. 2004년 「여성발전기본법」

에 처음으로 성별영향분석평가 근거조항을 마련하고 9개 기관 사업에 대한 시범사업을 실시하였으며, 2011년 「성별영향분석평가법」 제정에 따라 법령, 계획, 사업으로 대상정책을 확대하였고 2018년 법 개정에 따라 '성별영향평가'로 명칭을 변경하였다.

성별영향평가(Gender Assessment Impact)란?

법령·계획·사업 등 정부의 주요 정책을 수립·시행하는 과정에서 여성과 남성의 특성과 사회·경제적 격차 등의 요인들을 체계적으로 분석 평가함으로써 정부 정책이 여성과 남성에게 고르게 혜택을 가져올 수 있도록 하는 제도이다. 정부 정책이 성별에 미치는 영향, 성차별적 정책인 경우 그 원인 등을 체계적·종합적으로 분석 평가하여 합리적으로 개선함으로써 실질적인 성평등을 실현하고 정책 수요자의 성별 특성에 기반한 정책을 수립함으로써 국민 만족도를 제고하고자 하는 목적을 갖고 있다.

출처: 여성가족부(2018). 2018년 성별영향분석평가 지침.

성별영향평가는 제·개정되는 모든 법률, 성평등에 중대한 영향을 미칠 수 있는 계획 및 사업을 대상으로 이루어지는 사전 평가이다. 즉, 정책을 시행하기 전에 정책 시행의 결과가 성별에 어떤 영향을 미칠지 미리 평가하여 성평등한 정책개선안을 찾는 것이 주요 기능이다. 가령, 한 지자체에서 여름철 물놀이 사고 발생 시 신속한 구조를 위해 자원봉사단체 회원을 대상으로 수난 구조 교육을 실시하였다. 매년 1박 2일 과정으로 자원봉사단체 회원을 대상으로 스킨스쿠버 교육을 진행하는 프로그램인데, 대부분 남성 참가자로 이루어져 성별 격차가 크게 발생하였다. 사업 담당자는 프로그램 참여를 희망하는 지원자가 남성이 대부분이라 결과적으로 남성 참여자가 많을 수밖에 없었다고 분석하였다. 이 업무 담당공무원의 인식은 '의도적으로 차별하지 않았기 때문에 불평등하다고 평가할 수 없다'는 것이나, 이 사업은 고민해야 할 부분이 꽤 있다.

재난과 구조 영역에서의 젠더 불평등을 개선해 나가기 위해서는 재난과 구조 영역에서의 여성의 신체적, 심리사회적 및 경제적 취약성을 반영하면서도, 또 다른 한편으로는 여성에게 재난안전 관련 교육, 훈련을 적극적으로 받도록 기회를 제공하고, 재난 및 안전사고에 능동적으로 대응하는 적극적 구조자의 역할을 계발하는 것이 필요하다.

한편 1박 2일이라는 숙박교육에 대해서도 생각해 볼 바가 있다. 숙박교육, 원거리 교육 방식은 성별고정관념이나 가부장문화가 강한 농촌지역의 경우 여성의 참여를 어렵게 하는 요인이 될 수 있다. 비숙박 교육방식으로 수정하여 여성참여를 확대하는 것이 필요하다. 더욱이 사업대상자인 자원봉사단체 회원은 중년 여성들이 많고 구호활동에서 음식을 준비하거나 노약자를 돌보는 등 성역할고정관념에 따른 활동들을 주로 하고 있어 스쿠버다이빙 교육에 소극적인 것으로 볼 수 있다. 따라서 수영장 여성 이용자를 대상으로 해당 사업을 홍보하고 이들을 자원봉사단체의 회원으로 영입하는 등 기존 수영가능자 중에서 자원봉사 기회를 부여하는 등의 여성참여자를 확대하는 방안에 대한 고려할 필요가 있다. 성별영향평가 과정에서 컨설턴트와 함께 이 사업을 둘러싼 사회문화적 · 경제적 · 신체적 차이에 기반해 성평등을 위한 정책개선안을 찾아내었다.

이러한 방식으로 2017년에는 중앙부처, 광역 및 기초 자치단체, 시 · 도 교육청 등 305개 기관에서 총 27,937개 정책에 대해 성별영향평가를 실시하였다(여성가족부, 2016). 다음은 성별영향평가를 실시한 정책 중 여성가족부가 우수사례로 선정한 사례들이다.

- **지하철 손잡이 설치 기준 개선(2007, 서울특별시)**: 성인 남성 평균 신장을 기준(바닥에서부터 손잡이까지 167~170cm)으로 설치된 지하철 손잡이로 인해 성인 남성 평균에 못미치는 아동, 노인, 여성 등이 어려움을 겪어왔던 문제를 분석하고 신체적 차이를 고려한 다양한 높이의 손잡이(서울시 지하철 5~8호선에 객차마다 157cm 손잡이 별도 설치, 1~4호선에는 신형 전동차 노약자석 앞 모든 손잡이 높이를 160cm로 낮추었음)와 가운데 기둥(서울시 지하철 9호선)을 설치하여

이용객의 편의 증진

- 광주 야구경기장을 여성·가족친화적으로 건립(2012, 광주광역시): 여성관람객이 지속적으로 증가하고 있음에도 여성과 교통약자는 시설 이용에 어려움이 있음. 이에 여성친화적 설계를 입찰 안내서에 명시하고 관련 예산을 반영함. 구체적으로 여성화장실 개선, 클럽라운지 설치, 유아동반자를 고려한 시설(수유실, 유아놀이방, 키즈카페 등) 설치, 유모차, 휠체어 이용객을 고려한 완만한 경사 슬로프, 단차 없는 구조로 건립

- 환경미화원 종사원 복무규칙 개선(2013, 경상남도 사천시): 환경미화 종사원의 경조사별 특별휴가일수에 출산한 여성의 배우자에 대한 '배우자 출산휴가'는 명시하고 있으나, 여성미화원의 출산 휴가는 빠져있음. 규칙 제정 당시 이 규칙의 적용을 받는 사천시 환경미화 종사원 전원이 남성이었기 때문에 이 규칙으로 인해 차별을 받은 사람은 없으나, 이 규정은 '환경미화 종사원=남성'이라는 성별고정관념 즉, 향후에도 여성 환경미화 종사원을 선발하지 않겠다는 인식이 반영된 성차별적인 조항임. 이를 개선하여 본인 출산 휴가 및 유사산 휴가 조항을 신설

- 영재교육개발 분야에서 성별 불균형 상태 개선(2016, 강원도교육청): 영재교육에서 전반적으로 남학생 비율이 높고 전공별로 성별 쏠림 현상이 큰데, 수학, 과학 영역은 남학생, 인문사회 영역은 여학생 비율이 높지만 영재교육이 자연계열에 편중되어 있음. 이를 개선하기 위하여 영재교육 분야를 다양화하여 다양한 학생들의 재능을 발굴, 영재교육 홍보물 제작 시 성별고정관념이나 불필요한 성별 특성을 강화하는 내용이 있는지 사전검토, 영재학교 입교 오리엔테이션 및 리더십 교육에서 성평등교육 실시

- 남녀 군인에 대한 동일한 육아시간의 적용(2017, 국방부): 「군인의 지위 및 복무에 관한 기본법 시행령」 제12조 제6항은 '생후 1년 미만의 유아를 가진 여성 군인은 1일 1시간의 육아시간을 받을 수 있다'라고 명시하고 있음. 이는 '육아=여성의 일'이라는 성별고정관념에 기반하고 있다는 점과 남성의 부성권을 인정하지 않는다는 점에서 성차별적인 조항임. 국방부에서는 '여성군인'을 '군인'으로 개선하여 남녀군인 모두에게 동일한 육아시간을 부여하여 육아는 부부 공동의 일이라는 인식을 군대 내에 확산

한국 사회는 성별영향평가, 성인지예산 제도 등을 통해 정책의 성 주류화 과정을 밟아가고 있다. 그러나 성 주류화 전략은 여성정책을 통해 여성들의 삶의 조건과 성별 위계적인 사회구조가 충분히 개선되지 않았음에도 남성에 대한 역차별 논란을 불러왔다. 이는 성 주류화를 전면에 내세운 여성정책이 여전히 여성을 대상으로 하는 정책에 더 초점을 둔 데서 비롯된 현실적 한계와 '여성'을 '남성'과 대립하는 개념으로 파악한 성별 이분법에서 비롯된 것이다. 여성학에서는 '여성(women)'이 단순한 생물학적 성별이 아니라 집단의 구분을 만들어 내는 사회적 범주이자 조직원리인 '젠더'에 의해 '여성'으로 위치 지워지는 사람들이라는 합의가 이뤄져있다(배은경, 2016: 6). 그러나 한국 사회에서, 특히 정책의 영역에서 '여성'과 '젠더'라는 용어는 매우 오랫동안, 상이한 인식론을 반영하거나 혹은 대립적인 의미를 가진 용어로 이해되어 왔다. 여성정책의 수혜자는 여성이지만, 젠더정책의 수혜자는 남성과 여성 모두라는 식의 관점이 그것이다.

여성정책의 효과는 남성에 대한 역차별만 남기고

"호주제 폐지(로) 가장의 권위 상실, 아버지의 존재감 무력화(되고), 여성전용 주차장, 여성전용 화장실, 이게 도대체 뭔가요? 남자는 노예인가요? 군대 징역에 목숨 걸고 나라를 지켰으면 그에 합당한 보상도 당연히 받아야 합니다."

위의 글은 문재인 정부 들어 개설된 청와대 국민청원 게시판에서 '여성전용주차장 폐지'로 검색된 청원 중 하나로, 호주제 폐지로 시작해서 여성전용 시설에 대한 분노로 확대되어 남성부 신설 요구로 이어진 청원이다.

실제로 각 지방자치단체에서는 여성만을 대상으로 하는 정책을 실시하고 있는 경우가 있다. 서울시 산하에 있는 시립청소년수련관 부설수영장에서는 여성반을 별도로 운영하고 있었다. 2008년 경기도 파주시와 고양시의 일부 시외버스는 성추행 등 범죄예방을 위해 '여성전용좌석'을 운영했다. 서울시는 2009년 조례를 만들어 '여성우선주차장' 제도를 시행하고 있다. 부산시는 2016년 부산도시철도 1호선에 '여성전용 칸'을 두고 있다. 여성만을 대상으로 하는 정책들은 자주 논쟁거리가 되어왔다. 서울시는 여성반 수영교실은 역차별이라는 민원에 따라 '양성평등취지'를 살려 2018년부터 단계적으로 없애기로 결정했으며, 파주시와 고양시의 여성전용좌석 역시 모든 남성을 잠재적 범죄자로 간주해 역차별을 조장한다는 이유로 2015년에 사라졌다. '여성우선주차장'은 위반 시 과태료부과 등 제재가 없는데다 여성만을 노린 강력범죄가 벌어질 수 있다는 지적이 꾸준히 제기되고 있다. 지자체는 아니지만 여학생 전용열람실을 두고 있는 대학교에서도 이의 폐지와 관련된 논쟁이 뜨겁다(매일경제, 2018. 9. 10). 이러한 여성전용 시설 또는 프로그램은 여성정책일 수 있을까.

한편 성평등 문제를 둘러싼 화장실 관련 정책은 성평등의 문제가 어떻게 변화해 나가는가를 잘 보여준다. 화장실은 성별 간 경험 차이가 가장 두드러지게 반영되는 시설이다. 한국 사회에서 공중화장실에 관한 법률이 생긴 것은 2004년이 처음이다. 「공중화장실 등에 관한 법률」을 제정하면서 여성화장실 대변기 수를 남성화장실 대·소변기 수의 합으로 명문화하였다. 여성화장실 변기 수가 남성 변기에 비해 현저히 많아진 요즘도 여성화장실 앞에 길게 늘어선 줄은 낯설지 않으니 2004년 이전에야 얼마나 심했겠는가. 그럼에도 1999년 국립환경연구원 조사 결과 화장실 이용시간이 여성은 3분, 남성은 1분 24초로 여성이 2배 정도 길며, 이용 횟수도 1일 평균 여성은 7.7회, 남성은 5.5회로 여성이 1.4배 많다는 통계가 발표되고, 공중화장실 법률이 제정되면서 여성화장실 변기 수가 남성화장실 변기 수에 비해 많아지기 전까지 여성화장실의 긴 줄은 그저 여성으로 태어난 숙명이려니 하고 받아들였다.

Q: 금년 초에 제정된 「공중화장실 등에 관한 법률」(2004. 1. 29. 공포)이 7월 30일부터 시행되는데요. 동법과 동법시행령의 제정배경은 무엇인가요?

A: 그동안 공중화장실의 설치·관리에 관한 규정이 다수의 법령에 산재되어 효과적인 유지·관리에 어려움이 있었고 (중략) 뿐만 아니라 **여성의 사회활동의 증가와 여성의 화장실 이용시간이 남성보다 많이 소요됨에 비하여 여성용 화장실의 부족으로 이용에 많은 불편이 있어 왔고,** 또한 우리나라를 찾는 외국인 관광객이 급증함에 따라 관광정책으로도 한국에 대한 좋은 인상을 심어주고 그 편의를 한층 더 도모할 필요가 있었습니다.

출처: 법제처 법령홍보담당관실 참고하여 작성(굵은 글씨는 필자 편집.)

「공중화장실 등에 관한 법률」은 제정 이후 몇 차례의 주요 개정 과정을 거치게 된다. 먼저 2006년 개정이다. 공연장, 유원지, 고속도로 휴게소 등 공중화장실 등의 수용인원이 1천 명 이상인 시설에 대해서는 여성화장실 대변기 수를 남성화장실 대·소변기 수의 1.5배 이상 설치하도록 하였다. 2009년 다시 개정 과정을 밟게 된다. 개정 법률에서는 수용인원이 1천 명 이상인 문화 및 집회시설과 관광휴게시설,

고속도로 휴게소, 여객자동차 터미널, 여객이용시설, 공항시설, 고속철도, 일반철도, 광역전철, 도시철도 등이 교차하는 환승역 등의 남녀 공중화장실 내에 기저귀 교환대 설치를 의무화하였다.

초창기 화장실 이슈는 신체적 차이를 정책에 반영하지 못한 결과 남성에 비해 길게 줄을 서야 하는 여성의 불편함과 과도한 시간 소요 문제를 개선하는 데 초점이 있었다면 점차 사회문화적으로 성별 간 차이를 반영하는 문제로 진전이 이루어지고 있다. 가령, 기저귀 교환대는 돌봄 역할 수행과 관련된 시설로 기존에는 대규모 인원이 모이는 공중 시설 외에는 남성화장실에 기저귀 교환대 설치가 필수 사항이 아니었던 것이 최근에는 부부 공동 육아 확대를 위해 백화점, 대형 마트 등 대형 점포 남성화장실에도 영유아용 기저귀교환대 설치를 의무화하는 방안이 추진 중이다. 이는 '육아=여성의 일'이라는 성별고정관념의 해체, 남성의 육아휴직에 대한 긍정적 인식이 증가하고 있는 상황에서 남성의 육아참여를 지원하기 위한 실용적 취지에서 일어난 변화이다.

최근에는 성별이나 장애 유무의 구별 없이 누구나 이용할 수 있는 성중립 화장실에 대한 관심이 커지고 있다. 성중립 화장실은 2010년 미국에서 처음 도입했다. 미국의 한 대학 화장실에서 트랜스젠더 학생이 다른 학생들에게 폭행을 당한 뒤 성중립 화장실 도입에 대한 필요성이 제기되었으며 2015년에는 오바마 대통령의 지시로 백악관 내 성중립 화장실을 설치했다. 캘리포니아 주는 지난해부터 모든 공공건물에 성중립화장실 설치를 의무화했다. 2018년 7대 지방선거에서는 녹색당 제주도지사 후보가 공공시설 성중립 화장실 설치 조례를 만들겠다고 공약하기도 했다. 그러나 강남역 살인사건, 몰래카메라 범죄 등과 같은 위험에 노출될 가능성을 이유로 성중립화장실 설치 반대 의견이 많다.

모두를 위한 화장실

기존의 화장실은 비장애인 · 시스젠더 · 성인 중심으로 설계돼 장애인 · 젠더퀴어 등 성소수자 · 아동에게는 매우 불편한 공간입니다. 그 누구도 화장실을 이용하지 않고는 살 수 없으며, 화장실 이용은 모두의 권리이기도 합니다. 성별이 구분된 화장실을 모두 없애자는 것이 아닙니다. 기존의 성별이 구분되어 있는 화장실에 추가적으로 한두 칸 정도의 성별 구분 없는 화장실을 만들자는 운동입니다.

출처: 한국다양성연구소 홈페이지.

화장실은 극명하게 신체를 중심에 두고 이슈를 다루게 되는 소재이며, 신체는 남성과 여성이라는 단 두 개의 성별로만 구분되지 않는다. 여기에 안전, 돌봄 등의 문제가 겹치면서 다양한 성평등 과제를 생산하고 있다.

'육아=여성의 일'이라는 성별고정관념의 탈피와 남성의 부성권 확보라는 측면에서 남성화장실에 기저귀교환대를 설치하는 것과 유사한 사례가 수유시설에서도 나타나고 있다. 수유시설은 최근 들어 남성에게도 개방되기 시작했는데, 남성들의 자녀 양육 참여 증가로 인해 남성이 자녀의 기저귀를 갈거나 수유를 해야 하는 경우가 드물지 않다. 상황이 이렇다 보니 과거 여성전용 공간으로 인식되었던 수유실에 대해서 정부는 '수유시설 관리기준 권고안'(2015)을 통해 휴게실 안에 별도로 수유실을 만들거나 공간을 분리하여 아빠나 남성 보호자가 기저귀를 갈 수 있도록 권고하였다. 그러나 2018년 보건복지부가 전국 보건소를 통해 수유시설 실태조사를 한 결과, 전국적으로 총 3,259개가 설치된 수유시설 중 36.9%는 '여성전용'으로, 아빠는 사용할 수 없었다. 수유공간의 여성전용은 수유가 여성의 일이라는 성별고정관념에서 나온 것이겠으나 한편 여성과 영유아만 있는 공간에 남성이 들어오는 데 대한 불안감에서 기인한 부분도 있다. 결과적으로 불안감이 성별고정관념을 유지하게 하는 하나의 기제가 될 수 있음을 보여준다.

앞에서 언급한 다양한 여성전용 시설(여성수영반, 여성전용좌석, 여성우선주차장, 지하철 여성전용 칸 등)을 설치한 이유를 다시 한 번 생각해 보자. 여성전용의 문제는 대체로 안전 문제에서 비롯된다. 성폭력을 포함한 각종 범죄의 피해자가 될 수 있다는 공포심이 여성의 일상을 움츠러들게 하며 그것이 공사 영역에서 소극적 자세를 취하게 하여 낮은 성취로 이어질 수 있다. 만약 안전의 문제가 없다면 이런 요구는 없을 것이다. 현시점에서도 여성전용 시설이 오히려 여성에 대한 부정적 편견을 강화한다는 이유로 여성전용 시설을 거부하는 여성들이 있다. 그렇다면 이러한 여성전용 시설은 여성을 위한 제도인가? '여성전용'이 있기 때문에 남성에 대한 '역차별'이 생기는가? '남성전용'이 생긴다면 성평등한 것일까?

여성도 여성전용 시설이 싫다.

안녕하세요. 저희는 ○○대학교에 재학 중인 여학생들로, '여성전용 시설'에 대한 공통된 관심사를 가지고 모이게 되었습니다. (중략) 서울시가 최근 주차 규모가 30대 이상인 주차장에는 전체 10% 이상을 여성전용(우선) 주차장으로 조성하게 하는 조례를 신설하면서 그 목적을 '주차를 못하는 여성을 배려하기 위해서'라고 밝혔습니다. 저희는 이 조례가 '여성은 남성보다 주차를 못한다'라는 사회적 편견을 고착시킨다고 생각했습니다. (후략)

출처: 서울시여성가족재단 시민의 소리 게시판(2013. 11. 27)에서 발췌.

단일하지 않은 여성과 남성 사이에서 성평등 실현하기

WID에서 GAD로의 확실한 전환은 「양성평등기본법」 제정으로 구체화되었다. 「양성평등기본법」은 '여성발전'이라는 키워드를 삭제하고 양성평등 문제를 중심에 놓아 성불평등이 개인의 문제가 아닌 구조와 문화의 문제임을 강조하고 있다. 여성들의 능력개발, 역량강화, 인재 육성의 필요성은 여성의 경제 불평등 상태를 고려할 때 참여의 측면에서 여전히 주요 정책 중 하나이지만 이러한 개인적 차원의 '발전/개발'이 실질적 성평등 사회를 위한 새 입법을 관통하는 핵심적 용어가 되기 어렵다(차인순, 2015: 3250)는 것은 이미 「양성평등기본법」 제정 이전에 여성정책 관련 전문가 그룹에서는 합의가 이루어졌다고 볼 수 있다.

한국 사회에서 여성정책을 이해하는 대중적 방식은 평등 달성을 위해 차별과 불평등을 해소하는 정치적 의제 측면보다는 정책의 '대상 혹은 수혜자'로서의 (생물학적) '여성'에 집중한다. 이러한 이해방식은 여성정책의 대상과 의미를 축소함으로써, 성평등(gender equality)을 이루기 위한 모든 정책적·사회적 시도에 대한 반격(backlash)을 하기 위한 논리로 작동하고 있다(배은경, 2016: 7~11). 여성전용 시설이나 여성 우대 제도에 대한 공격은 여성정책을 '수혜자로서의 여성'에 관한 정책으로 보는 가장 대표적인 사례이다.

그러나 앞서 논의했듯이 여성이라는 집단은 단일하지 않다. 2015년 어린이집 이용 우선 순위(다자녀 가구, 맞벌이 가구 우선)를 둘러싼 집단 간 갈등은 이것을 분명하게 보여준다. 특히 맞벌이 여부를 둘러싼 이해관계가 첨예하게 등장하였는데, 당시 보건복지부 장관이 "맞벌이부부에 대한 지원대책을 강화하고 시간제 보육을 활성화하는 등 구조적인 개선이 필요하며, 전업주부가 불필요하게 어린이집을 이용하는 수요를 줄이겠다."라고 발표하면서 갈등이 증폭되었다. 여기에 두 가지 층위의 문제가 있다. 첫째, 어린이집 이용 우선 순위에 반발한 집단은 여성이다. 그런데 '육아 문제=여성의 문제'로 치환되는 것은 자연스럽고 당연한 것인가. 둘째, 전업주부의 아동은 국가의 보육을 받을 '자격'이 없는가. 국가의 보육 서비스에 포함되기 위해서는 어떤 자격이 필요한 것인가.

어린이집 이용 우선 순위에서 빚어진 갈등은 사람들은 젠더에 의해 규정된 남성

혹은 여성으로 살아가지만(육아 문제=여성의 문제), 또한 계급, 인종, 국적, 연령, 지역, 정치적 성향 등 다양한 사회적 범주에 의해 만들어진 분절선 속에서 집단화되고(취업모 vs 비취업모) 자신의 정체성을 복합적으로 구성해 가는 것(배은경, 2016: 7~11)을 잘 보여주고 있다. 여성 집단이 결코 단일하지 않음을 보여준 사례이다.

한 가지 퀴즈를 내며 이 장을 정리하려고 한다. 여성의 경제활동참가율이 높아질 때 '육아' 이슈가 발생한다. 이럴 때 국가에서는 ① 여성에게 적용한 특별한 일가족양립 제도를 신설할 수도 있고(가령, 12세 미만의 영유아 있는 여성노동자의 노동시간을 일 5시간 이내로 제한), ② 아이돌보미와 같은 제도를 확대할 수도 있고, ③ 공보육 시설을 확대할 수도 있고, ④ 전체 노동자의 노동 시간을 단축할 수도 있을 것이다. 그 결과를 차례대로 상상해보자. ①은 여성만을 대상으로 한 정책으로 '육아=여성의 일'이라는 성별고정관념에 따른 해결책이다. 이렇게 되면 여성의 임금 노동시간은 단축되고 양육 시간은 길어지며 그 결과 성별 임금격차는 더 벌어지고 소득 · 재산 · 연금 등에서 남성의 피부양자로 존재할 가능성이 높아질 것이다. 이를 보완하기 위해 육아 바우처 등의 제도를 활용하게 되거나 또는 바우처 제도 이전에 여성의 노동시간 단축 그 자체로 역차별 논란으로 이어질 것이다. ②~④는 여성만을 대상으로 한 정책이 아니라는 점에서 ①보다 진전된 정책이라 할 수 있으나 위계화된 성별 관계가 나아지지 않은 상태라면 여전히 육아의 책임은 성별 간 불균형할 수 있다. 다만 ②는 ③, ④와 달리, 저임금 아이돌보미 일자리에 진입하는 것은 거의 대부분 여성일 확률이 높다는 점에서 ②도 결국 여성을 대상으로 하는 정책에 가깝다고 할 수 있다.

여성을 대상으로 하는 정책이 여성정책이기 위해서는 정책의 목표가 성평등을 전제해야 한다. 그리고 성평등은 위계적이며 분절적인 '젠더 차이' 그 자체가 아니라 '차이'가 만들어지는 맥락과 전제에 대한 근본적인 관점의 전환이 이루어질 때 실현 가능하다(이은, 2016). 차이가 만들어지는 맥락은 여성과 남성이라는 성별 관계에만 있지 않다. 학력, 소득, 장애, 나이, 출신 지역, 가족구성 및 상황 등 다양한 요인들이 중층적으로 작동하며 그 차이를 만들어 낸다. 따라서 여성정책은 단일한 어떤 것이 아니라 변화하고 재구성하고 재정의하는 가운데 성평등을 만들어 내는 그 모든 것이라 할 수 있다. 이러한 관점에서 위 ①~④ 중(이외 다른 방안도 많겠으나 일단 네 가지로 제한해서 생각해 보자), 어느 것이 여성정책이라고 보는가? 왜 그렇게 생각하는가?

◆◆◆ 생각해 볼 문제

1. 여성전용 시설(전철의 여성전용 칸), 여성만을 대상으로 하는 프로그램(여대생커리어센터), 여성으로만 구성되는 성별 분리 조직(여학생회)은 필요한가? 그렇다면/그렇지 않다면, 그 이유가 무엇인지 토론해 보자.

2. 정책이 '올바른 방향이나 상태를 목표'로 한다고 할 때, 여성정책(또는 성평등 정책)이 추구해야 할 방향이나 상태는 어떤 것이어야 하는지 각자의 생각을 정리해 보자.

3. 본문에서 언급한 성별영향평가 우수사례를 통해 성별영향평가의 의의와 한계를 찾아보자.

참고문헌

국민일보 (2018. 8. 14.). [국가인권정책 기본계획 독소조항을 고발한다] (1) 성평등으로 양성평등 가치 훼손. http://news.kmib.co.kr/article/view.asp?arcid=0923992893&code=23111111&cp=nv에서 인출.

김경희, 나성은 (2017). 한국 성 주류화 정책과 젠더 거버넌스의 특성. **한국행정학회 학술발표논문집**, 3979-3996.

배은경 (2016). 젠더 관점과 여성정책 패러다임: 해방 이후 한국 여성정책의 역사에 대한 이론적 검토. **한국 여성학**, 32(1), 1-45.

세계일보 (2010. 1. 13.). '남아선호' 풍조 깨졌다. http://www.segye.com/newsView/20100112004146에서 인출.

여성가족부 (2016). 공공정책을 변화시키는 성별영향분석평가 100가지 사례.

여성가족부 (2018). 2017년 성별영향분석평가 종합분석 결과보고서.

한겨레 (2017. 12. 18.). 성평등 vs 양성평등... 여성가족부, 어찌하오리까. http://www.hani.co.kr/arti/society/schooling/824060.html에서 인출.

허라금 (2005). 성 주류화 정책 패러다임의 모색. **한국 여성학**, 21(1), 199-231.

황은정 (2018). 성별영향평가제도의 수용도에 미치는 영향요인 연구: 서울시 자치구 내 성주류화와 성 평등 의식 수준을 중심으로. 이화여자대학교. 박사학위청구논문(미간행).

법제처(http://www.moleg.go.kr)

서울시여성가족재단(http://www.seoulwomen.or.kr)

여성가족부 공식 블로그(https://blog.naver.com/mogefkorea)

통계청(http://kostat.go.kr/portal/korea)

한국다양성연구소(http://www.diversity.or.kr)

한국여성단체연합(http://www.women21.or.kr)

한국 여성정책연구원 성인지통계(https://gsis.kwdi.re.kr/gsis/kr/main.html)

12

CHAPTER

Women's study

글로벌 시대, 여성의 이주와 삶

류진아

공주대학교 산학협력단 연구원이다. 여성의 지난 삶과 현재의 삶, 미래의 삶에 대해 관심이 많으며, 여성이 안전하고 행복한 삶을 살 수 있는 세상 만들기에 함께하고 있다. 공저로 『여성학 행복한 시작』, 『김명순에게 신여성의 길을 묻다』, 『여성과 문학』 등이 있으며, 여성에 대한 폭력을 연구한 다수의 논문이 있다.

Introduction

'추위를 싫어한 펭귄'이라는 제목이 있어. 표지에는 펭귄 한 마리가 뿌루퉁한 표정으로 나뭇가지로 모닥불을 피워놓고 불을 쬐는 그림이 그려져 있었지. 펭귄이 털모자를 쓰고 목도리를 두르고 벙어리장갑을 끼고 있어. 뒤로는 그 펭귄이 사는 이글루가 한 채 보이고, 주인공 펭귄 이름이 …… 파블로! 파블로였어.

파블로는 펭귄이지만 추위를 싫어했어. 평소에는 이글루 안에 틀어박혀서 난로를 피우고 사는데, 친구들이 억지로 밖으로 불러내지. 그랬다가 물에 빠져 몸이 꽁꽁 얼어서 집으로 돌아와. 커다란 얼음에 갇힌 파블로를 친구들이 난로 위에 올려서 녹이지.

파블로는 따뜻한 열대지방으로 떠나려하지만 번번이 실패해. 처음에는 아마 난로를 짊어지고 스키를 탔을 거야. 하지만 또 얼음기둥이 되어 집으로 돌아와. 다음에는 몸에 핫팩을 두르고 친구들에게 작별인사를 한 뒤 열대를 향해 걸어가. 그러나 이번에도 실패.

마지막에는 자기 이글루와 집 주변 얼음을 통째로 잘라 배를 만들어. 항해는 처음에는 순조로운 듯하지만 점점 배가 녹기 시작해. 나중에 아주 작은 얼음 조각밖에 남지 않지. 그 얼음 조각이 녹아 사라지는 순간 파블로는 펄쩍 뛰어 자기 욕조에 들어가서는 그 욕조를 새로운 배 삼아 항해를 계속하지.

파블로는 결국 하와이처럼 생긴 섬에 도착해. 햇빛이 눈부시게 쏟아지고 파란 바다 앞에 모래사장이 있고 야자수가 있고 거북이가 다녀. 마지막 장면이 이래. 파블로가 선글라스를 쓰고 야자수 사이에 해먹을 쳐서 그 위에 누워있는 거야. 음료수를 마시고 부채를 부치면서. 그 아래 이런 멋진 글귀가 있었어.

"다시는 춥지 않을 거예요."

출처: 장강명(2015). 한국이 싫어서.

글로벌 시대, 국경을 넘는 사람들

"우리는 모두 움직이고 있다"는 바우만(Bauman)의 이야기처럼 21세기 지구촌은 거대한 움직임의 흐름 속에 있다. 국가 간의 경계가 허물어진, 즉 경제 활동이나 문화의 교류 등이 전 세계를 무대로 하여 이루어지는 글로벌 시대에 인간은 여러 가지 이유와 목적을 가지고 자신이 태어나고 자란 삶의 터전을 떠난다. 떠남의 목적이 다른 만큼 떠남의 형태 또한 다양하다. 다른 나라로 여행을 떠나거나, 다른 나라로 삶의 터전을 완전히 옮기거나, 혹은 짧지 않은 기간 동안 외국에서 체류하는 사람들은 제 각각의 모양으로 낯선 곳으로 떠난다. 이렇게 우리는 한 무리의 사람들을 떠나보내고 또 그렇게 떠나온 사람들과 만난다. 혹은 우리가 떠나옴과 떠남의 주체가 된다.

우리는 집 밖의 길에서 쉽게 외국인들을 보면서 글로벌한 세계의 흐름 속에 있음을 실감한다. 이제 한민족 국가, 국민국가의 경계성이 약화되고, 이에 반해 허물어진 국경의 경계를 넘어 이동하는 자본, 사람, 물자, 정보의 양은 점점 증가하고 있다. 그렇다면 전지구적 · 초국가적 이동의 중심에는 무엇이 자리하고 있을까? 거대한 움직임의 중심에는 '자본'과 '신자유주의'가 자리하고 있다. 인간의 삶을 지배하는 자본에 삶의 터전을 빼앗긴 사람들은 난민이라는 이름으로, 이주 노동자라는 이름으로 혹은 이민자라는 이름으로 국경을 넘기 위해 끊임없이 움직이고 있다.

국제 이주 현상 중에 특이할 점 중에 하나는 여성의 이주가 크게 증가하였다는 것이다. 여성이주의 증가는 '이주의 여성화' 현상을 낳았다. 이주의 여성화는 이주하는 여성의 수가 남성을 압도하는 현상을 말한다. 과거 여성들의 이주는 생계 부양자인 남편이나 가족을 따라 이주하는 경우가 대부분이었으나, 이주의 여성화 현상 이후 여성들은 가정의 생계 부양자의 위치에서 이주를 하는 특징을 보인다. 이 경우 여성들이 본국에서는 가족의 생계를 책임짐으로써 가정 내에서 권력의 상위에 속하게 되지만 이 여성들이 정착하는 국가에서는 여전히 여성의 전형적인 일로 취급되는 가사노동이나 돌봄 노동 등에 종사하며 감정노동자로서 생활한다. 이러한 여성들의 이주는 대부분 아시아에서 북미와 유럽으로, 동남아시아에서 중동이나 동북아시아로 이루어진다.

돌봄, 사랑, 친밀성 등 인간이 고유하게 지니고 있던 비물질적인 부분도 이제는 '상품'으로 취급되며 후진국에서 선진국으로 이주하는 여성들의 돌봄 능력은 아시아 여성들에 대한 신화화된 이미지와 함께 상품으로 팔려나간다. 이주의 여성화는 여성들을 감정노동자로서 성별화시키는 것뿐만 아니라 유흥이나 성매매와 같은 영역으로 유입시켜 여성을 성적 대상화시키거나 몸으로 환원시킨다.

이 글에서는 글로벌 시대 이주의 여성화 현상과 여성의 이주가 어떤 목적을 가지고 이루어지며, 또 어떤 결과들을 낳는지에 대해 살펴보자. 또한 정치적 · 경제적 상황으로 인해 삶의 터전을 빼앗기고 타지로 내몰린 난민들의 상황과 여성난민들이 겪는 폭력에 대해서도 함께 살펴보자. 이와 함께 한국 내에서 이루어지는 여성들의 이주의 모습을 통해 여전히 여성이기 때문에 감내해야 할 상황들에 대해서도 살펴보고, 글로컬 공간에서 상생 · 공존할 수 있는 방법에 대해서도 함께 고민해 보자.

지구화, 야누스의 두 얼굴

신자유주의는 경제 시스템 아래 점점 더 그 세력을 확장하고 있다. 신자유주의는 공공부문의 민영화, 시장 개방, 기업과 시장에 대한 탈규제, 사회복지 정책의 축소, 금융화 등으로 설명된다. 신자유주의 체제는 복지 국가 건설의 이상을 좌절시키는 자본주의 체제로, 개인은 신자유주의 체제하에서 자신의 생존을 책임져야 하는 상황에 놓이게 되었다. 국가가 더 이상 개인의 삶을 책임지지 않는 상태에서 자본을 가지지 못한 개인은 생존을 위한 이주를 할 수밖에 없는 상황에 놓인다. IOM(International

Organization for Migration, 국제이주기구)의 이민정책연구원에 따르면 2017년 기준 전 세계 이주 인구는 2억 5770만 명으로 보고하고 있다. 이들은 대부분 글로벌 경제적인 불균형과 불평등 등으로 인해 현재보다 더 나은 삶, 더 나은 일자리를 위해 이주한다.

특히 여성이주자들의 경우 지구화와 자유주의 경제체제는 여성에게 취업이라는 이득과 기회의 개방을 안겨주기도 하지만, 한편에서는 '노동의 여성화', '이주의 여성화'를 통해 '여성의 빈곤화'라는 여성빈곤의 악순환을 만들어 내고 있다.

전지구화로 서구에 식민화되었던 제3세계의 여성과 남성들은 자신과 가족의 생존을 위해 국경을 넘는 이산을 선택한다. 특히 제3세계 여성들은 여성 · 인종 · 계급의 잣대를 통해 평가되고 경제적 · 정치적으로 최하위 계층에 위치 지워진 여성들은 온갖 차별과 폭력의 사각지대에 놓인다. 국가가 그들을 보호해 주지 못하며, 빈곤한 가부장적 가족체제 역시 그들을 보호해 주지 못하며 오히려 그들을 국경 너머의 정글 같은 세상으로 내몬다. 그들이 이주해 간 타국 역시 그들을 타자화하며 노동력과 성적 착취를 일삼는다.

다음 글에서는 이주의 대열에 합류해 국경을 넘어 새로운 곳에서 경제적 활동 및 새로운 가족관계를 맺는 여성들의 상황을 통해 여성들이 처한 현실과 그들이 겪고 있는 폭력에 대해 살펴보고, 그 해결방안에 대해서도 함께 고민해 보자.

신화 속에 갇힌 아시아 여성들

'이주의 여성화'는 여성들의 이주가 상당히 활발하게 진행되고 있음을 반증하는 용어이면서 여성들의 이주가 남성들의 이주와는 다른 형태로 이루어진다는 것을 말하고 있다. 여성들의 이주가 남성의 이주에 비해 제한적인 조건에서 이루어지는 상황에서 자본이 없는 여성들은 상대적으로 거래비용이 적게 드는, 즉 가사노동자, 결혼이민자, 유흥업 분야로 이주하는 경향이 높다. 이런 여성들의 이주에는 여성들을 당당한 경제적 행위자로 보는 측면도 있지만 다른 한 측면에서는 여성들, 특히 아시아여성들에 대한 신화가 큰 역할을 한다.

최근 아시아 지역 또는 유럽과 미국 등의 다양한 나라로 이주하는 아시아 여성들은 이주자의 70% 이상을 차지하고 있다. 아시아의 여성들은 미국과 유럽 등에서 '온순'하며 '순종적'인 이미지로 그려지고 있으며, 동양인에 대한 성적 판타지 또한 아시아여성에 대한 신화적 요소를 더한다. 이와 비슷한 맥락에서 아시아 내에서도 여성들은 모성신화, 성적 판타지, 순종적 이미지 등으로 이미지화되어 소비되고 있는데, 이 절에서는 그 부분에 대해 좀 더 자세히 살펴보자.

글로벌 엄마, 수출되는 모성

이주의 여성화는 이주하는 여성의 수가 남성의 수를 압도적으로 넘어서는 현상을 말한다. 여성의 이주는 남성의 경우와는 달리 특정 영역에서 제한적으로 이루어지는데, 주로 전형적으로 여성의 일이라고 취급되는 돌봄 노동, 즉 가사, 육아, 환자 돌봄 등의 노동을 수행하기 위해 국경을 넘는다. 감정노동 영역이 급속하게 상품화되고 있는 신자유주의 경제 체제하에서 여성의 돌봄 노동은 자국의 재화를 벌어들이는 역할을 함은 물론 가족 내의 경제적 수입을 올리는 부가가치 활동이다.

특히 경제적으로 낙후된 나라의 여성들은 자국에 비해 경제적으로 발전한 나라로 이주를 하여 돌봄 노동을 수행한다. 필리핀 여성의 경우 미국이나 캐나다, 유럽지역뿐만 아니라 홍콩, 중국, 대한민국 등의 아시아 지역으로까지 돌봄 노동을 위해 이주를 한다.

이러한 여성들의 이주는 본인 개인의 선택 문제로만 이루어지는 것이 아니라 구조와 행위자를 연결하는 이주체제(migration regime), 이주제도(migration regulations), 개별 이주자라는 세 가지 차원에서 조직적으로 이루어진다. 여성들의 이주전략은 송출국과 수용국의 관계, 이주자의 진입을 결정하는 조건과 거주와 고용에 관한 권리들을 규정하는 통치체제를 의미하는데, 이 통치체제는 가부장적 사회 시스템하에서 작동된다.

1세계 여성들은 보모(nanny)로 오는 아시아 여성들에 대한 '오리엔탈리즘'을 내재화하여, 돌봄을 '노동'으로 보지 못하고 모성을 통한 사랑의 실천행위로 본다. 이들은 아시아는 가족 가치가 강하고, 아시아의 여성들은 인내심이 강하며, 아이를 사랑으로 돌본다고 생각한다. 하지만 돈을 벌기 위해 경제적 선진국으로 돌봄 노동을 위해 국경을 넘은 여성들은 정작 자신의 아이는 돌보지 못하는 상황에 놓인다. 이들은 단지 상품화된 모성을 통해 재화를 벌어들일 뿐이며, 이를 통해 여성들은 본국에 두고 온 아이들의 학비와 생활비를 지불한다.

유입국의 가정에서 지불노동이 된 모성과 본국에서는 부재하지만 자녀들에 대한 경제적 지원을 통해 실현되는 모성 사이에서 여성들은 모성의 개념을 새롭게 정의내리고 있다. 유입국의 '돌봄공백'이 저개발국 여성의 이주를 이끄는 직접적인 요인으로 작용하면서, 유입국의 중산층 이상의 가정과 여성은 이주여성의 노동을 사적으로 구매하는 모습을 보이기도 한다. 일례로, 홍콩의 경우, 여성의 경제활동참여의 증가와 동시에 돌봄 노동에 대한 여성의 책임부담으로 인해, 1990년대 이후 부유한 홍콩의 가정을 중심으로 이주가사노동자의 고용이 증가하였다. 이는 비단 홍콩의 문제뿐만이 아니라 최근에는 중국과 한국(한국에서는 필리핀 가사노동자의 유입을 허용하지 않고 있기 때문에 대부분 산업연수원생의 자격으로 입국한다)에서도 비슷한 현상이 나타나고 있다.

[그림 12-1] 중국의 필리핀 가정부와 홍콩의 필리핀 가정부

수입되는 신부들, 누구를 위하여?

국제결혼은 국제노동력의 이동과 관련지어 크게 세 가지 유형으로 나뉜다. 20세기 초 '사진신부(picture brides)', 제2차 세계대전 이후 '전쟁신부(war-brides)', 그리고 1970년대 이후 미국과 유럽 등 일부 선진국으로 팔려나간 '우편신부(mail order brides)'가 있다. 사진신부는 19세기 말부터 20세기 초 미국으로 이주한 일본, 중국, 한국인들이 몇 장의 사진을 보고 고국의 여성들 가운데 한 사람을 선택하여 배우자로 맞는 것을 일컫는다.

한국은 2005년 본격적으로 국가가 결혼이민자 증가를 사실로 받아들이고 관심을 가지게 되었다. 이러한 배경에는 한국 사회의 저출산, 고령화, 가족해체의 문제가 자리한다. 한국으로 결혼을 위해 들어오는 여성들은 대부분 경제개발국의 여성들로 이들은 사회적 계층 이동을 실현하거나 자신의 가족에게 경제적 지원을 할 수 있는 수단으로 국제결혼을 선택한다. 하지만 이들의 배우자가 될 남성들의 지위는 대부분 사회적 · 경제적으로 열악한 위치에 있으며, 이러한 이유로 인해 결혼 이주여성들은 자신의 본국에서보다 사회적 · 경제적으로 더 열등한 지위로 전락하거나 상대적으로 절대적인 빈곤을 경험하는 일이 비일비재하다. 실제적으로 아시아 여성과 결혼한 남성들의 학력이나, 경제적 수준 등은 상당히 낮은 편이다. 그리고 어린 신부에 비해 나이 또한 많은 것이 사실이다. 한국 남성들은 사회적으로 낮은 위치에서 자국의 여성들이 꺼리는 직업이나 외모를 가지고 있으며, 이에서 비롯된 열등감을 '국적'과 '수용국'이라는 상징권력을 앞세워 어린 외국의 신부를 억압하고 통제하려 든다.

결혼이주여성에 대한 권리는 전적으로 가장인 남편에게 주어져있으며, 신원보증인 제도를 통해 여성에 대한 많은 권리를 국가가 배우자에게 위임함으로써 결혼이주여성들을 배우자에게 종속된 위치에 놓이게 한다. 가정 내에서 가장인 남성 배우자는 결혼이주여성에게 있어 독점적인 권한을 행사하게 되는데, 이를 통해 야기되는 폭력은 결혼이주여성의 상황을 더욱 악화시킨다. 가계의 계승과 성적 욕구의 해소를 위해, 혹은 노부모의 봉양을 위해 국제결혼 브로커를 통해 돈을 주고 신부를 맞은 남성의 경우, 신체적, 정서적 폭력, 더 나아가서는 경제적 착취로, 여성이 원하지 않는 경제활동에 내몰면서 경제적 착취를 하기도 한다.

결혼이주여성에 대한 폭력은 배우자뿐만 아니라 시댁가족들에게서도 이루어지는데 이들에게는 결혼이주여성이 자신보다 경제적으로 낮은 지위에 있는 국가에서 왔기 때문에 함부로 대해도 된다는 사고가 깔려있다.

다음은 전북의 한 여성단체에서 '사회문화의 이중적인 성의식으로 인해 여성들이 실생활에 불편함과 어려움을 겪고 있는지'에 대해 이야기를 나누고 '불편함의 드러내기'를 통해 서로의 입장을 이해하고 존중할 수 있는 방법을 모색하기 위해 자리를 마련하여 그들과 함께 나눈 이야기의 일부이다.

길림댁(중국 길림성, 33세, 결혼 1년 6개월, 이혼 자녀 1명): 중국 길림성에서 왔고, 남편과 결혼한 지는 1년 반 되었는데 한국말을 전혀 하지 못했는데 아이가 있어 함께 말을 배우다 보니 이제는 조금할 수 있다. 지난 10월에 이혼을 하고 아이만 키우고 있다.

사회자: 길림댁 이혼에 대해 좀 더 이야기해 볼까요? 결혼 1년 반이면 아직 국적취득이 되어있지 않은 상태에서 체류에 문제가 있을 텐데요?

길림댁: 아이만 키우고 있다. 아이를 내가 키우기로 했기 때문에 양육권자로서 체류가 가능하다. 아이를 어린이집에 맡긴 지 3일째 되는 날인데 적응을 못하는지 지금 울고 있다고 한다. 일 끝나고 데리러 가기로 했다. 남편과는 중국에서 만나 임신 8개월째에 한국에 왔다. 한국에 와서 애기 아빠는 생활비도 안 주고 3달에 10만 원 주기도 하고, 5만 원 주기도 한다. 애기와 함께 못산다. 애기한테 관심도 없다. 애기한테 뽀뽀도 안 해준다. 9월과 10월에 친정 부모님도 한국으로 오셨다. 매일 싸웠다. 10월에 이혼하였다. 국적문제는 해결하지 못했다. 지금 2년이 안 되어서 국적이 없다.

사회자: 남편이 도움은 줍니까?

길림댁: 양육비도 안 준다. 전입신고를 하는 데 남편의 보증이 필요하다.

(중략)

캄보댁(캄보디아, 29세, 결혼 3년): 캄보디아에서 왔고 결혼한 지 3년 되었고, 남편과의 나이 차이가 15살이 난다. 남편은 재혼이고 아이들이 3명 있다.

필립댁(필리핀, 30세, 결혼 5년, 자녀 2명, 셋째 임신): 결혼한 지 5년 되었고, 아들 둘이 있는데 셋째 아이를 임신해서 지금 9개월이다. 지난 6개월 정도 방과후교실 영어 원어민교사를 했는데 재미있었다. 임신하고 나서 지금 그만 두었다. 한국 아이들은 말을 안 듣는다.

사회자: 국제결혼을 결심하게 된 동기에 대해 말씀해보실까요?

필립댁: 친구의 소개로 만났다. 신랑친구가 먼저 필리핀 여성과 결혼했고 그 친구 소개로 만났다. 약사로 일 했는데, 너무 심심해서 친구 결혼식 때 와서 친구한테 좋은 사람 소개시켜 달라고 해서 결혼했다.

(중략)

사회자: 이제 결혼 생활에 대해 얘기해볼까요?

길림댁: 저는 많이 싸웠어요. 문화차이 때문에 많이 싸웠어요. 또 무시해요. 한국말을

잘못 알아들어요. 그러면 '고등학교는 어떻게 나왔어. 아무 것도 못해'라고 말해요. '잘했어'라는 말은 한 번도 없었어요. 중국에서는 밥도 한 번도 안 해 봤어요. 어머니, 아버지가 다 해요. 여기 와서 열심히 배워서 했는데도 한 번도 맛있다고 안 해요. 매일 짜다, 맵다고만 해요. 이렇게 조금씩 마음이 미움이 크게 되면서 이혼하게 됐어요. 애기한테도 관심 없어요.

필립댁: 신랑은 큰아들이다. 시어머니, 고모, 아이 두 명과 같이 살고 있는데, 5년 동안 매일 4시에 일어나서 집안일을 했다. 신랑누나가 아파서 집에 같이 사는데 그 일도 힘들다. 김장도 5백 포기씩 한다. 시누들 것까지 다 해준다.

출처: (사)전북여성단체연합. 국제결혼이주여성들의 글로벌 수다.

각 지역의 NGO 단체나 국가에서 정책적으로 결혼이주여성에 대한 지원이나 그 가족에 대한 지원체제를 갖추기 위한 노력을 하고 있지만, 한국에서 만연한 사회적, 일상적 담론은 그녀들을 무력하고 경제적으로 의존적인 '가난한 나라의 여성들'로 통칭한다. 그 결과 그녀들의 인권은 무시되며, 그녀들은 국가 보호의 사각지대에서 신체적 · 정서적 · 성적 폭력에 노출된 채 살아가고 있다.

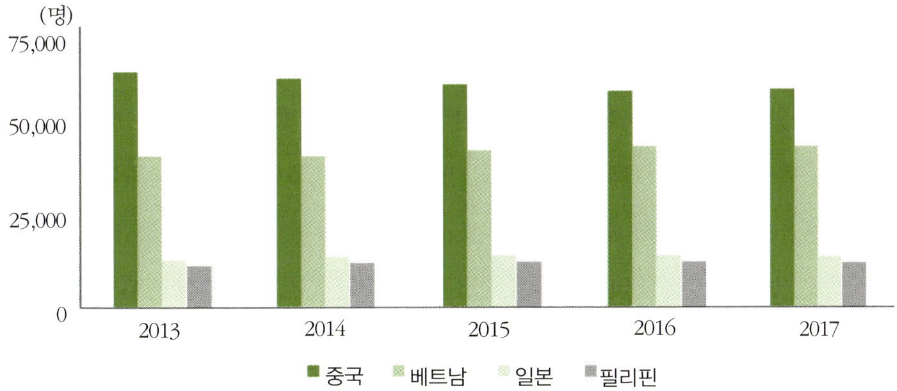

[그림 12-2] 결혼이민자 연도별 · 국적별 현황

출처: 통계청(2018).

욕망 충족의 도구로 전락한 이주여성들

이주의 여성화가 낳은 폐해 중 하나는 여성의 몸이 남성의 욕망을 채우는 도구로 활용되는 사례가 세계 곳곳에서 발견된다는 점이다. 남성의 성적 욕망을 채우기 위해서 유흥업소로 유입되는 여성들뿐만 아니라 사회·정치적인 상황으로 인해 난민의 신분으로 전락한 여성들은 그들의 신분이 가지는 한계로 인해 성적 폭력에 노출되어 최소한의 인간적인 생활마저도 누리지 못하고 있다.

세계가 글로벌화 되고 국가 간의 경계의 턱이 낮아졌지만 가난한 나라의 여성의 경우 부유한 나라로 갈 수 있는 공식적인 길은 많지 않다. 전 세계의 많은 나라가 취업 비자는 일부 전문직에만 허용하는 상황이기 때문에 전문직 기술을 갖고 있지 못한 여성들은 국가의 경계를 넘어 부유한 나라로 이주하는 것은 결코 쉬운 일이 아니다. 한국의 경우에 대부분의 외국인 여성들은 산업연수가 아닌 예술흥행비자(E-6)를 통해 입국하거나 아니면 결혼을 통해 입국한다. 하지만 예술흥행비자로 입국하는 여성들의 경우 대부분 유흥업소에서 일하며 그들의 몸을 자본화해서 돈을 번다. 성산업에 유입되는 대부분의 여성들은 인종적, 민족적 차이가 성적 판타지와 매개될 수 있어야 하는데, 이런 이유로 우리나라에 E-6비자로 입국해서 성산업에 유입되는 여성들은 필리핀 여성과 러시아 백인 여성의 수가 다른 나라 출신의 여성들 수보다 많다.

연예인 비자로 국내로 들어오는 여성들은 본래의 목적과는 다르게 유흥접객원(호스티스)으로 남성들에게 성적 서비스를 제공하는 역할을 한다. 이렇게 들어오는 여성들은 인권의 사각지대에 놓여 업주의 폭력에 시달리는 경우도 비일비재하다. 이들은 자국에서의 경제적 어려움을 벗어나기 위해 타국으로 돈벌이를 하러 떠나왔지만 그곳에서 정작 그들이 맞이하는 것은 유입국 남성들의 성적 욕망과 판타지를 충족시켜 주기 위한 도구로써 활용될 뿐이며, 이곳에서도 여전히 인종·계급·성적 차별을 경험한다.

사회 · 정치적 상황으로 인해 더 이상 자신이 태어나고 자란 나라에서 살 수 없어 고국을 떠난 이들은 국제적 미아가 되어 아무도 반기지 않는 타국에 생존을 위해 자리를 잡는다. 난민의 처지는 이민자들의 경우와는 달리 신분이 보장되지 않고, 사회 안전망에서도 멀어진 상태이기 때문에 여러 위험에 노출되어 있다. 특히 난민 여성의 경우 주로 신체적 폭력, 성폭력 및 인종적 · 계급적 · 성적 차별의 대상이 되는 취약한 상태에 놓인다.

우리나라의 제주도로 유입된 예멘의 난민들의 상황도 별반 다르지는 않다고 할 수 있다. 특히 계급적 · 인종적 차별과 난민에 대한 편견 때문에 난민들로 인해 범죄율이 증가한다는 근거 없는 설들을 앞세워 자국민들은 정부의 난민 수용 행위에 대해 강하게 반발하고 있다(아시아투데이, 2018. 9. 1).

난민 여성에 대한 보호는 국제인권법상 무차별원칙, 남녀평등원칙과 형평원칙에 근거하여 인권보호가 이루어져야 한다. 특히 다른 공동체에서보다 쉽게 발생할 수 있는 난민캠프에서의 성폭력을 대비하기 위해 여성 비호인(庇護人)을 통해 지원하는 제도가 필요하다.

여성 난민들, 성폭력 피하려 '기저귀' 착용한다

유럽 각지의 일부 난민캠프에서 성인용 기저귀 사용이 증가하고 있다는 조사 결과가 나왔다. 국제구호단체 '케어 인터내셔널'의 보고서에 따르면 최근 그리스의 한 난민캠프에는 성인 여성과 여자아이를 위한 성인용 기저귀가 구호품으로 전달되고 있다. 밤 시간동안 화장실에 가기 위해 이동하는 과정에서 성폭행을 당할지도 모른다는 공포에 사로잡힌 여성 난민들이 화장실 대신 기저귀를 선택했기 때문이다. 케어 인터내셔널 측은 이 같은 사실을 통해 여성과 아이들이 유럽으로 향하는 난민 캠프에서 얼마나 위험한 삶을 살고 있는지 보여준다고 강조했다. 보고서는 "밤에 쓸 수 있는 조명이 충분하지 않기 때문에 여성들이 밤 시간 동안 화장실이나 샤워시설을 이용하는 것은 매우 안전하지 않은 일"이라면서 "이 때문에 난민 여성들은 밤에 화장실에 가기 위해 밖을 나가는 대신 기저귀를 입는 것을 선택하고 있다"고 설명했다.

출처: 나우뉴스(2017. 12. 15.).

국내에서의 여성이주의 장벽들

여성의 이주와 관련하여 발생하는 문제들은 국제 이주에서뿐만 아니라 국내 이주에서도 발견된다. 한 국가 내에서의 여성들의 이주는 다양한 원인에서 이루어진다. 역사적으로 여성에게 있어 이주는 남성에 비해 개별적 차원에서 일어나기 힘든 경험이었다. 그러나 신자유주의 시대의 가치는 교육이나 취업을 위한 인적자원의 계발을 위한 투자와 이를 위한 인구 이동의 가능성을 높였다.

여성들의 개별적인 이주는 상급학교로의 진학이나, 취업, 전출 등에 의한 것이다. 가족 모두가 이주를 하게 되는 경우에는 크게 문제될 것이 없지만 여성이 혼자의 몸으로 이주를 하게 되는 개별적 이주의 경우에는 많은 고민과 결심을 해야 한다. 가족 중심에서 벗어난 여성의 개별적 이주는 여성들에게 많은 기회를 제공하기도 하지만 그에 준하는 많은 어려움을 가져다주기도 한다.

여성이주의 장벽들을 살펴보면, 먼저, 지방에 거주하는 여성이 수도권 대학으로 진학하려고 할 때 그들의 능력보다는 부모의 경제적 능력과 의사가 대학 진학을 결정하는 데 중요하게 작용한다. 최근 대학입학에서 여성들의 비율이 전반적으로 증가하고 있어서 교육의 기회에 대한 남녀의 차별은 없는 것으로 보인다. 하지만 지역에서 수도권으로 진학하는 학생들의 비율을 살펴보면 남학생의 비율이 여학생의 비율보다 더 높음을 알 수 있다. 이는 남학생들에게 있어서는 수도권 대학으로의 진학이 성적과 가정의 경제적 상황이 변수로 작용하지만 여학생의 경우 남성보다 더 높은 학업성취를 이루어야만 가능한 일이다. 즉, 남학생에 비해 여학생들은 대학의 네임밸류(name value)가 수도권 대학 진학을 결정하는 데에 더 많은 영향을 미친다. 또한 여학생들의 경우 집을 떠나 혼자 독립적으로 생활을 해야 하기 때문에 여성들에게 발생할 수 있는 사회적 위험에 대한 부모의 불안이 여학생들의 수도권 대학 진출에 대한 기회를 제한한다. 또한 수도권에서 먼 지방의 경우 수도권 대학에 진학시킬 때 발생하는 경제적인 부담으로 인해 한정된 자원을 아들에게 차별적으로 배분하기 때문이다.

두 번째로, 미혼 여성의 경우 노동의 기회 획득에 있어서 남성에 비해 제약을 받는다. 즉, 자신이 살고 있는 지역이 아닌 타 지역에 있는 직장을 선택할 경우 남성들에 비해 선택의 폭이 좁다고 할 수 있다. 이는 앞서 이야기한 지방 출신의 여학생이 수도권의 대학에 진학하는 경우와 유사하게 여성들이 가족이 함께 생활하던 집에서 독립할 수 있는 경우는 능력 이외에 여성들에게 발생할 수 있는 위험요소들까지 고려해야 하기 때문이다. 특히 서울을 기회의 장소로 여기며 수도권으로 진출하려고 할 경우, 지역불평등 · 젠더불평등한 우리 사회에서 지방대 출신의 여성들에게 있어 수도권에 위치한 직장으로의 취업은 이중 삼중의 장벽을 넘어서야지만 가능한 일이다.

마지막으로, 직장생활을 하는 기혼 여성의 경우, 자녀의 유무나 자녀의 연령에 따라 집과 직장과의 거리가 생활에 있어서 상당히 중요한 의미를 지닌다. 자녀 연령별 여성의 도시기회 접근성의 시 · 공간적 구속성에 대한 연구의 결과에 따르면, 남성의 경우에는 자녀의 유무나 자녀의 연령에 따른 시 · 공간상의 접근성, 즉 직장 선택 시 가정과 직장의 거리를 크게 고려의 대상으로 생각하지 않는 반면, 여성의 경우에는 자녀의 유무나 자녀의 연령이 큰 변수로 작용한다. 이 말은 기혼이며, 어린 자녀를 둔 여성일 경우 집과 직장의 거리가 직장 선택에 있어서 중요한 요인으로 작용한다는 것이다. 이러한 결과는 여성과 남성에게 기대되는 성역할의 차이에서 비롯된 것이라고 할 수 있다. 남녀 간의 가사와 양육의 분담이 제대로 이루어지지 않고 여전히 여성들에게 무겁게 지워짐으로써 여성들의 공적 영역에서의 활동이 제한되고 있다. 이는 더 아나가서 직장생활을 할 때 남성들에게는 전출이 또 다른 기회가 될 수 있지만 여성들에게는 자녀 양육에 대한 부담으로 인해 남편의 동의가 있어야만 가능하게 되어 공적 영역에서의 여성의 성장을 막는 결과를 초래하기도 한다.

수도권 대학으로의 진학이나 타 지역으로의 취업과 전출은 여성들이 독립적인 존재로서 기회의 획득을 의미한다. 이러한 기회는 남성과 여성에게 평등하게 주어져야 하지만 우리 사회에서는 남성과 여성에게 주어지는 기회는 다분히 차별적이다. 노동시장으로의 진입의 기회와 상급학교로의 진학의 기회에 따라 인간의 삶의 방향이 결정된다고 할 수 있으며, 이는 이후 생애과정의 삶의 질과도 큰 관련성을 가진다. 하지만 여성에 대한 복지나 사회 안전망이 불완전한 한국 사회에서 여성들의 이주는 젠더불평등의 장벽과 여성에 대한 위험의 장벽을 넘어서야지만 가능한 일이다.

여대생 원룸 훔쳐본 30대 男, 순찰하던 경찰에 덜미

여대 주변 여성전용 원룸만 골라 건물 내부를 들여다보던 30대 남성이 순찰 중이던 경찰에 붙잡혔다.

전 모씨(34)는 승용차를 이용해 서울 성북구 동덕여대 주변을 배회하며 지난 달 30일부터 이달 3일까지 9차례, 지난 11~13일 4차례 등 총 13차례에 걸쳐 여전용 원룸만을 골라 건물 내부로 침입한 뒤 창문을 통해 방안을 들여다본 혐의를 받고 있다.

경찰은 최근 동덕여대 재학생들이 많이 살고 있는 학교 주변의 원룸촌을 '성범죄 등 여성 범죄 예방 탄력순찰 요청 및 여성안심 귀갓길'로 지정하고 상습 주거침입 피의자 2명을 검거했다.

지난 5일 주거침입 혐의로 이미 검거된 전력이 있던 전 씨는 또다시 원룸촌 주변을 배회하다 주변을 순찰하던 경찰에 덜미를 잡혔다. 이어 13일 오후 경찰은 원룸 골목길에 숨어 있던 전씨를 발견했다. 당시 전 씨는 순찰 중이던 경찰들에게 "바람을 쐬러 왔다"고 둘러댔지만, 경찰은 검거된 전력이 있는 피의자가 원룸촌 주변에 있는 것을 의심스럽게 생각했다. 경찰은 곧이어 전 씨가 현관 비밀번호를 입력해 건물로 들어간 뒤 원룸 문에 귀를 대며 엿듣고, 건조대에 널어놓은 속옷의 냄새를 맡는 모습을 원룸 CCTV로 확인한 뒤 검거했다.

출처: MoneyS.(2018. 5. 15.).

글로컬 공간에서의 공존을 위하여

신자유주의 체제로 인해 야기된 국경 없음과 자본의 이동은 부유한 나라에는 더 큰 부를 안겨주었으며, 가난한 나라에는 경제적인 박탈감과 함께 가난으로부터 헤어날 수 없음에 대한 불안을 안겨줬다. 자본의 흐름에 따라 노동의 이동이 이루어지고, 여성의 이주는 남성의 이주와는 다른 모습을 보인다. 여성들은 여전히 성별화된 계급의 영향 속에 놓여 그들이 선택할 수 있는 노동은 한정된다.

자유주의 세계화의 바람을 타고 빈곤에서 벗어나고자 타국으로 이주를 하는 여성들은 자국에서의 가부정적 체제와 다르지 않는 유입국의에서 여성으로서의 서비스, 즉 돌봄 서비스와 성적 서비스를 제공하며 벌어들인 재화를 자국으로 송금한다. 그리고 여성의 몸을 재화생산의 도구로 생각하는 자본의 시스템 하에 여러 폭력에 노출되는 상황에 이른다. 이를 통해 볼 때, 가부장제와 자본주의가 결합한 현재의 신자유주의 경제체제하에서 여성은 희생양일 뿐이며, 여전히 빈곤하며, 남성의 욕구를 만족시켜 주는 도구일 뿐이다.

국내에서의 여성이주 또한 여성들의 선택 이전에 많은 장벽들을 넘어야 하는 상황이다. 여성에 대한 기회가 균등하게 주어지지 않는 사회, 복지나 여성에 대한 사회적 안전망이 불완전한 사회에서 여성의 이주는 여성 개인의 능력과 기회 획득의 문제를 넘어 여성의 도전과 용기가 필요하다.

그렇다면 이주의 여성화, 여성의 빈곤화의 상황에서 여성들이 겪고 있는 차별과 폭력에서 벗어날 수 있는 방법은 무엇일까? 여전히 진행되고 있는 지구화는 어떻게 달라져야 하는가? 국내에서의 여성의 이주를 방해하는 장벽들을 어떻게 넘어야 할 것인가?

먼저, 초국적인 자본의 이윤 추구가 불평등한 경제구조를 심화시키고 남성과 여성을 차별하고 여성을 남성의 종속적 존재, 도구적 존재로 인식하는 현실에 주목해야 한다. 자본의 축적이 최고의 선이 되는 신자유주의 체제를 비판하고, 이와 함께 여성을 성적 · 계급적 · 인종적으로 차별하는 시선에서 벗어나 국경을 넘는 여성의 빈곤화와 폭력의 경험이 개인적인 문제가 아니며 전지구적인 문제임을 인식하고 인간적 공존의 관점에서 그 해결방안을 마련해야 한다. 그리고 여성에게 차별적인 사회시스템의 개선과 기회의 평등을 위해 안전망 구축 등의 사회적 · 정책적 지원은 물론 가족구성원과 사회구성원들의 의식도 바뀌어야 할 것이다.

◆◆◆ 읽을거리 볼거리

- **글로벌 자본과 로컬여성**(이숙진, 2004): 우리의 일상과 생활에서 자본제적 가부장제가 어떻게 작동하며 여성들과는 어떤 관계를 구성하고, 어떻게 변화하고 있는지를 논의한 책이다.
- **지구화의 길**(벡 울리히, 2002): 과연 우리에게 지구화란 무엇인가? 우리는 그것에 어떻게 대응하고 준비해야 하는가? 지구사회의 새로운 지평은 열리는가? 등 우리시대의 화두로 등장한 지구화의 여러 모습에 대해 이야기하고 있는 책이다.
- **한국이 싫어서**(장강명, 2015): 20대 후반의 직장 여성이 회사를 그만두고 호주로 이민을 감행한 사정을 대화 형식으로 들려주는 소설이다. 우리 시대 젊은이들의 고민과 어려움을 읽을 수 있다.
- **브루클린**(존 크로울리, 2015): 아일랜드 이주여성의 뉴욕 정착기를 다운 영화이다.
- **알로하, 사진신부**(지식e 채널, 2017): 1900년대 초, 조선인 하와이 이주정책으로 하와이로 건너간 남자 노동자들의 결혼은 조선 본토 여성과 서로 사진을 건네며 이루어졌는데 그 허상과 문제점, 애환이 담긴 영상이다.

◆◆◆ 생각해 볼 문제

1. 지구화 시대 '이주의 여성화', '빈곤의 여성화'가 의미하는 것이 무엇인지 생각해 보자.

2. 지구화 시대에 우리 세대가 누릴 수 있는 긍정적인 면들에 대해 생각해 보자.

3. 남성의 욕망을 채우기 위해 유입되는 여성들의 인권에 대해 생각해 보자.

참고문헌

김경주 (2010). 이주의 여성화와 국제결혼이주여성정책 방향. **한국자치행정학보, 24**(2).

김성식 (2008). 학생 배경에 따른 대학진학 기회의 차이. **아시아교육연구, 9**(2).

김영미 (2016). 계층화된 젊음: 일, 가족형성에서 나타나는 청년기 기회불평등. **사회과학논집, 47**(2).

김은실 (2002). 지구화, 국민국가 그리고 여성의 섹슈얼리티. **여성학논집, 19**. 이화여대 한국 여성연구소.

김태원. 글로컬 생활세계로서의 다문화사회: 공존의 가치에 대한 탐색적 연구. **다문화와 인간, 1**(1).

김현미 (2007). 아시아 여성의 이주: 신화(Myth)와 현실(Realities)들. 이화여자대학교 아시아여성센터 학술대회자료집.

김현미 (2013). 글로벌 사회는 새로운 신분제인가?: 전지구적 자본주의 확산과 '성별화된 계급(gender class)'의 출현. 진보평론.

김희강, 송형주 (2017). 성·유흥산업으로 유입되는 이주여성: 국제적 재생산노동분업의 맥락에서. **젠더와문화, 10**(1).

박지희 (2009). 대학 진학에 있어서 젠더의 공간성에 관한 연구. **지리교육논집, 53**.

이상화 (2004). 지구화시대의 현장 여성주의: 차이의 존재론과 공간의 사유. **한국 여성철학, 4**.

이진숙 (2004). **글로벌 자본과 로컬여성**. 서울: 푸른사상.

임윤서, 안윤정 (2017). 서울에서 '지방출신 여대생'으로 살아가기: 서울살이에 대한 포토보이스 적용. **아시아여성연구, 56**(2).

장복희 (2006). 난민여성의 국제적 보호. **인도법논총, 26**. 대한적십자사 인도법연구소.

장세룡 (2009). 젠더와 로컬리티: 젠더 연구가 로컬리티 연구에 제공하는 전망. **로컬리티 인문학, 1**. 부산대학교 한민족문화연구소.

Beck, U. (2002). **지구화의 길**. 조만영 옮김. 서울: 도서출판 거름.

Giddens, A. (2000). **제3의 길**. 한상진, 박찬욱 공역. 서울: 생각하는 나무.

여성학강의, 일곱 번째 이야기

초판발행 2019년 2월 20일 **1판 1쇄 발행** | 2020년 3월 10일 **1판 2쇄 발행**
2021년 9월 10일 **1판 3쇄 발행**

엮은이 (사)부산여성사회교육원
펴낸이 최용구 | **펴낸곳** 도서출판 **신정**
주소 (04316) 서울시 용산구 원효로 89길 19 (원효로1가)
전화 02)3211-4782, 0266(영업부), 3211-4783(편집부), 3211-4784(팩스)
이메일 shinjeong72@naver.com | **홈페이지** www.sjbook.co.kr
등록 2001년 5월 11일 제13-702호
기획마케팅 최용구 장만동 최충구 진소희 | **책임편집** 석기은 황가연 | **표지** SDY

ISBN 978-89-5912-484-8 93330
정가 16,000원